KB107602

조선 왕실 로맨스

조선 왕실 로맨스

지은이 박영규

1판 1쇄 인쇄 2019년 9월 30일
1판 3쇄 발행 2022년 1월 20일

발행처 (주)옥당북스
발행인 신은영

등록번호 제2018-000080호
등록일자 2018년 5월 4일

주소 경기도 고양시 일산동구 위시티1로 7, 507-303
전화 (070)8224-5900 팩스 (031)8010-1066

포스트 post.naver.com/coolsey2
블로그 blog.naver.com/coolsey2
이메일 coolsey2@naver.com

값은 표지에 있습니다.
ISBN 979-11-89936-17-4 (03910)

이 도서의 국립중앙도서관 출판시도서목록(CIP)은 서지정보유통지원시스템 홈페이지
(http://seoji.nl.go.kr)와 국가자료공동목록시스템(http://www.nl.go.kr/kolisnet)에서
이용하실 수 있습니다. (CIP제어번호: CIP2019037381)

○ **박영규** 지음

조선 왕실 로맨스

우리가 몰랐던 조선 왕실의
결혼과 사랑 이야기

옥당

조선사의 속살을 들추며

두 남자의 사랑 이야기가 있다.

첫 번째 남자는 사랑하는 아내도 있고, 자식도 많다. 그런데도 그는 끊임없이 다른 여인과 사랑에 빠진다. 그는 자신의 주변에 있는 여인들은 그냥 두지 못한다. 잠자리를 봐주는 여인, 문서를 챙겨주는 여인, 책 심부름을 하는 여인, 밥상을 차려 주는 여인, 아내의 시중을 드는 여인 등등 눈에 들기만 하면 여지없이 자기 여인으로 만들어버린다. 그런데 신기하게도 여인들끼리 전혀 분란이 일어나지 않는다. 또한 그 많은 여인 중 어느 한 사람도 그를 원망하는 일이 없고, 그 역시 자기 여인은 아무도 내치지 않는다. 그야말로 그는 못 말리는 사랑꾼이면서 타고난 어장 관리자다. 거기다 행복한 인생에 수많은 업적까지 남겼으니 팔방미인이라고 해도 과언이 아니다.

두 번째 남자는 어린 시절부터 오직 한 여인만 사랑한다. 집안에서 맺어준 아내가 있어도 그가 원하는 여인은 오직 그녀뿐이다. 하지만 정작 그 여인은 그의 사랑을 거절한다. 그녀는 그를 좋아하지만 사랑보다 더 중요한 것이 있다면서 한사코 그를 밀어낸다. 그는 온갖 말로 그녀를 설득하려 하지만 그녀는 목숨까지 운운하며 그를 받아들이지 않는다. 이후로도 그는 무려 15년 동안 집요하게 그녀에게 매달린다. 그래도 그녀가 허락하지 않자, 급기야 그는 자신의 권위와 힘으로 그녀를 취하고야 만다. 그는 그렇듯 일편단심으로 한 여인만 사랑하고, 기어코 그녀와 부부의 연을 맺지만, 불행히도 그녀와의 달콤한 삶은 이어가지 못한다. 그녀는 그의 아이를 둘이나 낳지만 두 아이는 모두 일찍 죽어버리고 그녀도 죽고 만다. 이 때문에 그는 평생 그녀를 가슴에 묻고 애절한 마음으로 살아간다.

이런 사랑 이야기를 남긴 두 남자는 과연 누구일까? 전혀 딴판의 사랑 노래를 부른 이들 두 사람의 공통점은 한국인들이 가장 좋아하고 존경하는 사람이라는 사실이다. 이쯤이면 눈치 빠른 독자는 그들이 누구인지 알아차릴 것이다. 바로 세종과 정조다.

세종이 한글을 만들고 수많은 업적을 남긴 사실이야 한국인이면 다 아는 사실이지만, 그가 문어발식으로 여러 여인을 동시에 사랑하고 눈에 든 여인은 기어코 취하고야 마는 못 말리는 사랑꾼이었다는 것은 잘 알려지지 않았다. 정조 또한 조선을 통틀어 가장 뛰어난 호학군주이자 뇌섹남이었다는 것은 잘 알려졌지만, 그가 평생 한 여자만 바라본 애끓는 사랑의 주인공이었다는 사실은 잘 모른다.

사실, 이들 두 사람뿐 아니라 조선 왕들을 사랑이야기, 즉 '로맨스'라는 잣대를 통해 다시 바라보면 지금껏 우리가 알던 존재가 아닌 전혀 딴판의 인물을 만날 수 있다.

일례로 다음 남자를 한번 보자.

이 남자도 물론 왕이다. 그는 여느 왕들이 다 그렇듯이 여러 여인을 취하고 그들과 사랑을 나눈다. 그런데 이 남자의 여성관은 좀 독특하다. 어떤 여인은 자기 대신 붕당의 신하들을 다루는 일에 능하다 하여 사랑하고, 어떤 여인은 문서 관리와 사무 처리에 능하다 하여 사랑하고, 또 어떤 여인은 직언을 잘하고 신하들의 쓸모를 잘 알고 있다고 사랑한다. 그러면서 이 남자는 그들 여인들에게 자기 일을 조금씩 맡겨 그들을 마치 비서처럼 활용하기도 한다. 말하자면 연인들을 자신의 권력 유지의 수단으로 쓰면서 그들을 관리하고 정치적으로 이용하기도 한 셈이다.

이 남자는 도대체 누구일까? 사실, 이 남자에 대한 우리의 인식은 전혀 다르기 때문에 누군지 짐작하기 쉽지 않을 것이다. 놀랍게도 이 남자는 광해군이다. 광해군은 후궁을 아주 많이 뒀는데, 그는 그 후궁들을 적절히 이용하여 신하들의 권력 관계를 조정했다. 시랑을 정치에 활용했다는 뜻인데, 여진과 명나라 사이에서 중립외교를 펼친 실용주의 노선이 그의 로맨스에서도 확인되는 셈이다.

이렇듯 로맨스의 관점에서 조선 왕들을 바라보면 아주 색다른 느낌으로 그들의 삶에 다가갈 수 있다. 언급한 세종, 정조, 광해군 이외에도 대부분의 조선 왕들에게서 우리가 알고 있는 인식과는 전혀 다른 면모를 접하게 된다. 그래서 필자는 그들에게 직진형 순정남, 읍소형 비운남, 전투형 뒤끝남, 결벽형 도도남, 자유분방형 괴팍남 등의 명칭을 붙였다.

그런 로맨스는 왕들만 남긴 것도 아니고, 왕자와 종친, 부마 등 남자들만 남긴 것도 아니다. 왕비와 후궁, 공주와 옹주 그리고 종실의 여인들도 적지 않은 로맨스를 남겼다. 따라서 이들 왕실 사람들의 로맨스를 잘 살핀다면 지금껏 우리가 알지 못했던 전혀 색다른 조선 왕실의 이면을 발견하게 될 것이다.

사실, 왕조시대의 역사는 왕실을 빼놓고는 그 어떤 이야기도 제대로 전개할 수 없다. 그만큼 왕실은 왕조 시대의 역사적 사건들과 긴밀하게 얽혀 있기 때문이다. 특히 왕실 사람들의 결혼 문제와 사랑 이야기는 어떤 형태로든 조정의 역학 관계에 영향을 끼칠 수밖에 없다. 따라서 왕실 사람들의 사랑 이야기는 단순히 일반 남녀의 로맨스와는 차원이 다른 문제일 수 있다. 왕이나 왕자가 누구를 사랑하고 미워하며, 왕비나 후궁이 그 사랑과 미움에 어떻게 대응하고 반응하는가에 따라 권력의 구도가 바뀌고 죽는 자와 죽이는 자가 달라질 수 있기 때문이다. 그런 의미에서 보자면 조선 왕실의 로맨스를 살핀다는 것은 조선 역사의 속살을 들춰내는 일이기도 하다.

 이를 위해 필자는 왕실 사람들의 혼인과 사랑의 배경에 대해 매우 집요하고 세심하게 파고들었다. 또한 누군가의 로맨스 뒤에 숨어 있는 권력, 혈연, 학연은 물론이고 관련자들의 애증 관계에 대해서도 되도록 다각적인 방도로 접근했다. 로맨스는 단순한 사랑이야기에 불과할 것 같지만 사랑이라는 것이 알고 보면 단순한 감정놀음이 아니라 본능과 이성, 그리고 이익의 삼각함수이기 때문이다.

 누구에게나 다른 사람이 모르는 이면이 있고, 그래서 자기 속내가 드러나는 것을 꺼린다. 하지만 그 사람의 진짜 모습은 속내와 이면에 감춰져 있기 십상이다.

 누구나 이성에 대한 애정을 표현할 땐 자신의 속내와 이면을 동시에 드러낼 수밖에 없다. 따라서 조선 시대의 로맨스를 살피는 것은 조선인들의 속내와 이면을 살피는 것이고, 조선 왕실의 로맨스를 분석하는 것은 조선 역사에 숨겨진 진실을 들여다보는 일이 될 것이다.

 이 책은 그런 목적으로 쓰였다. 부디, 이 책이 여러분이 조선사를 이해하는 데 작은 보탬이 되길 바란다.

2019년 9월
일산우거에서 박영규

목
차

1
장

직진형 순정남 —— 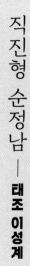 태조 이성계

부부 —
자녀 ----
남자 ☐
여자 ☐

태
조
의
가
계
도

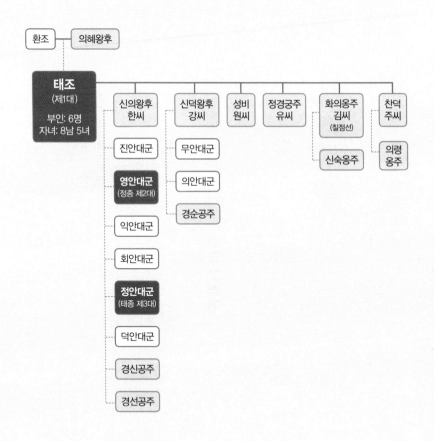

환조 ---- 의혜왕후

태조
(제1대)

부인: 6명
자녀: 8남 5녀

신의왕후
한씨

진안대군

영안대군
(정종 제2대)

익안대군

회안대군

정안대군
(태종 제3대)

덕안대군

경신공주

경선공주

신덕왕후
강씨

무안대군

의안대군

경순공주

성비
원씨

정경궁주
유씨

화의옹주
김씨
(칠점선)

신숙옹주

찬덕
주씨

의령
옹주

조강지처와 함께한 20년

조선 태조 하면 가장 먼저 떠오르는 것이 전장에 나가 단 한 번도 패배하지 않은 전쟁 영웅의 이미지일 것이다. 하지만 그도 전장을 호령하던 장수이기 이전에 정 많고 눈물 많은 '사람'이었고, 사랑하는 여인에겐 꼼짝 못 하는 순정남이었다.

그의 첫 여인은 첫 번째 부인 한씨(신의왕후, 이성계가 왕이 되기 전 사망)였다. 그녀는 안변의 호족이었던 한경의 여식이다. 한경은 고려 말에 밀직부사를 지낸 인물인데, 밀직부사는 조선시대 승정원 승지에 해당하는 벼슬이다. 변방 지역 함경도 출신으로 그런 요직에 올랐다면 그의 가문은 함경도에서는 모르는 사람이 없을 정도로 대단한 명문가였을 것이다.

이성계 또한 함흥의 명문가 자제였으니, 함경도 명문가 자녀들끼리 결혼한 셈이다. 이들의 결혼은 가문의 결탁 차원에서 이뤄진 일이었으므로 정략결혼이라 할 수 있었다. 하지만 정략결혼이라고 해서 반드시 사랑 없이 사는 것은 아니었다. 집안 간의 정략 인연이지만 금실이 좋은 경우도 있었다. 이성계와 한씨가 바로 그런 부부였다.

이성계가 한씨와 결혼한 것이 1352년쯤인데, 이때 그의 나이 열여덟 살이었으니 혈기방장한 시절이다. 이성계는 두 살 아래 앳된 소녀였던 한씨를 무척 좋아했던 모양이다. 고려 말 당시 방귀깨나 뀐다는 남성들은 결혼 이후에도 첩을 거느리는 것이 당연지사였다. 하지만 이성계는 결혼 후 20년 동안 다른 여인에게 한눈을 팔지 않았고, 또한 6남 2녀의 자녀를 얻었다. 당시 영아 사망률이 매우 높았던 것을 고려한다면 아마도 한씨는 열 명 이상의 아이를 낳았을 것이다.

전쟁이 지속되던 20년 동안 이성계는 장수로 활약하며 원나라 군대와 왜군, 홍건적을 상대로 숱한 전장을 누볐고, 가는 곳마다 승리한 덕분에 벼슬도 높이 뛰었다. 그는 스무 살도 되기 전에 이미 청년 장수로 유명했고, 스물일곱 살 때 동북면병마사가 되었다. 이후로 고려의 대표적인 무장으로 성장하여 중앙 관직을 제수받았다.

그가 전장에서 맹위를 떨치는 동안 부인 한씨는 묵묵히 집안을 지키며 자녀들을 양육하고 가솔을 이끌었다. 그리고 전장에서 지쳐 돌아온 이성계의 안식처가 되어 주었다. 그때까지 그녀는 그야말로 고난을 함께한 조강지처이자, 이성계의 유일한 연인이었다.

스물한 살 어린 소녀와 두 집 살림

그런데 이성계가 중앙 정계에 진출하면서 부부 사이에 변수가 생긴다. 벼슬이 올라가고 왕의 비서기관인 밀직사의 부사가 되면서 이성계는 일 년 중 많은 기간을 개성에서 머물러야 했고, 결과적으로 두 집 살림을 해야 하는 상황이 되었다.

그렇다고 부인 한씨가 개성으로 올라갈 수 있는 처지도 아니었다. 여전히 이성계의 군사적 기반은 함흥에 있었고, 그 기반을 지켜줄 사람은 한씨밖에 없었기 때문이다. 그래서 고민 끝에 이성계가 내린 결론은 한 번 더 결혼하여 개성에도 아내를 둬야겠다는 것이었다(원나라 지배기의 고려에서는 '중처제도'라는 것이 있어서 정식 부인을 여럿 둘 수 있었다).

물론 이것은 두 집 살림에 대한 이성계 입장에서의 변명에 불과하다. 사실, 이성계가 두 번째 부인을 맞이하려는 이유는 따로 있었다.

이성계가 이런 이유로 또 한 번 결혼하겠다고 했을 때, 게다가 첩을 들이는 것도 아니고 정식 혼례를 올리고 부인을 한 명 더 맞이하겠다고 했을 때 과연 본처인 한씨가 찬성했겠는가? 제아무리 남편에 대한 믿음이 강한 여자라고 해도 쉽지 않은 일이다.

사실, 고려 말에도 부인이 버젓이 있는데 새로운 여자를 부인으로 맞아들이는 경우는 극히 드물었다. 부인이 먼저 죽어 재혼하는 경우는 흔히 있는 일이었지만, 부인이 눈을 시퍼렇게 뜨고 있는데, 정식 결혼한다는 것은 비상한 상황이 아니고서는 용납되지 않는 일이었다. 그런데 비상한 상황이라는 것이 고작 개성에 자주 머물러야 한다는 것이었으니, 설득력이 없었다.

부인이 중병을 앓고 있는 상황도 아니고, 아이를 낳지 못한 것도 아니고, 집안이 역적으로 몰린 것도 아니었다. 더구나 부인 한씨의 집안이 한미한 가문도 아니고, 안변에서 떵떵거리는 집안인데, 어느 간 큰 남자가 감히 이런 짓을 하겠는가? 그런데 전쟁 영웅 이성계는 그 간 큰 짓을 감행했다. 필시 부인 한씨는 만류하거나 강하게 반대했을 것이다. 그런데 도대체 왜 이성계는 이런 일을 감행했을까?

놀랍게도 이성계가 마음을 송두리째 빼앗긴 여인이 있었으니, 강씨 성을 쓰는 십대 소녀였다. 사는 곳은 황해도 곡산이었는데 곡산은 함경도에서 도읍인 개경으로 가는 길목에 있었다. 이성계가 고향에서 개성을 오가다 도중에 인연을 맺은 여인이 곧 강씨 소녀였던 것이다.

이성계가 강씨 소녀를 언제 만났는지는 분명하게 기록되어 있지 않다. 대략 1370년 초반에 만난 것으로 추측되는데, 그때 이성계는 삼십 대 중반이었고, 강씨는 열 여섯 소녀였다. 당시 열 여섯이라면 혼기가 찬 나이였지만 이성계는 강씨보다 스물한 살이나 많았다. 더구나 아내와 여덟 명의 자식까지 둔 유부남이었다. 도대체 무엇이 이런 결혼을 가능하게 했을까?

두 사람의 만남에 대해서 잘 알려진 일화가 하나 있다. 어느 날 이성계가 사냥하다가 목이 말라 우물을 찾았는데, 마침 우물가에 있던 소녀가 바가지에 물을 떠주면서 버들잎을 띄워서 건넸다. 그러자 목이 무척 말랐던 이성계는 버들잎 때문에 물을 벌컥거리며 마실 수 없게 되자 버럭 화를 냈다.

"이게 무슨 짓이냐?"

그러자 소녀가 웃으면서 대답했다.

"급히 냉수를 마시면 탈이 날까 봐 버들잎을 띄웠어요. 버들잎을 불어가며 천천히 드세요."

이 말을 듣고 이성계는 소녀의 지혜에 감탄하여 좋아하게 됐다는 것이다.

이 소녀가 곡산 강씨 윤성의 딸이었다. 그런데 강씨 소녀와 이성계의 인연은 정말 우연히 이뤄진 것일까? 이성계는 생판 모르는 여인을 우물가에서 만나 사랑에 빠진 것일까?

사실, 강씨 집안과 이성계 집안이 전혀 모르는 사이는 아니었다. 소녀의 삼촌 강윤충은 이성계의 큰아버지 이자흥의 사위였다. 강윤충은 세 명의 부인을 뒀는데, 그중 하나가 이자흥의 딸이자 이성계의 사촌 누나였다. 또 강윤성의 동생 강윤휘의 아들 강우도 이자흥의 사위였다. 이성계의 사촌 누나 둘이 모두 강씨 집안에 시집간 것이다. 이런 사실로 볼 때, 이성계와 강씨 소녀의 만남은 우연한 일이 아닐지도 모른다.

비록 두 사람의 결혼이 의도된 것이라 할지라도 이성계가 첫눈에 강씨에게 매료된 것은 분명한 것 같다. 그렇다면 도대체 강씨의 어떤 면이 이성계의 마음을 사로잡았을까? 우물가 일화에서는 강씨의 지혜에 매료됐다고 하지만, 그것이 전부였을까?

사실, 강윤성 집안사람들은 인물이 좋았다. 강윤성의 동생 강윤충은 개경에 소문이 날 정도로 미남이었다. 심지어 충혜왕의 왕비 이렌첸빤[亦憐眞班](역련진반, 덕녕공주)도 강윤충의 외모에 반하여 사랑에 빠지기도 했다. 또 강씨의 언니도 개경에서 고관대작들과 여러 차례 스캔들을 일으킬 정도로 외모가 출중했다. 이런 사실에 비춰볼 때, 아마 강씨도 꽤 미인이었을 것이다. 강씨 소녀는 미모와 지성을 겸비한 아리따운 처녀였고, 이성계는 그런 그녀에게 빠진 것이다. 이렇게 이성계를 한순간에 사로잡은 여인이 바로 훗날 조선의 첫 왕비가 되는 신덕왕후 강씨였다.

아버지뻘 이성계와 결혼한 이유

첫눈에 반했다고 해서 혼인이 성사되는 것은 아니었다. 상대방이 호응하고, 그 상대방 집안이 허락해야 성사되는 법이다. 그런데 놀랍게도 소녀는 이성계를 택했고, 소녀의 집안도 이성계와의 결혼을 허락했다. 아니, 아주 적극적으로 이성계와의 혼사를 원했다고 하는 편이 맞을 것이다. 이성계는 아버지뻘 나이이고, 부인이 있으며, 자식도 여덟 명이나 있는 유부남이었다. 그런 남자에게 젊고, 예쁘고, 머리까지 좋은 처녀가 시집을 간다는 것은 상식적으로 이해할 수 없는 부분이다.

그렇다면 어떤 사연이 있었을까? 지금까지 역사가들은 강씨 집안을 개경에서 제법 내로라하는 가문이라고 해석해왔다. 하지만 그런 가문에서 이런 결혼을 허락할 리가 없다. 본인이 아무리 원했어도 집안 반대에 부딪혀 실현될 수 없었을 것이다.

당시 소녀의 집안을 들여다보면, 할아버지는 강서康庶라는 인물이다. 강서는 원나라 지배기 때 충혜왕에게 아첨하여 벼슬을 얻었다. 충혜왕은 조선의 연산군보다 더 패륜을 일삼은 왕이었다. 강서는 그 패륜 행각에 동조하여 충혜왕의 호감을 산 덕분에 잠시 영화를 누렸으나, 충숙왕이 복위하면서 순군옥巡軍獄(고려 때 도적이나 난을 일으킨 사람을 잡아가두기 위해 만든 감옥)에 갇혔다는 기록이 나온다. 강서에 관한 기록은 이것이 전부다.

《고려사》에 더 많은 기록을 남긴 것은 강서의 아들들이다. 강서에겐 여섯 아들이 있었는데, 윤귀를 시작으로 윤성, 윤충, 윤의, 윤휘, 윤부 순이다. 이들 중에 둘째 윤성이 소녀의 아버지이고, 사서에 가장 많이 등장하는 인물은 셋째 윤충이었다. 이들이 부귀영화를 누린 시절은 충혜왕, 충목왕, 충정왕 3대였다. 특히 충혜왕이 죽은 후에 강윤충은 대비였던 원나라 공주 이렌첸빤과 부부처럼 지녔기 때문에 대단한 권력과 부를 누렸다.

하지만 그들의 부귀영화도 공민왕이 즉위하면서 막을 내렸다. 공민왕은 원나라 세력을 몰아내면서 친원파였던 강윤성과 강윤충도 역도로 지목하여 몰락시켰다. 강윤성뿐 아니라 그의 자녀들도 모두 친원 세력으로 몰려 역적이 되었다. 강윤성에게는 득룡, 순룡, 유권, 계권 등 아들 넷과 딸 둘이 있었는데, 막내딸이 강씨 소녀였다. 아들 중 득룡은 재상급 벼슬을 지녔고, 둘째 순룡은 원나라 숭문감 소감 벼슬에 있었다. 또 큰딸은 신귀에게 시집갔는데, 신귀는 왕의 권력을 능가하던 신예(고려 후기의 간신)의 동생이었다 (신예가 왕권을 초월하는 권력을 누린 것은 원나라 황실의 신임을 등에 업고 고려 조정을 손안에 넣고 주무른 환관 고용보의 처남이었기 때문이다).

그런 집안이 공민왕의 배원정책이 실시된 이후로 일순간에 몰락한 것이다. 강윤성과 강윤충, 신귀는 모두 역모죄로 사형당했고, 강씨의 오빠 중에는 강순룡만 가까스로 살아남았다. 이에 강씨 집안은 개성에 살지 못하고 고향 곡산으로 쫓겨 가야 했다.

강윤성의 집안이 몰락한 것은 강씨 소녀가 태어난 직후였다. 따라서 그녀가 이성계를 만난 십 대엔 아버지와 삼촌, 오빠, 형부가 모두 역적으로 몰려 죽고, 집안은 풍비박산이 나서 가난하게 살던 때였다. 역적 집안이라 손을 내미는 사람도 없었을 것이고, 가산은 기울어 괜찮은 집안에 시집갈 여지도 없던 터라 잘나가던 전쟁 영웅 이성계를 선택했을 수 있다. 이성계는 몰락한 그녀의 집안을 일으켜 세울 유일한 희망이었고 가난에서 벗어나게 해줄 든든한

동아줄이었을 것이다.

강씨 소녀와 그 집안사람들의 이런 판단은 적중했다. 그녀와 결혼한 후 이성계는 전장을 누비며 승전에 승전을 거듭했고, 덕분에 고려의 무장 중에 가장 영향력 있는 인물로 성장했다. 또한 위화도 회군에 성공하여 재상의 자리에도 올랐다. 그리고 급기야 고려 왕조를 무너뜨리고 조선 왕조를 개창했다. 그런 이성계의 성공에 힘입어 강씨 집안도 되살아났다. 오빠 강순룡은 개국에 동참하여 '특진보국숭록대부特進輔國崇祿大夫'(조선 초기 정1품 재상의 품계명)에 올랐고, 사촌 오빠 강우는 원종공신에 책봉되었다. 역적으로 몰려 완전히 몰락했던 집안이 이성계를 선택한 그녀 덕에 되살아난 것이다. 어디 그뿐이랴, 그녀 또한 조선의 초대 국모가 되었으니, 이보다 더 큰 성공이 어디 있겠는가?

여장부이자 뛰어난 책사였던 그녀

그렇다고 강씨가 이성계의 사랑 하나에 의지하여 국모의 자리에 오른 것은 아니었다. 이성계가 조선을 개국하기까지 강씨의 활약도 만만치 않았다. 그것은 단순한 내조 차원을 넘는 일이었다.

강씨의 결정적인 활약은 정몽주를 제거한 일이었다. 대개 정몽주 격살 사건을 이방원이 주도한 것으로 알고 있지만, 실상은 다르다.

1392년 3월에 이성계가 해주에서 세자와 사냥을 나갔다가 낙마하여 중상을 입자, 정몽주는 공양왕과 합세하여 이성계의 핵심 세력인 조준을 유배 보내고, 나주에 유배되어 있던 정도전은 감옥에 가뒀으며, 남은과 윤소종, 남제, 조박 등의 잔여 세력도 모두 벼슬을 떼고 유배 보내버렸다. 말하자면 이성계의 팔다리를 모두 잘라버린 셈이었다.

이런 상황에서 강씨는 사위 이제를 급히 이방원에게 보냈다. 당시 이방원은 모친상을 당해 시묘살이 중이었다. 이제에게 상황이 급박하다는 소식을 들은 이방원은 급히 해주로 달려가 이성계를 가마에 태우고 개경으로 돌아왔다.

그러자 대담하게도 정몽주가 이성계를 병문안하기 위해 찾아왔다. 하지만 그것은 정몽주의 실수였다. 강씨는 이 기회를 놓치지 않고 이방원에게 정몽주를 격살하라고 지시했다. 물론 이 사실을 이성계는 몰랐다. 또한 이성계와 의형제를 맺은 이지란도 반대했다. 그런데도 이방원은 조영규를 비롯한 수하들을 시켜 정몽주를 격살했다.

정몽주의 격살에 강씨가 간여한 사실은 실록의 당시 기록에 잘 나타나 있다. 정몽주가 피살됐다는 소식을 듣고, 이성계는 몹시 화를 내며 이방원을 질타했다. 그러자 이방원은 자신의 독단적인 행동이 아니라는 것을 증명하듯 강씨에게 이런 말을 한다.

"어머니께서는 어찌 변명해주지 않습니까?"

그러자 강씨는 이방원을 질타하던 이성계에게 되레 핀잔을 주며 화를 냈다.

"공은 항상 대장군을 자처하시면서 어찌 놀라고 두려워함이 이같은 지경에 이르렀습니까?"

강씨의 그 말에 이성계는 입을 다물었다.

이렇듯 이성계의 연인 강씨는 대담한 여자였다. 또한 머리도 뛰어나고 상황 판단력도 좋았다. 어쩌면 이성계보다 그녀가 정치적으로 한 수 위였다고 할 수 있다.

사실, 이성계는 장수 시절부터 그녀에게 많이 의존했다. 왕이 된 뒤에도 마찬가지였다. 그녀가 죽은 날인 1396년 8월 13일에 이성계는 슬픔을 감추지 못하고 측근 권근에게 강씨의 역할을 고백했다. 그 내용이 《동문선》에 실린 '정릉원당 조계종본사 흥천사 조성기貞陵願堂曹溪宗本社興天寺造成記'에 남아 있다.

"내가 잠저에 있을 때, 개경과 지방에서 고생이 많았다. 그렇게 고생하면서 나라를 세우던 날까지 오직 신덕왕후의 내조가 극진하였다. 내가 왕위에 올라 만기를 살필 때도 또한 왕후의 도움이 컸다. 그런데 갑자기 세상을 떠나 더는 좋은 말을 들을 수 없게 되었으니, 마치 좋은 보좌를 잃은 듯하다. 나는 너무나 슬프다."

이성계의 회한 섞인 이 말에서 알 수 있듯이, 강씨는 단순히 이성계의 사랑스러운 아내 정도가 아니었다. 이성계의 말처럼 그녀는 뛰어난 보좌관, 즉 그가 가장 믿고 의지할 수 있는 책사였다.

1. 직진형 순정남 _ 태조 이성계

또다시 로맨스

이성계는 강씨를 몹시 사랑했고, 또한 그녀에게 의존했다. 인물도 뛰어나고 지혜도 뛰어났을 뿐 아니라 정치 판세를 읽는 눈까지 겸비한 그녀였으니, 이성계가 그녀밖에 몰랐을 법도 했다. 어쨌든 그녀는 이성계를 꽉 잡고 있었다. 그렇다고 이성계가 한눈을 팔지 않았다는 말은 아니다. 이성계가 누구인가? 20년간 한 여자만 바라보던 순정남이었던 그가 한순간에 돌변해 조강지처를 배신하지 않았던가.

어쩌면 첫 부인 한씨가 위장병을 앓은 것도 이성계 때문에 속을 끓였기 때문일지도 모르겠다. 결국, 그 위장병은 나중에 한씨의 고질병이 되었고, 그것이 북망산행을 재촉했다. 그런데 이번에는 그 위장병이 강씨에게 찾아들었다. 이성계가 주씨 성을 쓰는 여인에게 빠진 것이다. 물론 주씨와 이성계가 어떻게 만났는지 자세한 기록은 남아있지 않다. 다만 그녀는 임신하였고, 딸을 하나 낳았다. 이 정도면 단순한 해프닝이 아니라 스캔들은 되지 않을까 싶다. 그녀가 낳은 딸은 훗날 계천위 이등과 혼인하게 되는 의령옹주다. 또한 그 여인은 찬덕 주씨라는 이름으로 사서에 남아 있다.

이성계가 찬덕 주씨에게 빠진 시점은 강씨와 결혼한 지 10년쯤 지난 1380년대 초반이었다. 물론 이때 조강지처 한씨도 살아있을 때였다. 두 부인이 눈을 시퍼렇게 뜨고 있는데 외도를 한 것이다.

'주유청강'《혜원전신첩》. 신윤복 그림. 간송미술관 소장. 출처 문화재청 홈페이지

더구나 강씨는 한씨보다 질투심도 강하고 성격도 강한 여자가 아니던가. 그러니 그 주씨 여인이 무사했을까?

사실, 찬덕 주씨는 의령옹주의 생모인데도 조선 왕실 족보에 오르지 못했다. 엄연히 왕, 그것도 건국 시조의 자식을 낳았는데, 족보인 《선원록璿源錄》에 이름을 올리지 못한 데엔 분명히 사연이 있을 것이다. 하지만 어느 사서에도 기록이 없으니, 알 수 없는 노릇이다. 다만 짐작건대 강씨의 특별한 조치를 당한 것은 아닌가 싶다.

그런데 이성계가 한눈을 판 여인은 찬덕 주씨 한 사람이 아니었다. 언제인지 분명치 않지만, 이성계는 장수로 이름을 날리던 시절에 또 한 명의 여인에게 마음이 꽂혔다. 그런데 이번에는 좀 색다른 여인이었다. 여염집 규수가 아니라 미모로 전국을 휩쓸던 기생이었다. 이름은 칠점선. 이름 그대로 풀이하자면 '북두칠성을 몸에 품은 선녀'였던 그녀가 이성계의 마음을 빼앗은 것이다. 그런데 이성계뿐 아니라 칠점선도 이성계에게 빠졌다. 말하자면 둘이 동시에 사랑에 빠진 셈이다.

칠점선은 김해의 이름난 기생이었다. 경남 김해 기생이 어떻게 이성계를 만났을까? 원래 기생은 공노비의 일종이라 지방에서 이름깨나 날리면 서울로 불려간다. 김해 기생 칠점선은 개성으로 왔을 것이고, 당대 제일의 무장이자 쾌남인 이성계를 만나 사랑에 빠졌을 것이다. 그래서 기생이라는 신분도 망각하고 선뜻 아이도 잉태했을 것이다.

이성계는 사실, 아주 동안이었다. 나이 사십이 넘었어도 도령 소리를 들을 정도였다. 이성계뿐 아니라 그의 아버지 이자춘도 꽤 미남이었고 동안이었다. 이성계가 동안이었던 것은 집안 내력인 셈인데, 거기다 건장한 체구에 무술로 단련된 탄탄한 몸까지 가졌으니 칠점선이 반할 만도 하다. 어쨌든 칠점선은 이성계의 딸을 낳았고, 그 덕분에 훗날 후궁의 반열에 올라 화의옹주로 불리게 되었다.

　이성계는 평생 여섯 여인을 아내로 두었는데 이는 당시 성공한 남성치고는 소박한 축에 든다. 더구나 왕이 되었음에도 후궁도 적게 두었다. 앞에 소개한 찬덕 주씨와 칠점선 외에는 둘을 더 두었을 뿐이다. 그들 후궁은 두 정부인이 모두 죽은 다음에 정식으로 시집온 여인들이었으니 이들(성비 원씨와 정경궁주 유씨)도 한눈을 판 상대는 아니었다. 그러고 보면 이성계는 당시 남성 치고는 여자 문제에서는 깨끗한 편이었다. 다만 마음이 꽂힌 여인이 나타나면 물불 가리지 않고 돌진하는 직진형 순정남이었다.

2
장

읍 소 형 비 운 남 — **정종 이방과**

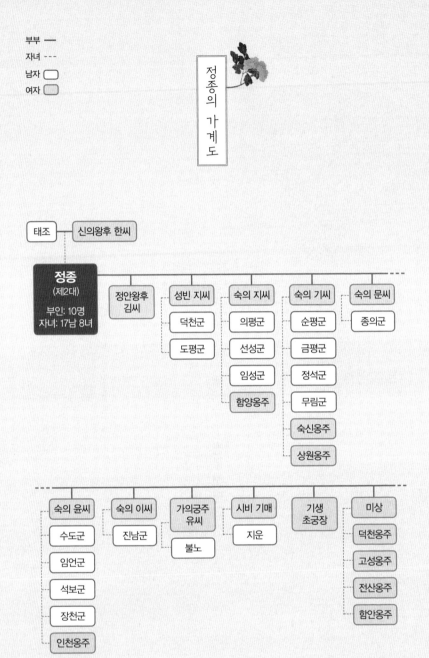

부부 —
자녀 ---
남자 ▭
여자 ▭

정종의 가계도

태조 ── 신의왕후 한씨

정종
(제2대)

부인: 10명
자녀: 17남 8녀

정안왕후
김씨

성빈 지씨
└ 덕천군
└ 도평군

숙의 지씨
└ 의평군
└ 선성군
└ 임성군
└ 함양옹주

숙의 기씨
└ 순평군
└ 금평군
└ 정석군
└ 무림군
└ 숙신옹주
└ 상원옹주

숙의 문씨
└ 종의군

숙의 윤씨
└ 수도군
└ 임언군
└ 석보군
└ 장천군
└ 인천옹주

숙의 이씨
└ 진남군

가의궁주
유씨
└ 불노

시비 기매
└ 지운

기생
초궁장

미상
└ 덕천옹주
└ 고성옹주
└ 전산옹주
└ 함안옹주

짧은 로맨스 긴 아픔

대개 조선 2대왕 정종을 거론하면, '허수아비 왕'이란 말이 대뜸
나온다. 사실, 왕으로서는 동생 이방원의 허수아비 노릇을 한 것이
사실이고, 정치 역량에서도 이방원에게 한참 미치지 못한다. 하지
만 여성 편력에 있어서만큼은 그리 말할 수 없다.

정종 이방과가 왕위에 머문 기간은 2년 2개월. 그 기간마저도
정사는 대부분 이방원의 뜻대로 처리됐다. 재위 기간은 짧고 남긴
업적도 없는 정종이 후궁은 무려 10명 넘게 두었다. 그들 여인에
게서 얻은 자식의 수가 25명이었으니, 자식 수로 따지면 28명을
둔 성종에 이어 랭킹 2위다. 그런데 이렇게 많은 자녀 중에 적자녀
는 단 한 명도 없다. 정비 정안왕후 김씨가 아이를 낳지 못했기 때

문이다.

이방과가 김씨와 언제 결혼했는지는 분명하지 않지만, 당시 남자 나이 열다섯이면 장가들었으니, 방과도 그 무렵에 그녀와 결혼했을 것으로 보인다. 방과가 1357년생이니, 그들의 결혼 시점은 1371년 정도 되지 않을까 싶다.

방과와 김씨의 관계는 나쁘지 않았던 모양이다. 김씨가 자식을 낳지 못했는데도 방과는 15년 이상 첩을 얻지 않았다. 당시 풍습으로 보자면 본처가 결혼 후 5년이 지나도 자식을 낳지 못하면 첩을 두는 것이 관례였는데, 무려 17년 동안 첩을 두지 않았다.

하지만 그도 종국에는 자식을 안겨줄 새로운 여자를 물색한다. 그렇다고 아무나 택할 수는 없는 일이었다. 방과가 두 번째 부인으로 선택한 여인은 유분의 셋째 딸이었다. 유분은 당시 제법 이름 있는 인물이었다. 관직도 낮지 않았고, 학문도 한 사람이었다. 그런데도 그는 선뜻 셋째 딸을 본처가 있는 자리에 시집보냈다. 그에게는 그럴만한 사연이 있었다.

유분의 셋째 딸은 원래 반복해라는 인물에게 시집갔었다. 반복해는 우왕의 의붓아들이 되어 왕씨 성을 받고 왕복해라고 불리기도 했다. 그래서 왕자 행세를 하며 대단한 권세를 누리던 인물이다. 또한 그는 당시 권신이던 임견미의 사위이기도 했다. 그는 여러 번 결혼해 부인이 여럿이었다. 유씨는 그중 한 명이었다. 말하자면 이미 그녀는 본처가 있는 사람에게 시집간 적 있는 여인이었다.

당시 권세가 중에는 향처와 경처를 함께 둔 사람이 제법 있었다. 고향에는 본처를 머물게 하고, 서울(개성)에는 또 다른 처를 두고 두 집이나 세 집 살림하는 경우였다. 물론 일부 세도가에 한정되는 일이었다. 유씨도 그런 인물인 반복해의 경처 중 하나였다.

그런데 그녀의 결혼생활은 평탄하지 않았다. 남편 반복해가 1388년에 임견미와 함께 이성계 세력에 의해 살해된 것이다. 이후, 반복해의 아내였던 유씨는 이방과의 아내가 되어 남편을 죽인 이성계 집안으로 들어왔다. 말하자면 남편의 원수 집안에 재가한 셈이었다.

어쩌면 그녀가 이방과에게 시집오게 된 것은 그녀의 의도와는 전혀 관계없는 일이었는지도 모른다. 고려 말 당시 역적으로 몰려 죽은 자의 부인이나 첩 중에 인물이 뛰어난 여인들은 권신들에게 배분되는 일이 흔했다. 아마 그녀도 반복해가 죽고 강제로 권신들의 집안에 첩으로 배분되었을 것이다. 만약 그렇다면 그녀는 인물이 출중했을 가능성이 크다.

어쨌든 이방과는 유씨를 두 번째 부인으로 맞아들였는데, 무슨 일인지 그녀는 오래지 않아 이방과를 떠났다. 그러고는 또다시 다른 사람과 결혼한다. 그녀와 이방과의 로맨스는 그렇게 짧은 몇 달로 끝난 듯했다.

하지만 유씨와 이방과의 인연은 끝난 게 아니었다. 1398년에 제1차 왕자의 난이 일어나고, 이방과는 세자가 되었고, 이어서 왕위를 이어 조선 제2대 왕에 올랐다. 그러자 조박이란 인물이 유씨를 다시 궁궐로 데리고 왔다. 조박은 이방원의 손위 동서였다. 즉,

조박의 부인이 이방원의 아내 민씨(원경왕후)의 언니였다. 그런데 유씨는 조박의 외종 누이였다. 조박은 이방과가 왕위에 오르자, 그녀와 함께 불노라는 남자아이를 데리고 왔다. 그 아이는 유씨가 낳은 방과의 아들이었다.

정종이 그 아들의 존재를 알고 있었는지는 분명치 않다. 하지만 정종이 불노를 보자, 바로 자기 아들로 인정하고 원자로 삼고, 유씨도 후궁으로 책봉하여 가의궁주라는 봉호를 내린 것을 보면, 불노의 존재를 알고 있었을 가능성도 있다.

그런데 이 소식이 전해지자 이방원 세력이 강력히 반발했다. 목숨을 걸고 왕권을 장악했는데, 불노가 세자가 되면 이방원은 죽 쒀서 남 주는 격이었다. 이 때문에 방원이 몹시 분노하였고, 그 소식을 들은 정종은 갑자기 불노가 자기 자식이 아니라고 말을 바꾸었다. 정종은 유씨가 자기에게 시집올 때, 이미 반복해의 아이를 잉태한 상태였다고 둘러댔다. 그러나 아이를 밴 여자를 후실로 맞아들인다는 것은 상식 밖의 일이고, 당시 사건의 정황을 따져보아도 불노는 정종의 장남이 분명했다. 그런데도 정종은 아들의 목숨을 살리기 위해 자기 아들이 아니라고 말한 것이다.

결국 불노는 궁 밖으로 쫓겨났다. 이후, 태종이 왕위에 오른 뒤에 청년이 된 불노는 자신이 상왕(정종)의 아들이라고 떠벌리고 다녔다. 이 일로 불노는 공주에 유배되었고, 강제로 머리를 깎인 채 승려로 살게 됐지만, 정종은 아무런 도움을 주지 못하고 냉가슴만 앓았다.

인덕궁의 섹스 스캔들

그런데 불노보다 더 불행한 삶을 산 정종의 아들도 있었다. 지운이라는 인물이다. 정종이 상왕으로 물러난 뒤에 인덕궁에 머물렀는데, 그곳에서 한 여인을 품었다. 그녀는 인덕궁 소속의 여종 기매였고, 그녀가 낳은 아들이 바로 지운이었다.

그런데 기매는 지운을 낳은 뒤에 궁궐을 발칵 뒤집어놓은 섹스 스캔들에 휘말렸다. 이 사건에 대해 실록은 태종 17년(1417년) 8월 8일에 다음과 같은 기록을 남기고 있다.

> 환자 정사징을 베었다. 정사징은 고려 공양왕 때부터 환자 같지 않다는 말이 있었는데, 또 회안대군의 첩을 간통하였고, 인덕궁을 섬기면서 시녀 기매를 간음하였다. 기매는 상왕의 본궁 여종이었다. 상왕이 알고 기매를 내치니, 정사징이 도망하였다. 이때 이르러 붙잡히자 곧 베었다. 의금부에서 기매를 아울러 베자고 청하니, 임금이 말했다.
> "기매는 상왕에게서 아이를 배어 자식을 낳았으니 차마 베지 못하겠다."
> 의금부 제조 등이 요청하였다.
> "기매가 이미 득죄하여 쫓겨났으니, 상왕인들 어찌 아끼겠습니까?"
> 임금이 그 말을 옳다고 여기어 장차 베려 하였다. 그런데 상왕의 명령으로 베지 못하였다.

사실, 이 섹스 스캔들은 매우 특이한 사건이다. 환관이라면 의당 남성을 잃은 사람인데, 환관이 여인들과 간통을 저지르는 것이 가능할까? 사실, 고려시대 환관 중에는 남성을 완전히 제거하지 않은 사람도 있었다. 그래서 여성과 성관계 하다가 들켜 죽은 사건도 있었다. 정사징도 그런 인물 중 하나였던 모양이다. 말하자면 양물을 제거하긴 했으나 완전히 제거되지 않은 사람이었던 것이다. 고려시대엔 조선시대만큼 환관 관리가 철저하지 않았다. 그리고 출세하기 위해 스스로 남성을 제거하고 환관이 되는 경우가 많았다. 그러다 보니 남성이 완전히 제거되지 않는 경우도 발생했다.

환관 정사징도 그런 경우였는데, 환관이기 때문에 여인들과 스스럼없이 만날 수 있었고, 그러다 보니 섹스 스캔들도 일어났다. 그런데 하필 그가 간음한 여인 중에 상왕의 첩 기매가 있었던 것이다. 그렇다면 기매는 왜 후궁 신분임에도 정사징과 간통한 것일까?

1417년 당시 정종은 61세로 환갑에 이른 노인이었다. 이때는 이미 정안왕후 김씨가 죽은 지 5년이 지난 시점이었고, 정종도 노환에 시달리고 있었다. 그에 비해 기매는 젊은 여인이었다. 색욕은 왕성하지만 연애할 대상은 없는 처지였다. 더구나 궁궐 안이기 때문에 남성이라고는 환관들밖에 없었다. 그런데 환관 정사징과 눈이 맞은 것이다.

사실, 조선시대에는 궁녀와 환관이 사랑에 빠진 경우가 더러 있었다. 그들은 성관계는 불가능했지만, 애무는 가능했으므로 그런 형태의 간음을 하다 발각되어 사형당하기도 했다. 정사징의 경우도 그런 사건의 하나일 가능성이 높다. 정사징의 성 기능이 살아 있었다고 해도 완전하지는 않았을 것이므로 아이를 잉태시킬 능력은 없었을 것이다.

어쨌든 정사징의 행각은 탄로 났고, 기매도 이 일에 연루되어 궁궐에서 내쫓겼다. 심지어 의금부에서는 그녀를 사형에 처해야 한다고 주장했다. 하지만 정종은 그녀를 죽이지는 말라고 했고, 태종은 형의 부탁에 그녀를 살려주었다.

그런데 그녀를 내쫓으면서 그녀가 낳은 아들 지운도 함께 궁궐에서 내쳤다. 지운은 궁궐에서 나간 뒤, 출가하여 승려가 되었다. 아마도 본인의 뜻과는 상관없이 강제로 승려가 된 모양이다. 이 사건이 있은 지 7년이 지났을 때, 지운은 스스로 왕자라고 칭하고 다니다가 잡혀왔다. 그때는 이미 정종도 죽고 태종도 죽은 뒤였다. 실록의 세종 6년(1424년) 4월 23일 기사에 그 내용이 다음과 같이 전한다.

> 진성 현감 이반이 중 지운을 잡아 왔으므로 의금부에 하옥하도록 명하였다. 지운이라는 자는 공정왕의 시비 기매의 자식이었다. 기매가 항상 음란한 행동을 하므로, 왕이 가끔 곤장으로 때렸다. 지운을 낳았으나, 왕은 자기의 자식이 아님을 알았던 까닭으로 여러 아들의 항렬에 넣지 않았다. 왕이 승하한 뒤에 지운은 머리를 깎고 절에 우거하면서 왕자라고 자칭하였다.
>
> 태종이 듣고 불쌍하게 여겨서 의식衣食을 하사하고자 하니, 병조

참의 윤회가 아뢰었다.

"공정왕께서 지운을 아들이라 하지 않으셨는데, 지금 왕자라고 하면 외방에 떠돌아다니게 함이 마땅하지 못하고, 왕자가 아니라고 하면 어찌 은사를 입게 할 수 있겠습니까? 신은 옳지 못한가 합니다."

이에 태종이 말했다.

"나도 역시 의심은 하지만 이것은 분별하기가 퍽 어렵다."

그러면서 마침내 의식을 하사하였다. 그러나 공정왕이 일찍이 자식이라고 하지 않았던 까닭으로 지운에게 이렇게 말했다.

"너는 지금부터 왕자라고 자칭하지 말고 멀리 도망하는 것이 옳다."

그런데 이제 와서 지운이 다시 왕자라는 호칭으로 횡행하면서 폐를 끼치는 까닭으로 잡아오도록 명한 것이었다.

이렇듯 세종이 즉시 관원을 풀어 그를 잡아들여 확인해보니, 과연 기매의 아들이 맞았다.

그는 원래 병이 있어 절에 맡겨진 것인데, 세종은 그를 찾아내어 환속시키려 하였다. 그리고 그가 붙잡혔을 때, 그를 측은하게 여겨 살려주려 하였으나 중신들은 그를 죽이라고 간언했다. 세종 스스로 생각해도 그의 존재가 왕실을 부끄럽게 만든다고 생각하였고, 결국 중신들의 주청대로 사형에 처했다.

이렇듯 지운은 왕자 신분으로 태어났으면서도 왕자로 살지 못했고, 스스로 왕자로 살고 싶어 발버둥을 쳤으나 끝내 뜻을 이루지 못하고 목이 달아났으니, 이 모든 것이 정종과 그의 어미 기매의 업보가 아니고 무엇이랴.

자매를 후궁으로 둔 왕

정종의 후궁들을 조사하다 보면 특이한 것을 하나 발견할 수 있다. 정종 후궁 중에 성빈 지씨와 숙의 지씨가 있는데, 이들은 한 아버지에게서 태어난 자매다. 어떻게 이런 일이 있었을까 싶다. 조선사를 샅샅이 살펴봐도 자매가 한 남자의 아내가 된 일은 이들이 거의 유일하다. 가끔은 자매가 한 집안에 시집가는 경우는 있었지만, 자매가 한 남자의 아내로 사는 경우는 극히 드물다.

도대체 어떤 사연이 숨어있을까? 우선 지씨 자매의 집안부터 살펴 보자. 지씨 자매의 아버지는 지윤이라는 인물이다. 지윤에게는 딸이 셋 있었는데, 모두 이성계 집안에 시집갔다. 큰딸은 이성계의 장남 이방우와 결혼하였고, 둘째와 셋째는 정종 이방과와 결혼했다. 말하자면 첫째는 둘째와 셋째의 손위 동서가 되었고, 또 둘째와 셋째는 한 남자와 결혼한 것이다. 이런 경우는 조선사를 통틀어 유일하다. 어떻게 이런 일이 벌어졌을까?

지윤은 원래 군졸 출신이었는데, 여러 전장에서 무공을 세워 장수가 된 인물이다. 공민왕 21년인 1372년에는 서북면 원수가 되었고, 2년 뒤에는 경상도 상원수가 되어 탐라출정군을 지휘하였다. 1375년에는 찬성사에 임명되어 서북면 도원수를 겸하였고, 우왕이 왕위에 오른 뒤에는 경복흥, 이인임 등과 함께 관리들의 인사를 담당하는 정방제조가 되었다. 실세 중 실세가 된 것이다. 이후 이인임, 경복흥 등과 경쟁하며 문하찬성사가 되었고, 판도사 판사가 되어 재상이 되었다. 일개 군졸에서 재상의 자리에 올랐으니 가히 입지전적 인물이다.

하지만 이후 이인임이 지윤의 핵심 심복들을 제거하자, 이에 반발하여 이인임과 최영을 제거하려다 실패, 1377년 3월에 옥에 갇혀 죽었다. 이때 그의 아들 익겸과 가족들도 대부분 화를 당했다.

이것이 대략적인 지윤의 이력인데, 지윤의 큰딸이 이성계의 큰아들 방우와 결혼한 것을 보면 이성계와 지윤이 친밀했던 것으로 보인다. 진안대군이 1354년생이고, 그가 열여섯 살에 결혼했다고 했을 때, 이성계와 지윤이 사돈관계를 맺은 시기는 대략 1370년쯤 된다. 이때 이성계와 지윤은 동북면과 서북면을 대표하는 장수였다. 말하자면 함경도를 대표하는 장수와 평안도를 대표하는 장수가 사돈을 맺고 결탁한 셈이다.

그런데 이로부터 7년쯤 뒤에 지윤은 몰락한다. 그렇다면 둘째와 셋째 딸은 언제 정종에게 시집왔을까? 몰락 이후일까, 이전일까? 정종은 정안왕후와 먼저 결혼했고, 그 시점은 대략 1372년경이다. 그렇다면 지씨 자매가 정종에게 시집온 것은 적어도 1372년 이후인 것이다. 그럼 언제 그들 자매가 한꺼번에 이방과의 첩이 된 것일까? 지씨 자매가 아이를 낳은 시점을 기준으로 계산해 보면 대충 언제인지 알 수 있을 것 같다.

성빈 지씨와 숙의 지씨 중 누가 언니인지는 분명치 않다. 다만 먼저 아이를 낳은 쪽은 숙의 지씨였다. 숙의 지씨의 큰아들은 의평군 이원생이고, 큰딸은 함양옹주다. 하지만 이들 두 사람의 출생 연도는 기록되지 않았다. 다만 그녀의 둘째 아들인 선성군 이무생이 1392년생이라는 것만 기록되어 있다. 그리고 성빈 지씨의 큰아들 덕천군 이후생은 1397년생이다. 이들 선성군과 덕천군의 출생 연도를 보면 성빈 지씨와 숙의 지씨는 아버지 지윤이 죽은 뒤에 정종에게 시집온 것이 분명하다. 이들 자매는 집안이 몰락하자, 언니 즉, 이방우의 아내인 삼한국대부인 지씨의 주선으로 방과의 첩이 된 것으로 짐작할 수 있다.

비록 그런 사연이 있다손 치더라도 어떻게 한 남자에게 두 자매가 함께 시집올 수 있었는지는 여전히 의문이다. 정말 의탁할 곳이 없어서 이성계 집안에 첩으로 들어와야 했다면 방과에게 굳이 두 명이 함께 의탁할 이유가 있었을까? 이성계의 아들은 방우와 방과 외에도 방의, 방간, 방원 등도 있었는데 말이다. 여전히 알 수 없는 미스터리다.

3
장

전투형 뒤끝남 ― **태종 이방원**

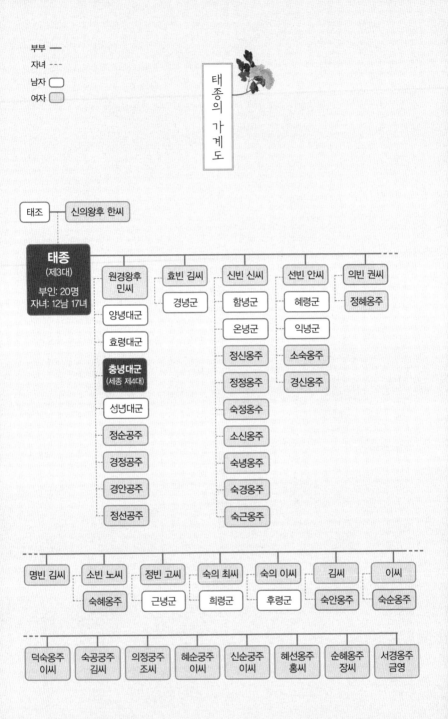

부부 —
자녀 ---
남자 ☐
여자 ☐

태종의 가계도

태조 ─── 신의왕후 한씨

태종
(제3대)
부인: 20명
자녀: 12남 17녀

원경왕후 민씨	효빈 김씨	신빈 신씨	선빈 안씨	의빈 권씨
양녕대군	경녕군	함녕군	혜령군	정혜옹주
효령대군		온녕군	익녕군	
충녕대군 (세종 제4대)		정신옹주	소숙옹주	
선녕대군		정정옹주	경신옹주	
정순공주		숙정옹수		
경정공주		소신옹주		
경안공주		숙녕옹주		
정선공주		숙경옹주		
		숙근옹주		

명빈 김씨	소빈 노씨	정빈 고씨	숙의 최씨	숙의 이씨	김씨	이씨
	숙혜옹주	근녕군	희령군	후령군	숙안옹주	숙순옹주

덕숙옹주 이씨	숙공궁주 김씨	의정궁주 조씨	혜순궁주 이씨	신순궁주 이씨	혜선옹주 홍씨	순혜옹주 장씨	서경옹주 금영

시골 촌놈과 미모의 서울 여인

태종 이방원은 함경도 함흥에서 태어나 열 살 때 개성으로 유학 갔다. 서울로 와 보니 함흥에서는 명문가 자제였는데 여기서는 한낱 시골 촌놈에 불과했다. 더구나 그의 가문은 무장 집안이었다. 아버지 이성계는 무장으로 이름을 날리며 전쟁 영웅 소리를 듣긴 했지만, 학문과는 거리가 멀었다. 이성계 자신도 이것을 콤플렉스로 여겼다. 그래서인지 이성계는 늘 유학을 공부하는 사람과 친분을 쌓았고, 그들을 존중했다. 덕분에 이색, 정몽주 등의 당대 학자들과도 친분이 있었다. 그래서 아들들은 모두 문관이 되길 바랐다. 다행히 큰아들 방우가 공부를 잘했고, 과거에 합격하여 문관 벼슬을 얻었다. 늦게 얻은 다섯째 방원 또한 영특했다. 이성계는 방원이 열 살이 되자, 개성에 머물고 있던 둘째 부인 강씨에게 맡겨 유학시켰다.

방원은 개성에서도 두각을 나타냈다. 함께 학당을 다니는 아이들이 대부분 누대에 걸쳐 문관을 배출한 명문가 출신이었는데, 방원은 그들 속에서도 명민하다는 소리를 들었다. 이성계는 그 점을 큰 자랑거리로 여겼다. 그래서 툭하면 사람들을 집으로 초대하여 방원의 뛰어난 학문을 선보이곤 했다. 그만큼 방원에게 거는 기대가 컸다.

방원은 아버지의 기대에 어긋나지 않았다. 열여섯 살에 당당히 성균관에 입학했다. 이성계의 아들 중에 성균관에 입학한 이는 방원이 처음이었다. 이성계는 기뻐서 어쩔 줄 몰라 했다. 그리고 즉시, 방원의 신붓감을 찾았다. 이제 어엿한 성균관 학생이니 개성에서 학문으로 이름깨나 난 가문과 혼인시켜 방원의 뒷배를 든든하게 만들 요량이었다.

방원의 결혼에 중매쟁이로 나선 사람은 이성계의 둘째 부인 강씨였다. 강씨는 개성의 사정에 밝고, 명문 가문도 훤히 꿰뚫고 있었다. 그런 그녀가 선택한 집안은 학자 집안으로 유명한 여흥 민씨 가문이었다. 게다가 다른 사람도 아닌 성균관 대사성 민제의 사위 자리였다.

여흥 민씨 집안과 이성계 집안은 이미 인연이 있었다. 이성계의 넷째아들 방간이 여흥 민씨 집안으로 장가든 상태였다. 방간은 방원의 바로 위로 방원보다 세 살 많았다.

방간을 여흥 민씨 집안의 사위가 되게 주선한 것도 강씨였다. 강씨는 진주 강씨인데, 민제의 부인 송씨의 외가도 진주 강씨였다. 이성계의 부인과 민제의 외가가 같은 집안이고, 그 인연으로 여흥 민씨와 이성계 집안은 사돈지간이 된 것이다. 하지만 민제의 부인 송씨는 이방간에게 자기 딸을 내주지는 않았다. 당시 민제와 송씨 사이에서 태어난 둘째 딸이 이미 혼기가 찼는데, 송씨는 방간이 사윗감으로 마땅치 않았는지 그저 시가의 여식 중 하나를 소개하여 방간에게 시집보냈다.

그런데 방간이 아니라 방원이 신랑감이 되자, 송씨와 민제는 선뜻 자신의 딸을 내줬다. 당시 민제의 둘째 딸은 열여덟 살이었다. 당시 처녀들이 열다섯 살이면 시집을 가던 시절이었으니 혼기를 한참 넘긴 처녀였다. 명문가에다 현직 성균관 대사성의 딸이 혼기가 넘도록 시집가지 않고 있었던 내막은 분명치 않지만, 어쩌면 집안에서 사윗감을 고르고 고르다 늦어진 것일 수도 있을 것 같다. 사실, 민제와 송씨는 둘째 딸을 매우 귀하게 여겼다. 송씨는 첫 아이로 딸을 낳았는데, 이후에는 십여 년간 자식을 생산하지 못했다. 민제 부부는 둘째를 얻지 못해 애를 태웠다. 그러다 첫아이 이후 십 년이 훌쩍 지나 태어난 아이가 바로 이 딸이었다. 그러니 얼마나 어여뻤겠는가. 게다가 신기하게도 둘째 딸이 태어난 이후 그 아래로 동생 넷은 모두 아들이었다. 이럴 경우, 대개 그 딸은 아들을 안겨다 준 복덩이라 하여 더 예쁨을 받았다.

그런데 그런 복덩이가 인물도 출중하고 머리도 뛰어났다. 하긴 부모 집안이 모두 인물이 뛰어나고 머리가 좋았으니, 그 유전자가 어디 갔을까. 사실, 민제와 부인 송씨 집안은 모두 인물 좋기로 유명했다. 송씨 부인의 본관은 여산인데, 여산 송씨 집안은 대대로 미인이 많이 배출된 가문이었다. 송씨 부인은 송선의 딸인데, 송선에겐 송씨 부인 말고도 딸이 하나 더 있었다. 송씨 부인의 동생이자 이방원의 부인 민씨의 이모인데, 그녀는 인물이 출중하여 원나라 황제의 후궁으로 뽑혀갈 정도였다. 또 송선의 형 송염의 딸, 즉 송씨 부인의 사촌 동생도 《고려사》에 대단한 미인이었다는 기록이 있다.

민제의 집안도 외모에서는 여산 송씨에게 뒤지지 않았다. 민제의 조부 민적은 "풍채가 비범했다"고 《고려사》에 기록되어 있다. 거기다 민제 집안은 3대에 걸쳐 학관을 배출한 머리 좋은 집안이었고, 민제 또한 총명하여 어떤 책이든 한 번 보기만 하면 잊어버리지 않았다고 한다.

민제와 송씨의 딸들은 그런 부모의 유전자를 받아 외모가 출중하고 머리가 좋았다. 그래서 큰 딸은 명문가인 평양 조씨 집안의 며느리로 들어갔다. 그녀의 남편은 조박이라는 인물이었는데, 조박 또한 성균관 출신으로 과거에 급제하여 출세 가도를 달리고 있었다. 그리고 둘째 딸의 남편감으로 이방원이 선택된 것이다. 성균관에서 이방원의 총명함과 출중한 능력을 간파한 민제가 기꺼이 사위로 받아들인 것이다.

이방원이 민제와 송씨의 둘째 딸 민씨(훗날의 원경왕후)와 결혼할 당시 나이 열여섯 살이었고, 민씨는 열여덟 살이었다. 민씨는 학문도 뛰어났는데, 변계량이 쓴 《헌릉지獻陵誌》에는 민씨가 "맑고 아름다웠으며, 총명하고 지혜로웠다"고 평가하고 있다.

이렇듯 시골 촌놈 이방원은 지성과 미모를 겸비한 도시 여인 민씨와 결혼했고, 그녀를 무척 좋아했다.

18년 혁명동지

민제의 둘째 딸에게 장가든 이방원은 처가살이를 시작했다. 몇년간 지속된 처가살이 동안 그에게는 좋은 일만 생겼다. 우선 결혼이듬해인 1383년엔 문과에 급제했다. 비록 장원은 아니었지만 33명 중 10등으로 성적이 나쁘지 않았다. 급제와 동시에 한 아이의 아비가 되었다. 첫딸 정순공주가 태어난 것이다.

이후에도 그는 처가에서 살았다. 급제는 했지만, 관직이 날 때까지는 백수 신세였기 때문이다. 그래도 그는 장인과 장모, 아내로부터 극진한 사랑을 받았다. 태종은 훗날 "내가 어렸을 때, 민씨에게 자라서 은혜와 사랑을 많이 받았다"고 그 시절을 회고했다.

그때부터 민제는 사위 이방원을 '선달'이라고 불렀다. 선달은 과거에 합격하여 벼슬자리를 기다리는 사람을 일컫는 말이다. 관직이 보장된 사람을 부르는 별칭이었는데, 민제는 사위를 부르는 애칭으로 사용했다. 민제는 훗날 이방원이 왕이 된 뒤에도 분위기가 좋으면 그를 선달이라고 부르곤 했다.

이방원은 장인 민제를 '사부'라고 불렀다. 이방원이 성균관 학생이었을 때, 민제가 부총장 격인 대사성이었으니 스승인 셈이었다. 태종은 왕위에 오른 뒤에도 장인 민제를 사부라고 부르곤 했다.

어쨌든 처가와 아내의 사랑을 받으며 한량처럼 지내던 이방원은 마침내 관직에 나갔고, 승승장구하여 스물두 살 어린 나이에 전리사 정랑 자리에 올랐다. 전리사란 조선시대 이조에 해당하는 관서로 문관의 인사 관리를 담당하는 부서인데, 정랑은 곧 행정 실무책임자였다.

그가 전리사 정랑으로 있던 1388년, 이성계가 위화도에서 회군했다. 이후로 이성계는 조정의 실권자가 되었고, 이방원은 변방 출신의 전쟁 영웅이 아닌, 조정 실권자의 아들이 되어 세간의 주목을 받기 시작했다.

그 무렵, 이방원도 처가살이에서 벗어났다. 개성의 중심부에 살림집을 마련하고 뜻 맞는 인물들과 어울려 새로운 세상을 꿈꾸기 시작한 것도 바로 이때였다. 어쩌면 이때부터 그는 역성혁명을 꿈꾸었는지 모른다.

물론 그 꿈을 부인 민씨도 함께 꾸고 있었다. 민씨는 여느 부인들과 달리 세상 돌아가는 이치에 밝았고, 정치적 수완도 좋았다. 흡사 이성계의 둘째 부인 강씨 같은 구석이 있었다. 그런 까닭에 이방원은 민씨에게 여러모로 의지했다. 물론 그들의 사랑도 돈독했다.

그런 가운데, 정말 역성혁명은 현실로 닥쳤다. 그 과정에서 이방원은 최대 정적 정몽주를 격살하는 과감한 선택을 하기도 했다. 덕분에 그는 조선 개국의 최대 공신으로 불리었다.

하지만 정작 꿈에 그리던 조선이 개국되자, 이방원은 찬밥 신세가 되었다. 권력의 중심엔 아버지의 둘째 부인 강씨가 있었고, 조정은 강씨가 원하는 판으로 만들어졌다. 세자 자리까지 그녀의 아들 방석이 차지했다. 그러니 이방원은 개국 공신이 아니라 세자를 위협하는 인물로 떠올랐다. 언제 세자 방석의 추종세력에게 죽임을 당할지 알 수 없는 처지에 놓이게 된 것이다. 조정에선 국가의 안위와 안정을 위한다는 명목으로 개국의 수단이 되었던 사병을 혁파하기 시작했고, 이방원 또한 속수무책으로 자신의 병력을 국가에 헌납해야 했다. 그 일을 주도한 인물은 정도전이었고, 그 배후에는 왕비가 된 강씨와 세자 방석의 세력이 버티고 있었다.

그런 위기 상황에서도 부인 민씨는 냉철하게 훗날을 준비하고 있었다. 민씨는 남동생들(민무구와 민무질)을 움직여 무기를 숨겨놓고 기회를 엿보았다. 그리고 마침내 반전의 기회가 마련되고 있었다. 조정을 틀어쥐었던 왕비 강씨는 1396년에 병으로 죽었고, 2년 뒤엔 이성계가 몸져누웠다. 민씨는 이때를 놓치지 않고 이방원에게 숨겨둔 무기를 내놓으며 거사에 돌입할 것을 주문했다. 이른바 제1차 왕자의 난이었다.

아내와 처가의 후원 아래 과감하게 단행된 거사는 성공적이었다. 정적 정도전과 세자 방석을 제거하고 순식간에 조정을 장악했다. 그렇지만 당장 왕위를 차지할 수는 없었다. 사경을 헤매던 부왕(태조)이 병석에서 일어난 것이다. 그는 별수 없이 세자 자리를 둘째 형 방과에게 양보하고 다시 때를 기다렸다. 물론 부인 민씨의 의견도 같았다. 그녀 역시 방원 못지않게 신중하고 정치적이었다. 2년을 기다린 끝에 마침내 정종에게 선위 받아 1400년 11월에 왕위에 올랐다. 그 과정에서 넷째 형 방간의 반발이 있었지만, 방간은 이미 방원의 적수가 되지 않았다.

이방원이 왕위를 얻자, 부인 민씨는 왕비가 되었다. 그녀 역시 왕비 자리를 얻기 위해 이방원 못지않게 무섭게 달려왔고, 그 세월은 무려 18년이나 되었다. 그 18년 동안 남편은 오로지 정치에 열정을 쏟을 뿐 다른 곳에 한눈을 팔지 않았다. 그런 까닭에 이방원에게 여인은 오직 그녀뿐이었다. 하지만 막상 왕이 된 뒤, 이방원의 태도는 달라진다. 달콤하고 열정적이었던 동지이자 연인 관계는 그들이 궁궐에 들어간 순간 끝장나고 말았다.

남편의 외도, 뿔난 아내

1400년, 왕위 계승권자로 확정되어 궁궐에 들어간 이방원은 바로 다른 '시앗'을 보았다. 그것도 다른 여자도 아닌 왕비 민씨의 궁녀였다.

이 일로 민씨는 화가 몹시 났다. 사실, 이방원이 다른 여자에게 눈을 돌린 것이 처음은 아니었다. 이미 왕자 시절에 다른 여인과 동침하여 아들까지 얻은 바 있었다. 상대는 민씨의 몸종. 그 여인은 훗날 이방원이 왕위에 오른 뒤, 후궁에 책봉되었다(효빈 김씨. 그녀가 낳은 아들은 경녕군이다).

이방원이 김씨와 정을 통했을 때는 민씨가 큰아들인 양녕대군을 잉태하고 있던 때였다. 민씨가 느끼는 배신감이 클 법 했지만 민씨는 이를 문제 삼지 않았다. 양반가에서 첩을 한둘 두는 것은 예사인 시절이었다. 차라리 첩을 들일 바에야 자신이 잘 아는 아이가 나을지 모른다고 생각했을 수 있다. 김씨를 첩으로 들인 뒤에도 이방원과 민씨의 관계는 좋았다. 오히려 첩 김씨와의 관계가 소원해졌을 뿐이다.

그런데 이방원은 왕이 되자마자 궁녀들을 취하기 시작했다. 처음으로 취한 궁녀는 훗날 신빈으로 책봉된 여인이다. 그런데 그녀는 다른 곳도 아닌 중궁전의 본방나인이었다. 본방나인이란 왕비가 사가에서 데려온 여종을 일컫는다. 효빈 김씨와 마찬가지로 신빈 신씨 역시 민씨를 보필하던 여인이었는데, 이방원이 또다시 왕비의 측근을 취한 것이다.

이방원은 단번에 신씨에게 매료되었다. 그녀에 대한 애정은 신씨가 낳은 자녀수만 봐도 확인된다. 태종은 왕비 민씨에게서 4남 4녀를 얻었다. 물론 민씨가 낳은 아들이 셋 더 있었지만 일찍 죽었다. 그런데 신씨에게서는 본처보다 더 많은 3남 7녀를 얻었으니, 태종이 신씨를 얼마나 총애했는지 알 만하다. 태종은 왕비 민씨보다도 신씨를 더 사랑했고 그녀에 대한 신뢰도 깊었다. 그래서 나중에 왕비 민씨가 죽은 뒤에는 내명부의 통솔 권한을 그녀에게 주었다. 이후 태종을 만나려면 신씨를 통해야만 할 정도가 되었다.

민씨는 태종이 신씨를 무척 총애하는 것까지는 참았다. 그런데 후궁 신씨가 임신 중일 때, 태종이 또 몇 명의 궁녀들과 동침하자, 격분하여 왕과 동침한 궁녀들을 중궁전으로 불러들여 다그쳤다.

그러자 그 소식을 접한 태종도 가만히 있지 않았다. 태종은 중궁전에서 일하는 시녀와 환관 20여 명을 내쫓아버렸다. 중전의 손발을 다 잘라버린 것이다. 이 사태가 벌어진 1401년 6월 18일부터 태종과 민씨의 관계는 악화일로를 걸었다. 이후 태종은 보란 듯이 계속 후궁을 늘렸다. 그리고 1402년 3월 7일에 악공 권홍의 딸(의빈 권씨)을 후궁으로 삼으려 하자, 마침내 그녀는 폭발했다.

민씨는 태종의 옷을 붙잡고 울면서 이렇게 따지고 들었다.

"상감께서는 어찌하여 예전의 뜻을 잊으셨습니까? 제가 상감과 더불어 어려움을 지키고 같이 화란禍亂을 겪어 국가를 차지하였사온데, 이제 나를 잊음이 어찌 여기에 이르셨습니까?"

민씨는 대전으로 쳐들어가 따지며 울음을 그치지 않았다. 또한 식음을 전폐하고 분을 삭이지 못했는데, 이 때문에 태종은 권씨를 맞으려고 마련했던 가례색을 파하고 환관과 시녀 몇 명만 앞세워 권씨를 별궁에 들여야 했다. 이 일이 있고 난 뒤, 왕비 민씨는 우울증에 시달렸고, 태종은 며칠 동안 정사를 보지 않았다.

부부 싸움이 이렇듯 한 치 양보도 없이 전개되고 있을 때, 장인 민제는 차마 딸의 고통을 더는 지켜보지 못하고 분통을 터뜨렸다. 그는 간관 이지직과 전가식을 은밀히 불러 왕의 축첩을 비판하는 상소를 올리게 했다. 이에 태종은 즉시 이지직과 전가식을 옥에 가두고 국문했고, 그러자 그들은 이렇게 직언하였다.

"신이 가만히 《춘추전春秋傳》을 보건대, '제후가 한번 장가드는 데 아홉 여자를 데려오는 것은 계승할 자손을 넓히려는 까닭이요, 데려올 때 반드시 동시에 데려오는 것은 근본을 어지럽히는 것을 막기 위함이다'라고 하였습니다. 전하께서는 정실의 자손이 번성한데도 또 권씨를 맞이하시니, 이것은 전하께서 호색의 마음을 가지셨기 때문입니다. 데려오되 동시에 데려오지 아니하셨으니, 어찌 뒷날에 구실을 삼아 말하는 자가 잉첩으로 여기지 아니하고 적실로 삼을지 알겠습니까? 이것은 일찍 도모하지 않을 수 없는 것입니다."

태종은 그들이 누구의 사주를 받고 그런 상소를 올렸는지 캐물었고, 결국 그들은 이렇게 말했다.

"어느 날 스승 여흥부원군의 집에 가서 이 일을 고하였더니, 대답하기를, '네 말이 옳다'고 하였습니다."

여흥부흥군이란 곧 태종의 장인 민제였다. 태종은 민제에 대해 분노했지만, 스승이자 장인인 그를 어떻게 할 수 없었다. 그래서 일단 이지직과 전가식을 풀어줬다. 그리고 민씨를 다독이기 위해 장인 민제의 집에 거둥하여 잔치를 베푸는 등 화해의 제스처를 취했다. 덕분에 부부는 가까스로 화해했다. 그런 가운데 1404년 8월

6일에 민씨의 장남 제(양녕대군)가 세자에 책봉되었다. 그리고 이듬해엔 막내 성녕대군도 태어났다. 그렇게 두 사람의 관계는 회복되는 듯했다.

부부의 전쟁과 민씨 일가의 몰락

하지만 그 후에도 태종은 몇 명의 후궁을 더 맞아들였다. 어느덧 후궁 수가 아홉 명에 이르렀다. 태종은 후궁을 많이 두는 것은 왕실의 자손을 융성하게 하기 위함이라고 둘러댔지만, 민씨는 수긍하지 않았다. 이미 얻은 후궁에게서 십여 명의 자식을 둔 상태였기 때문이다. 후궁을 들일 때마다 태종과 민씨의 관계는 악화하였고, 급기야 태종은 신하들 앞에서 민씨가 투기가 심하다고 지적하는 사태까지 벌어졌다. 이에 민씨는 태종이 초심을 잃고 후궁에게 눈이 팔려 정사는 뒷전이라고 비판하였다. 그러자 태종은 아예 민씨 처소를 찾지도 않았다.

태종은 민씨가 그렇듯 오만한 태도를 보이는 것은 모두 민씨의 동생들이 권력을 쥐고 있기 때문이라고 생각하고 하륜, 이숙번, 이화 등과 짜고 민무구, 민무질 등의 처남들을 유배 보내버렸다.

그나마 그들을 죽이지 않고 유배 보낸 것도 장인 민제 때문이었다. 그대로 두면 자식들이 모두 처형될 것이라고 판단한 민제가 무질과 무구를 유배 보내달라고 자청한 것이다.

하지만 민씨 형제의 일은 그쯤에서 끝나지 않았다. 만약 민무구 형제가 살아남은 가운데 태종이 죽고 세자 제(양녕대군)가 즉위한다면, 그 뒷감당이 만만치 않았기 때문이다. 세자는 어린 시절 외가에서 자랐기 때문에 외숙들과 친밀하였다. 그러니 세자가 왕위에 오르게 되면 민씨 형제가 권력을 장악할 것은 불을 보듯 뻔했다. 그리되면 민씨 형제는 복수할 것이고, 그들을 탄핵한 중신들은 대거 숙청당할 것이 뻔했다. 그 점을 모르지 않는 하륜, 이숙번, 이화 등은 대간들을 통해 지속적으로 그들 형제를 극형에 처하라고 요청했다.

그런 가운데 민씨 형제 편에 서 있던 이무, 조희민, 강사덕 등은 자구책을 강구하기 위해 은밀히 민씨 형제와 연락을 취했는데, 이일이 발각되어 사건은 걷잡을 수 없이 확대되었다.

결국 1409년에 정사공신 이무가 사형을 당하였고, 민씨 형제는 제주도로 유배지를 옮겼다. 그러자 이번에는 종친들과 세자의 장인인 김한로, 심지어 세자까지 민씨 형제를 죽여야 한다고 상소했다. 그리고 이듬해인 1410년(태종 10년) 태종은 마침내 민씨 형제에게 자진 명령을 내렸다. 장인이자 스승인 민제가 이미 죽고 없었기 때문에 더는 눈치 볼 것도 없었다.

민씨 집안에 대한 응징은 그것으로도 종결되지 않았다. 태종은 6년 뒤인 1416년에 그들의 두 아우인 무휼과 무회에게도 자진 명령을 내리고 그들의 처자도 모두 변방으로 내쫓았다. 자신이 죽은 뒤에 있을 환란의 싹을 자른다는 차원이었다.

3. 전투형 뒤끝남 _ 태종 이방원

태종은 왕비 민씨의 집안을 처참하게 몰락시켰다. 그렇게 부부의 전쟁은 민씨가 죽은 1420년까지 지속되었으니, 두 사람의 애증이 얼마나 대단했는지 알 만하다. 부부의 전쟁은 칼자루를 쥔 남편 태종의 일방적인 승리로 끝나는 듯했다. 하지만 그런 과정을 낱낱이 지켜본 세자 제의 아버지에 대한 소심한 복수극이 기다리고 있었다.

4
장

막무가내형 난봉꾼 —— **양녕대군 이제**

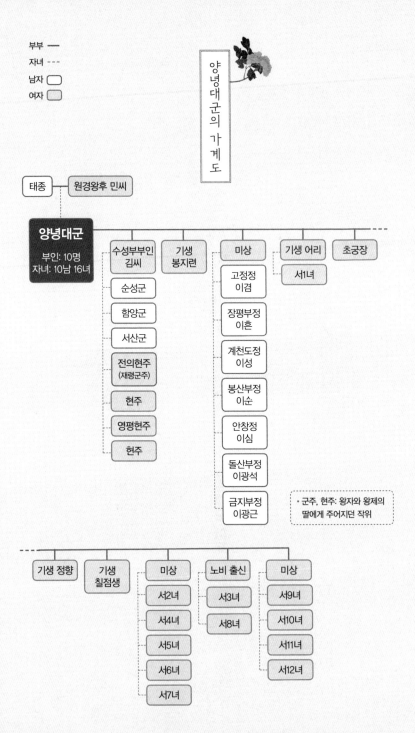

부부 ──
자녀 ---
남자 ▭
여자 ▭

양녕대군의 가계도

태종 ── 원경왕후 민씨

양녕대군
부인: 10명
자녀: 10남 16녀

수성부부인
김씨
└ 순성군
└ 함양군
└ 서산군
└ 전의현주
  (재령군주)
└ 현주
└ 영평현주
└ 현주

기생
봉지련

미상
└ 고정정
  이겸
└ 장평부정
  이흔
└ 계천도정
  이성
└ 봉산부정
  이순
└ 안창정
  이심
└ 돌산부정
  이광석
└ 금지부정
  이광근

기생 어리
└ 서1녀

초궁장

• 군주, 현주: 왕자와 왕제의
  딸에게 주어지던 작위

기생 정향

기생
칠점생

미상
└ 서2녀
└ 서4녀
└ 서5녀
└ 서6녀
└ 서7녀

노비 출신
└ 서3녀
└ 서8녀

미상
└ 서9녀
└ 서10녀
└ 서11녀
└ 서12녀

첫사랑 봉지련

태종이 왕비 원경왕후와 처절한 부부 전쟁을 벌이며 처남들을 죽인 직후부터 세자 제는 장안에서 소문 난 난봉꾼으로 변해갔다. 그는 본래부터 학문을 싫어하고 노는 것을 좋아했지만, 그래도 막돼먹은 아이는 아니었다. 그런데 1410년에 외숙들이 아버지가 내린 사약을 받고 죽은 뒤부터 갑작스럽게 변했다. 그것이 아버지에 대한 반발심이었는지, 타고난 성애 집착이 있었던 것인지, 그 이유를 단언하기는 어렵다.

제는 태종과 원경왕후가 잠저시절에 어렵게 얻은 아들이었다. 그들 부부는 첫아이로 딸을 낳고, 둘째부터 넷째까지 아들 셋을 낳았으나, 세 아들 모두 일찍 죽었다. 그래서 아들 얻기를 학수고

대하던 차에 마침내 1394년에 제가 태어났다. 태종은 왕이 된 뒤에 제를 원자에 책봉한 데 이어 넉 달 뒤에 바로 세자에 봉했다. 이후 이제는 1407년(태종 7년)에 열네 살의 나이로 광산 김씨 김한로의 딸과 혼인했다.

이제의 장인 김한로는 고려 우왕 시절 태종과 과거 동기였다. 당시 태종은 과거에서 10등을 했는데, 장원한 인물이 바로 김한로였다. 과거 동기였던 두 사람은 이후에도 돈독한 친구로 지냈고, 결국 태종이 왕이 된 후에는 사돈을 맺었다.

세자 제는 세자빈 김씨를 썩 좋아하지 않았지만, 특별히 싫어하지도 않았다. 그런데 열일곱 살 되던 1410년 한 여자에게 마음을 빼앗겼다. 그 여인은 봉지련이라는 기생이었다.

이제가 봉지련을 처음 본 것은 명나라 사신을 환영하는 연회장에서였다. 첫눈에 봉지련에게 빠져버린 이제는 연회가 끝난 뒤, 다짜고짜 시종들을 이끌고 봉지련을 찾아가 동침하였다. 이후로 그녀를 노골적으로 동궁으로 불러들여 정을 통하곤 하였다.

뒤늦게 이 소식을 들은 태종은 노발대발하며 세자를 봉지련의 집으로 안내한 시종 두 명에게 곤장을 치고, 봉지련은 옥에 가둬버렸다. 그러자 세자는 단식하며 봉지련을 풀어주지 않으면 굶어죽겠다고 버텼다. 결국, 태종은 세자가 상사병을 얻어 큰 탈이라도 날까 봐 두려워하여 봉지련을 풀어주고 비단까지 하사했다. 하지만 세자가 봉지련을 동궁까지 불러들이는 것은 하지 못하게 했다. 이에 세자는 궐 밖으로 나가 봉지련을 만났다. 시자들이 태종을 무서워하여 궐 밖으로 나가려 하지 않자, 세자는 궐 밖에서 사람을 구해 봉지련을 만나러 다녔다. 그리고 그들을 통해 다른 기생들까지 동궁으로 불러들여 풍악을 울리며 놀곤 하였다.

이 사실을 알게 된 태종은 환관들을 다그쳐 세자와 함께 어울리는 자들을 색출해 오게 했다. 그리고 그들에게 모두 장형을 내리고, 관직에서 내쫓아버렸다. 또 세자전의 환관들을 매질하고 유배형을 내리기까지 하였다. 세자전의 종들이 모두 잡혀가 감옥에 갇히자, 세자는 식음을 전폐하고 다시 단식투쟁을 시작했다. 세자의 단식이 지속되자, 태종은 또 별수 없이 환관과 종 들을 풀어주고 세자의 마음을 달랬다.

큰아버지와 매형의 첩을 건드리다

그 뒤로 세자는 한층 대담해졌다. 걸핏하면 동궁으로 기생들을 끌어들여 동침하였고, 악공은 물론 한량들과 어울리며 주색잡기를 일삼았다. 심지어 큰아버지 정종과 동침했던 기생 초궁장과 사통하여 동궁에서 함께 지내기도 했다.

이제가 초궁장을 처음 만난 것은 태종 14년(1414년) 10월 26일이었다. 이날 청평군 이백강의 집에서 연회가 있었는데, 그 자리에 초궁장이 참석했다. 이백강은 한때 권신이었던 이거이의 아들이며, 양녕대군의 누나 정순공주의 남편이었다. 그러니 이제에게는 매형이었다. 당시 상황을 실록은 다음과 같이 기록하고 있다.

> 여러 대군이 부마 청평군 이백강의 집에서 연회하였다. 이백강이
> 아비의 상을 끝냈으므로 여러 대군이 연회를 마련하여 위로한 것이
> 었다. 임금이 명하여 세자도 또한 갔는데, 밤이 깊도록 세자가 기생
> 초궁장을 끼고 공주의 대청으로 들어가서 즐기고 술을 마셨다.

초궁장은 원래 황주 기생이었는데, 인물이 출중하여 서울로 불
려왔고, 이후 정종의 눈에 들어 사통하는 관계가 되었다. 하지만
초궁장은 정종의 후궁으로 살지는 않았다. 그녀는 이름난 기생이
었고, 서울의 남성이면 모르는 자가 없을 정도였다. 그런 이유로
후궁으로 남지 않고 기생으로 살았던 것인데, 이제 또한 그 사실
을 잘 알고 있었다.

초궁장에게 한눈에 반한 이제는 연회가 끝난 뒤에 그녀를 데리
고 나가 동침하였다. 이 일을 알게 된 태종은 초궁장을 내쫓았다.
초궁장이 자신의 형 정종과 동침하던 사이였기 때문이다. 하지만
세자는 그 사실을 몰랐으므로 세자에게 죄를 묻지는 않았다.

이제는 초궁장이 큰아버지와 사통하던 기생이란 사실을 알고
나서도 초궁장을 계속 만났다. 이제와 초궁장의 관계는 2년 뒤까
지 지속되다, 태종이 알고 초궁장을 황주로 내쫓자 비로소 끝난다.

초궁장을 사귄 뒤, 이제는 한층 더 대담해졌다. 이제 여자 하나
로는 만족하지 못하게 된 것이다. 이번에 그의 눈을 사로잡은 여

인은 칠점생이었다. 그런데 칠점생은 매형 이백강의 첩이었다. 물론 기생 출신이었지만, 엄연히 매형이 거느리는 첩 신분이었다. 하지만 이제는 눈에 든 여인을 그냥 두는 법이 없었다. 그래서 무슨 방법으로든 칠점생과 통정하려고 마음먹고 있었는데, 느닷없이 훼방꾼이 나타났다. 바로 동생 충녕대군이었다. 실록은 그 내용을 이렇게 싣고 있다.

임금이 인덕궁에 나아가니, 상왕(정종)이 이를 위하여 술자리를 베풀었다. 여러 종친이 모두 연회에 참석했는데, 연회가 파하자 세자가 부마 청평군 이백강이 일찍이 축첩한 기생 칠점생을 데리고 돌아오려 하였다.

충녕 대군이 만류하며 말했다.

"친척 중에서 서로 이같이 하는 것이 어찌 옳겠습니까?"

말을 재삼하니, 세자가 마음으로 노하였으나 애써 그 말을 따랐는데, 그 뒤로 세자는 대군과 도(道)가 같지 아니하여 마음으로 매우 꺼렸다. 임금이 이를 염려하여 바로 여러 대군의 시종하는 인수를 줄였다.

사실, 당시 충녕대군 이도는 세자가 허튼짓을 할까 염려되어 항상 종들을 풀어 감시하였다. 그러다 세자가 무슨 짓을 할 낌새가 있다는 보고를 받으면 즉시 달려가 제지하곤 했다. 그래서 형제간에 사이가 틀어져 있었는데, 그 때문에 감정 다툼이 일어날까 염

'춘색만원'《혜원전신첩》. 신윤복 그림. 간송미술관 소장. 출처 문화재청 홈페이지

려하여 태종이 대군들의 종들을 줄이기까지 했던 것이다.

충녕대군의 방해로 정종의 연회장에서 칠점생을 취하는 것에 실패했지만, 그렇다고 포기할 이제가 아니었다. 이제는 곧 다시 수하들을 시켜 칠점생을 불러낸 다음 기어코 관계를 갖고 말았다. 그녀가 매형의 여인이든 아니든 전혀 개의치 않았다.

마음에 들면 납치해서라도

심지어 세자 이제는 곽선의 첩 어리가 절색이라는 소리를 듣고 그녀를 납치하여 겁탈하는 사건을 벌였다. 이 사건이 조정에 알려지자 태종은 도저히 안 되겠다며 제를 세자 자리에서 내쫓으려 했다. 하지만 조말생과 이원이 만류하는 바람에 실행에 옮기지 못했다. 그렇게 어리 사건은 넘어가는 듯했는데, 이번에는 더 큰 사건을 저질렀다.

도성에서 방유신이라는 사람의 손녀가 미인이라는 소문을 듣고 방유신을 협박하여 그 손녀를 취한 것이다. 이 사건이 알려지자, 태종은 죄도 없는 방유신에게 장 100대를 때리고 3천 리 밖으로 유배 보냈다. 그리고 방유신의 손녀가 미인이라고 소개한 이귀수를 사형에 처했다.

이런 사태가 벌어진 뒤에도 세자의 호색 행각은 계속되었는데, 다시 어리를 불러들여 아이를 배게 한 것이다. 그러자 태종은 분노를 이기지 못하고 세자를 폐위시켜버렸다.

그러자 세자가 편지를 보내 이렇게 말했다.

"전하의 시녀는 다 궁중에 들였는데, 그것이 모두 신중하게 생각하여 들인 것입니까? 지금까지 신의 여러 첩을 다 쫓아내 곡성이 사방에 이르고, 원망이 나라 안에 가득 찼습니다. 이 어찌 전하의 잘못이 아니겠습니까? 신은 앞으로도 음악과 여색에 쏠리는 마음을 참을 생각이 없습니다. 그저 마음 내키는 대로 하다가 이렇게 살겠습니다."

말인즉, 아버지는 수많은 첩을 거느리면서 왜 나는 한 명의 첩도 거느리지 못하게 하느냐는 말이었다. 또 아버지가 어떻게 하든, 나는 앞으로도 여색을 즐기며 내 마음대로 살겠다는 뜻이었다.

이 편지를 읽고 태종은 "세자의 글을 읽고 몸서리가 쳐진다"고 말했다. 그리고 비서들과 세자의 스승들에게 세자의 편지를 내보이며 이렇게 말했다.

"이 말은 나를 욕한 것이니, 말인즉 아비인 나도 옳은 길을 가지 않는다는 뜻이다. 내가 만약 부끄러운 생각이 있다면 어떻게 그대들에게 이 글을 보이겠는가? 모두 허망한 일을 가지고 말한 것이니 나는 명백히 해명하려고 한다."

태종이 신하들에게 세자의 편지까지 내보이며 이런 말을 하는 이유는 하나였다. 세자를 폐위하겠다는 것이었다. 아무리 왕이라고 해도 쉽게 세자를 폐위할 수 없는 것이니, 폐위 명분을 얻기 위해 부끄러움도 잊고 세자의 편지를 공개한 것이다. 태종은 세자에게 시강원 스승들을 보내 대화를 나누게 하였다. 마지막 기회를 주겠다는 뜻이었다. 그러나 세자의 태도는 전혀 달라지지 않았다. 반성의 빛도 없었다. 드디어 조정 대신들이 세자를 폐하라는 상소를 올리기 시작했다. 그들은 이미 태종이 세자를 폐할 마음이 있다는 사실을 알고 있었다.

세자를 폐하라는 상소문을 접한 태종은 이렇게 말했다.

"모든 관리들의 상소문을 보니 소름이 끼친다. 하늘도 이미 버린 일이기에 어쩔 수 있겠는가? 세자 제를 내쫓도록 하라."

이렇게 양녕대군은 세자 자리에서 쫓겨났는데, 그 쫓겨난 원인이야 누가 봐도 호색행각을 일삼은 양녕대군이 제공한 것이 맞다. 하지만 양녕대군이 그렇게 막 나가게 된 배경을 보면, 태종에 대한 반발심에서 비롯되었음을 알 수 있다.

태종은 왕위에 오르자마자 여러 명의 후궁을 한꺼번에 들이는 바람에 왕비 민씨와 심한 불화를 겪었다. 심지어 그 불화 때문에 민씨의 친정은 쑥대밭이 되었다. 네 명의 처남이 모두 유배되어 사약을 받았고, 그 가족은 모두 비참한 처지가 되었다. 그 일로 왕비 민씨는 몸져누웠고, 우울증까지 앓았다. 말하자면 양녕은 하루 아침에 외가붙이를 모두 잃은 것이다. 또한 외숙들이 숙청되는 과정에서 태종은 세자(양녕대군)를 철저히 이용했다. 무려 세 번이나 전위파동을 일으켜 세자를 불안에 떨게 했고, 외숙들에게 어린 세자를 이용해 권력을 상악하려 했다는 죄를 덮어씌웠다. 세자를 권력의 도구로 전락시킨 것이다.

그런 일을 겪을 당시, 세자의 나이는 지금의 초등학교 고학년에서 중학생 나이에 해당하는 청소년기였다. 아직 정신적인 방황기에 있던 이제가 아버지의 축첩으로 인한 부모의 불화와 어머니의 우울증, 아버지의 손에 죽어간 외숙부들을 지켜보는 것은 감당할 수 없는 고통이었을 것이다. 양녕대군은 이 고통의 원인을 제공한 부왕 태종에 대해 호색행각과 제왕교육 거부라는 형태로 소심한 복수를 감행했고, 아비 태종은 그 마음을 알아주기는커녕 계속 화를 내고 벌만 주다가 기어코 세자 자리에서 쫓아낸 것이다.

태종은 이제를 폐위한 뒤에 경기도 이천에 사저를 마련해주고 그곳에 머물게 했다. 비록 유배를 보낸 것이지만, 배려 차원에서 그가 좋아하던 여인들은 모두 데리고 가게 하였고, 종들도 20여 명 붙여 주었다. 하지만 다른 여인과의 사통은 금지했다. 호색행각을 멈추게 하려는 조치였다. 그리고 셋째 아들 충녕대군 이도(세종)를 세자로 삼고, 이어 왕위를 넘겨줬다.

세종이 왕위에 오르고 2년 뒤에 모후 원경왕후 민씨가 죽었고, 다시 2년 뒤인 1422년에 태종이 죽었다. 이후에도 이제의 애정행각은 계속되었다. 사통 금지령을 내렸음에도 여러 여인과 사통하였고, 누차에 걸쳐 탄핵 당했지만, 행동을 멈추지 않았다. 양녕대군의 좌충우돌 애정전선은 그렇게 그가 늙은이가 될 때까지 이어졌다.

5
장

문어발형 팔방미남 — **세종 이도**

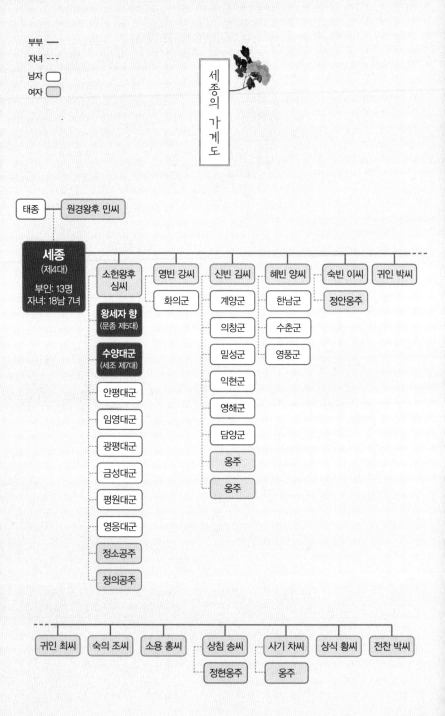

부부 ——
자녀 ----
남자 ▢
여자 ▢

세종의 가계도

태종 — 원경왕후 민씨

세종
(제4대)

부인: 13명
자녀: 18남 7녀

소헌왕후
심씨

왕세자 향
(문종 제5대)

수양대군
(세조 제7대)

안평대군

임영대군

광평대군

금성대군

평원대군

영응대군

정소공주

정의공주

영빈 강씨

화의군

신빈 김씨

계양군

의창군

밀성군

익현군

영해군

담양군

옹주

옹주

혜빈 양씨

한남군

수춘군

영풍군

숙빈 이씨

정안옹주

귀인 박씨

귀인 최씨

숙의 조씨

소용 홍씨

상침 송씨

정현옹주

사기 차씨

옹주

상식 황씨

전찬 박씨

멋모르고 만난 아내

흔히 세종을 조선 최고의 성군이라 한다. 그래서 그의 삶은 찬사 일색이다. 물론 그가 남긴 업적에 대한 말의 성찬이다. 그러다 보니 그도 한 남자로서 여인에게 매료되는 남자란 사실을 망각하기 십상이다. 사실, 조선 왕 중에 세종 이도만큼 못 말리는 사랑꾼도 없었는데 말이다.

그가 어떤 사랑꾼이었는지, 그의 여성 편력을 보자. 그의 첫 여인은 물론 아내 소헌왕후 심씨였다. 그런데 세종이 그녀를 아내로 맞이했을 땐 연정이 무엇인지, 남녀의 운우지락雲雨之樂(구름과 비를 만나는 즐거움. 남녀의 정교情交를 이른다)이 무엇인지도 모를 시기였다. 그가 장가갔던 1408년 이도는 불과 열두 살의 꼬마였다. 아내 심씨는 열네 살이었다. 여자 나이 열넷이면 연정이 무엇인지 어슴푸레 알 만한 때였다. 사실, 조선시대에 여자에게 열넷이란 나이는 매우 중요했다.

동양 의학에서 사람의 생체 시계를 논할 때, 남자와 여자를 다르게 계산한다. 남자는 8년을 한 단위로 계산하고 여자는 7년을 한 단위로 계산한다.

이를테면 남자는 여덟 살이면 음양의 이치를 알게 되는데, 이때부터 사물에 대한 이해력이 생긴다고 하여 대개 서당에 입학한다. 그래서 지금도 한국 나이로 여덟 살에 초등학교에 들어간다. 조선시대 왕세자의 성균관 입학례와 왕세자 책봉식을 모두 여덟 살에 한 것도 바로 이런 연유에서다. 이후 열여섯 살이면 아이를 잉태할 능력이 본격화된다고 생각했는데, 그래서 열여섯 살에 성인식에 해당하는 관례를 올렸다. 또 스물네 살이면 성장이 완료된다고 보았고, 서른두 살이면 청년의 삶이 끝나고 장년이 시작되며, 마흔 살이면 장년의 절정에 이르고 마흔여덟 살이면 장년이 끝나고 노년이 시작된다고 보았다.

이에 비해 여자는 일곱 살에 성에 눈뜨고, 열네 살에 잉태할 능력을 갖추게 된다. 그래서 '남녀칠세부동석'이라는 말도 나왔다. 일곱 살이면 여자아이가 성에 눈뜬 상태이니, 남녀를 한 자리에 두지 말라는 말이 생겼다는 것이다. 따라서 이 말은 여자를 기준으로 생긴 것임을 알 수 있다. 또《경국대전》에 열다섯 살 이전의 여자아이를 시집보내는 것을 금지하고 있는데, 이는 열네 살에 생리를 시작하게 되니 적어도 그 일 년 뒤에 시집을 보내야 한다는 의미였다. 물론 왕실에선 이것을 지키지 않았다. 대신 왕실에선 어린 시절에 결혼식을 하고 합혼례, 즉 신랑 신부가 첫 관계를 갖는 예식을 별도로 치렀다. 그 나이가 곧 열다섯 살이었다. 말하자면 일찍 결혼하더라도 열다섯 살이 되어야 부부관계를 시작할 수 있었던 것이다. 여자는 또 스물한 살에 성장이 멈추고, 그때부터 7년 동안인 스물여덟 살까지 가장 건강한 아이를 낳을 수 있는 시기로 보았다. 이후 여자는 서른다섯 살까지 젊음을 유지하고, 마흔두 살부터 노화가 시작되며, 마흔아홉 살이 되면 생리가 멈춰 더는 아이를 생산할 수 없는 노인이 된다고 생각했다.

물론 사람에 따라 생체시계는 다소 차이가 있다. 하지만 옛사람들의 생체 개념은 남자는 8년 주기, 여자는 7년 주기였다는 것이다. 그래서 여자 나이 열네 살에는 결혼을 생각하는 나이였고, 연정을 아는 나이였다는 말이 된다.

어쨌든 소헌왕후는 결혼 당시 이미 연정을 알만한 나이였지만, 세종 이도는 그런 것은 아직 안중에 없는 시기였다. 결혼 당시는 태종 재위 8년이었으니, 이도는 왕자 신분이었다. 당시 사람들이 다 그랬듯이 왕자들이 결혼할 땐 중매를 통했다. 그러나 일반적인 신분과 달리 왕자의 결혼은 국가적인 일이었기에 까다로운 절차가 있었다. 이른바 간택이라는 과정을 거쳤다. 하지만 이때만 하더라도 간택은 비교적 간소했다. 왕이나 왕비가 직접 간택에 참여하지도 않았다. 우리가 흔히 알고 있는 삼간택 제도는 세종 시절에 정해진 것이고, 그것도 세자빈을 뽑을 때 주로 거치는 제도였다. 왕자의 아내, 즉 군부인을 뽑을 땐 신부보다도 가문이 중요했다. 그래서 신부를 뽑는 것이 아니라 가문을 선택하는 구조였다. 이도의 아내 심씨도 그렇게 뽑혔다.

심씨의 아버지는 심온이었다. 심온은 개국공신 청송 심씨 덕부의 다섯째 아들이었다. 심덕부는 심온이 세종의 장인이 되기 이전에 이미 조선 왕실과 사돈 관계였다. 심덕부의 여섯째 아들이자, 심온의 동생인 심종이 태조의 딸 경선공주와 결혼하여 부마가 되었기 때문이다. 경선공주는 태조의 첫 부인 신의왕후 한씨의 막내딸이었으니, 세종 이도에게는 고모였다. 그런데 이도가 심온의 딸과 결혼했으니, 심덕부 집안과 조선 왕실은 겹사돈 관계가 된 셈이다.

사실, 심덕부는 조선 왕실뿐 아니라 고려 왕실과도 사돈 관계였다. 그의 아들 심정이 고려의 마지막 왕 공양왕의 형 왕우의 사위였다. 심덕부의 집안이 이렇게 왕실과 사돈 관계를 맺은 것은 청송 심씨가 고려시대에 왕비 간택 15가문 중 하나인 명문가였기 때문이다.

그런데 심온 집안은 세종의 외가와도 사돈 관계였다. 심온의 큰아들 심준이 세종의 외삼촌인 민무휼의 사위였다. 말하자면 소헌왕후의 올케언니가 세종의 외사촌 누나인 셈이다. 물론 세종이 결혼하던 당시엔 아직 원경왕후의 동생들인 민씨 형제들이 죽임을 당하기 전이었다. 결혼 당시만 하더라도 세종은 앞으로 자신의 처가와 외가에 어떤 피바람이 불어 닥칠지 상상조차 하지 못하고 있었다.

그는 혼인 당시 열두 살 철부지에 불과했다. 부모가 결혼하라고 하니 했을 뿐, 여인에 대한 연정조차 품고 있지 않던 때였다. 결혼 후, 그는 아내 군부인 심씨와 별 탈 없이 잘 지냈다. 다른 여자에게 한눈을 팔지도 않았다. 그리고 결혼 4년 만인 열여섯 살에 첫딸 정소공주를 얻었다. 열다섯 살에 합혼례를 하고 바로 아이가 생겼다. 이른바 허니문 베이비였다.

조선왕조사를 훑다 보면 이상하게 왕위를 이은 사람 중에 장남이 별로 없음을 알 수 있다. 장남들이 일찍 죽었기 때문이다. 사실, 이는 왕가뿐 아니라 조선의 일반 가정에서도 흔한 일이었다. 장남은 대개 어미가 어린 나이에 낳은 자식이었다. 어린 나이에 잉태하여 출산하다 보니 건강하지 못한 상태로 태어나는 경우가 많았고, 그래서 천연두나 홍역, 역병 같은 전염병에 취약했다. 이는 태종이 아들 세 명을 일찍 잃고 나서 양녕대군을 얻었던 사실에서도 확인된다.

세종의 첫딸 정소공주도 오래 살지 못한다. 열세 살의 나이로 천연두를 이기지 못하고 사망했다. 하지만 세종과 아내 심씨는 정소공주를 포함하여 8남 2녀의 자녀를 얻었다. 그들 중 세종이 왕위에 오르기 전에 심씨가 잉태한 자녀가 정소, 향(문종), 유(세조), 용(안평대군) 등 3남 1녀였다. 그들 4남매를 얻었던 10년 동안 세종은 다른 여인에게 눈길을 돌리지 않았다. 일편단심 아내뿐이었다.

5. 문어발형 팔방미남 _세종 이도

아내를 지키다

세종은 1418년 8월에 태종으로부터 왕위를 계승했다. 하지만 즉위 후에도 부왕 태종의 그늘에 있었다. 태종은 상왕으로 물러났지만 군권을 내주지 않았고, 세종은 반쪽짜리 왕으로 지내야 했다. 그러던 차에 세종 부부에게 엄청난 충격을 주는 사건이 일어났다. 부왕 태종이 장인이자 영의정인 심온과 그 동생 심정을 죽이고, 심씨 일가를 몰락시킨 것이다. 심지어 장모 안씨는 노비 신세로 전락했다.

심온이 역적으로 몰려 죽은 것은 '강상인의 옥'에서 비롯되었다. '강상인의 옥'이란 세종 즉위년인 1418년 8월에 병조참판으로 있던 강상인이 군권과 관련한 보고를 세종에게만 하고 태종에게는 하지 않았다가 그를 비롯한 병조 관원들이 대거 처벌된 사건이었다. 그런데 태종은 그해 11월에 이 사건을 확대하고 심온을 엮어 역모죄로 몰아 죽였다.

태종이 심온을 죽이려고 결심한 것은 심온이 명나라 사신으로 가던 날에 들은 소문 때문이었다. 당시 국구(왕의 장인)이자 영의정이던 심온을 배웅하기 위해 나온 사람들이 하도 많아 그들이 타고 온 수레로 온 도성이 뒤덮일 정도였다는 말을 전해 들었는데, 이후 태종은 느닷없이 심온 제거 작업에 착수했다.

아버지와 숙부가 역적으로 몰리고 친정어머니를 비롯한 형제들이 모두 노비가 될 것이라는 소식을 들은 소헌왕후 심씨는 곡기를 끊고 드러누웠다.

　그런 상황에서 조정 대신들이 왕비를 폐위하라고 연일 상소를 올렸다. 아버지가 역적으로 죽고, 그 가솔들이 모두 노비가 된 마당에 딸이 왕비의 자리에 있다는 것은 있을 수 없는 일이라는 얘기였다. 태종도 처음에는 그 주장을 받아들이고 심씨를 폐위할 생각이 있었다. 그래서 가례색을 세우고 비빈을 맞이할 준비를 하라고 이르기까지 했다.

　하지만 세종은 이에 동조하지 않았다. 무언의 항변으로 부왕에게 맞섰다. 그저 죽을 결심으로 누운 아내 곁에 앉아 있을 뿐이었다. 그래서 태종도 마음을 바꾸고 소헌왕후를 찾아와 말했다.

　"왕비를 폐하는 일은 없을 것이니 염려 말고 일어나 밥을 먹도록 하라."

　그 무렵에 중신들이 태종을 찾아와 왕비 심씨의 폐위를 거론했다. 그러자 태종이 이렇게 말했다.

　"평민의 딸도 시집을 가면 친정 가족에 연좌되지 않는 법인데, 하물며 심씨는 이미 왕비가 되었으니, 어찌 감히 폐출하겠는가. 경들의 말이 옳지 못한 것 같다."

　아들 세종의 심정을 헤아린 태종의 조치였다. 그러면서 세종을 안심시키며 이렇게 말했다.

　"중전이 죄인의 딸인 까닭으로 바깥사람들이 폐출하자 하겠지만 이것이 어찌 법관들이 요청할 일이겠느냐?"

　이에 조말생·원숙·장윤화 등 의금부 당상관들은 이에 동의하지 않고 반박했다.

"형률로써 논한다면 내리신 말씀이 옳습니다. 그러나 주상의 처지에서 논한다면, 심온은 곧 부왕의 원수이니, 어찌 그 딸로서 중궁에 자리를 잡고 있도록 하겠습니까? 은정을 끊어 후세에 법을 남겨두시기를 청합니다."

이 말에 태종은 아무 대답도 하지 않았다. 그 자리에 함께 있던 세종의 의중을 헤아리기 위함이었다.

이 무렵, 좌의정 박은이 병조에 나아가서 당상관들에게 이렇게 주장했다.

"그 아버지가 죄가 있으니, 그 딸이 마땅히 왕비로 있을 수 없다."

태종이 이 말을 듣고 유정현·허조·허지와 의정부 당상관을 모두 불러 모아놓고 말했다.

"《서경》에, '형벌은 아들에게도 미치지 않는다' 하였으니, 하물며 딸에게 미치겠느냐. 그전의 민씨(閔氏, 원경왕후)의 일도 또한 불충이 되었으나, 그 당시에는 왕비를 폐하고 새로 왕비를 맞아 세우자고 의논한 사람이 하나도 없었는데, 지금은 어찌 이 지경에 이르렀느냐. 내가 전일에 가례색을 세우라고 명한 것은 빈과 잉첩을 뽑으려고 한 것뿐이다."

이 말에 영의정 유정현은 대답하지 않고 있었고, 좌의정 박은이 나서서 대충 무마했다.

"신 등도 또한 금지옥엽金枝玉葉(세종의 아들과 딸들)이 이처럼 번성하오니, 왕비를 폐하고 새로 세우고 하는 일은 경솔히 의논할 수 없으니, 빈과 잉첩을 갖추게 하고자 함이 심히 마땅합니다."

이렇게 해서 왕비를 새로 맞이하려던 가례색은 빈과 후궁을 맞이하는 것으로 변경되었다. 소헌왕후는 가까스로 폐출의 위기를 넘겼다. 이는 세종이 끝까지 심씨의 폐출을 받아들이지 않은 결과였다.

태종 사후, 후궁을 들이기 시작하다

세종은 왕위에 오른 뒤에도 왕비 외에 다른 여인에게 눈길을 주지 않았다. 상왕 태종의 눈을 의식한 행동이었다. 그만큼 부왕을 두려워했던 것인데, 막상 태종이 죽고 삼년상이 끝난 1424년부터는 달라졌다. 그전에는 신하들이 후궁을 들이라고 해도 왕비의 자식들이 많다면서 시큰둥한 반응을 보이던 그였다. 그런데 이때부터는 본인이 직접 나서서 후궁을 들이기 시작했다.

그 시작은 홍씨 성을 쓰는 궁녀에게 빠진 뒤부터였다. 세종이 처음으로 여인에게 반하여 사랑에 빠진 셈이었는데, 그녀에 대한 애정이 매우 깊었던 모양이다. 그래서 그녀의 오빠에 대해서도 특별한 배려를 하곤 했는데, 관련 내용이 세종 7년(1425년) 11월 6일 실록 기사에 실려 있다.

명하여 환관 유실에게는 형장 90, 윤길에게는 80을 치게 하고, 아울러 직첩을 거두고 몸은 군역에 충당하게 하였다.

유실 등이 사복마를 조련하는 일로 해주에 돌아가, 음식 대접을 받기도 하고, 기생을 태우고 마음대로 다녀서, 하교한 명령을 따르지 않았던 까닭으로 죄준 것이다. 두 사람의 죄는 같은데, 유실에게는 형을 더한 것은 그 아비의 삼년상 안에 있었기 때문이다.

세종이 이렇게 두 사람을 벌주자, 도승지 곽존중이 이런 말을 했다.

"첨총제 이군실 등은 비록 무인이라도 역시 다 조정에서 벼슬하는 사람인데, 같이 법을 범하였으니 함께 죄주기를 원합니다."

하지만 세종은 거부하며 이렇게 말했다.

"윤길 등에게는 친히 내린 명이 있었기 때문에 죄를 주었지마는, 군실 등에게는 갈 적에 내가 명하지 아니한 까닭으로 논하지 아니하였다."

그러자 곽존중도 물러서지 않았다.

"위에서 한번 말을 내면 안팎에서 모두 듣는 것인데, 군실 등은 비록 친히 명을 받지 않았으나 어찌 하교를 듣지 않았겠습니까?"

하지만 세종은 여전히 윤길과 유실에게만 벌을 내리고, 나머지 관원에게는 벌을 내리지 않았다.

그렇다면 세종은 왜 이런 행동을 했을까? 관원 중에 음식 대접받고 기생과 놀아난 자들이 그들 둘만은 아니었는데, 왜 하필 그들 둘만 꼭 집어서 벌을 주고 직첩까지 빼앗은 후 군역에 충당토록 했을까?

그 배경에 대해 사관은 다음과 같은 기록을 남기고 있다.

> 겸사복 홍유근은 궁인 홍씨의 오라비로서 사랑을 받아 퍽 교만하
> 였다. 해주에 말 조련하러 갈 적에 유근도 참여했는데, 유실과 윤
> 길 등이 그가 천인이기 때문에 예로 대접하지 아니하므로, 유근이
> 원망을 품고 먼저 와서 몰래 아뢰니, 임금은 이로 말미암아 알게
> 되었던 것이다.

말하자면 임금이 사랑하는 후궁의 오빠를 출신이 천하다 하여
대접을 하지 않는다는 말을 듣고 대신 복수를 해준 셈이다.

홍유근에 대한 세종의 배려는 거기서 그치지 않는다. 조선 중기
의 시화·잡록집인 《소문쇄록諛聞鎖錄》에 그와 관련한 내용이 이렇
게 전한다.

> 척실 홍씨의 오라비 홍유근이 총애를 얻어 임금은 입다가 만 헌
> 옷을 반드시 그에게 내려주곤 했다. 그가 일찍이 겸사복이 되었을
> 때, 임금이 거동하다가 연(임금이 타는 가마)을 끄는 말이 다리를 저
> 는 것을 보고 까닭을 물으니, 연을 끄는 말을 유근이 타고 다리를
> 저는 말로서 대신 연을 끌게 했다는 것이었다. 그래서 임금이 그
> 내용을 알고 있는 자에게 이렇게 말했다.
> "만일에 대간이 이 일을 안다면 반드시 극형을 청할 것이니, 소문
> 을 퍼뜨리지 말라."

5. 문어발형 팔방미남 _ 세종 이도

그런 다음 홍유근에게 걸어서 돌아오도록 하였다. 그 뒤에 대간이 이를 듣고 홍유근을 베어야 한다고 요청했다. 하지만 임금이 놓아 주고는 그를 한평생 보지 않았다.

이 글에 등장하는 척실 홍씨는 소용 홍씨를 지칭한다. 소용 홍씨는 세종이 태종의 삼년상이 끝날 무렵에 얻은 첫 후궁이었다. 홍씨는 원래 천민 출신이었는데, 궁녀로 있다가 세종의 눈에 띄어 후궁이 되었다. 그녀의 오라비 홍유근은 동생이 왕의 총애를 얻고 있는 것에 기대어 매우 교만했던 모양이다. 그래서 왕의 연을 끄는 장마(임금의 말)를 자신이 타고 다니는 건방진 행동을 했는데도, 세종은 그의 죄를 덮어주려 했던 것이다.

이 사건과 관련하여 사간원에서 홍유근에게 죄줄 것을 강력하게 요청하며 말했다.

"사직司直 홍유근이 오랫동안 사복의 직을 겸하고 있었으므로, 장마는 인신으로서는 탈 수 없다는 것을 모를 바 아니온데, 본월 19일 거둥하옵실 때 감히 장마를 탔으니, 그 불경함이 이에서 더 할 것이 없습니다. 듣는 자, 본 자가 놀라지 않음이 없었는데, 전하께서 특히 오랫동안 시종한 사람이라 하여 법으로 처단하지 않으시고 다만 그 직임만을 파면하시니, 이는 신 등만이 통분해서 하는 것이 아니오라 일국의 신민들이 모두 실망하고 있는 것입니다. 신 등은 바라옵건대, 홍유근의 불경죄를 유사에 내리시고 국문하여 공명정대하게 처리하여 신민의 바람에 답하시면 강상에 매우 다행이겠나이다."

하지만 이에 대해 세종은 홍유근의 직첩을 회수하라고만 하였다. 이에 사헌부에서 다시 강력하게 처벌을 요구했다. 그러자 세종이 이렇게 말했다.

"유근은 본시 그런 사리를 모르는 자이다. 어찌 유심코 하였겠느냐. 다만 제가 받은 사복시의 말을 바꾸어 탈 수 있는 예만을 알고 한 짓일 것이다. 이제 이미 그 직위를 파면하고 또 직첩까지 거두었는데 어찌 죄를 더하겠는가?"

결국, 이 사건은 홍유근을 그가 원하는 곳에 유배시키는 것으로 일단락되었다. 낙향하여 살도록 하는 선에서 끝난 것이다. 그리고 얼마 뒤, 홍유근이 모친상을 당하자 유배에서 풀어줬다. 이에 대해 사헌부에서 모친상이 끝난 후에 다시 유배지로 가게 해야 한다고 주장했으나 세종은 그냥 풀어주라고 명한다. 총애하던 소용 홍씨 때문이었다.

세종이 홍씨에게 빠진 때는 소헌왕후가 광평대군 이여를 임신하고 있던 시기였다. 하필 아내가 임신한 때에 궁녀에게 한눈을 판 셈이다.

소용 홍씨는 세종의 승은을 입었지만, 자식을 낳지는 못했다. 그래도 세종은 이후로도 십여 년 동안 소용 홍씨에 대한 애정을 이어갔다.

후궁 첩지 없는 수많은 상궁들

소용 홍씨 말고도 세종은 11명의 여인을 더 취했으니, 후궁의 수도 아주 많은 편이었다. 그 여인들을 하나씩 살펴보면서 세종의 여성 편력을 알아보자.

우선 좀 특별한 경우부터 언급해본다. 세종 후궁들의 명칭을 살피다 보면 다른 왕들에게서는 보지 못한 특별한 호칭들이 발견된다. 상침 송씨, 사기 차씨, 상식 황씨, 전찬 박씨가 바로 그들이다. 이들은 후궁의 칭호를 얻지 못하고 내명부 상궁 벼슬을 그대로 유지하고 있다. 심지어 상침 송씨나 사기 차씨는 옹주를 낳았는데도 후궁 첩지를 받지 못하고 특별상궁으로 남아야 했다. 왜 그랬을까?

나인이 아닌 상궁이 승은을 입은 경우엔 후궁 첩지를 내리지 않는다는 규정이 있었다. 궁녀는 대개 궁궐에 들어온 지 15년이 지나야 정식 나인이 되고, 30년이 지나야 상궁이 될 수 있었다. 따라서 상궁은 적어도 나이가 30대 중반 이상이었다. 그 때문에 상궁은 시집은 가지 않았으나 처녀로 취급하지 않았고, 그래서 상궁은 승은을 입어도 후궁의 첩지를 받지 못했다.

그런데 재미있는 사실은 이 규정을 만든 장본인이 세종이라는 것이다. 말하자면 자신이 그런 규정을 만들었으니 왕의 자손을 낳았다고 해도 어쩔 수 없이 상궁 신분을 유지시킬 수밖에 없었을 것이다. 이를 놓고 보면 세종은 상당한 원칙주의자였다.

그렇다면 세종이 취한 상궁들은 어떤 일을 하는 사람들이었을까? 우선 상침 송씨는 세종의 잠자리를 살피는 상궁이었다. 대개 왕들은 자기 주변의 상궁들을 잘 취하지 않는다. 상궁은 이미 나이가 많고, 나름대로 그 분야 전문가였다. 그런 전문가를 한 명 길러내는데 30년 이상 걸리기 때문에 궁궐에선 귀한 존재이기도 했다. 그래서 쉽게 후궁을 만들지 않는 측면이 있었다. 또한 대전 상궁, 그중에서도 침실을 돌보는 상침인 경우는 아주 친밀한 비서나 마찬가지였다. 조선 왕들은 대개 그런 상궁들과 동침하는 법이 거의 없었다. 그런데 유독 세종은 상궁들을 많이 취했다. 이는 조선 왕 중에서도 아주 특이한 상황에 해당한다.

사기 차씨 또한 마찬가지로 상궁이다. 명칭을 사기라고 부르기도 하지만 대개는 상기라고 한다. 상기는 대전의 문서를 관리하는 업무를 맡은 상궁이다. 그런데 세종은 이 문서 상궁도 취했다. 세종이 차씨를 취한 것은 1429년이었다. 이후 차씨는 옹주를 낳았는데, 불행히도 그녀의 딸은 1431년에 두 살 나이로 죽었다. 그녀의 불행은 거기서 그치지 않았다. 13년 뒤인 1444년 7월 10일에 연생전(왕의 침실 중 하나)이 번개에 맞았는데, 그녀는 그 아래 있다가 벼락을 맞고 죽었다.

상식 황씨는 대전에 임금의 수라를 챙기는 지밀상궁이었다. 그녀 역시 임금과 가장 친밀한 비서 중 하나였다. 전찬 박씨는 임금의 책 심부름을 하는 상궁이었다.

이렇듯 세종은 음식과 책, 이부자리, 문서 등을 관리하며 가장 근거리에서 사생활을 거들던 상궁들을 모두 취한 셈이다. 이런 일은 조선 왕 중에 누구도 행하지 않은 일이었다.

이외에 정식 후궁들의 이력도 좀 특이하다. 세종에게 한남군, 수춘군, 영풍군 등의 아들 셋을 낳아준 혜빈 양씨는 원래 세자 향(문종)의 병을 돌보던 궁녀였다. 세자 향이 아플 때 동궁을 드나들던 세종의 눈에 띄어 후궁이 되었다.

또 소헌왕후 다음으로 자식을 많이 낳은 신빈 김씨는 원래 중궁전의 궁녀였다. 열세 살의 나이에 궁인으로 들어와 이제 막 정식 나인이 되어 중궁전에 배치되었는데, 중궁전을 오가던 세종의 눈에 든 것이다. 태종처럼 세종도 아내의 궁녀에게 눈독을 들인 꼴이다. 사실, 이런 일은 왕비가 제일 싫어하는 일 중 하나였다. 왕비전의 궁녀는 왕비의 수족 노릇을 하므로 왕비도 매우 아끼는 존재였다. 그런 존재가 연적이 된다는 것은 왕비로서는 무척 괴롭고 서글픈 일이다.

이들 후궁 외에 영빈 강씨, 귀인 박씨, 귀인 최씨, 숙의 조씨 등이 있다. 이들 중 정식으로 간택을 거쳐 예식을 치르고 후궁이 된 사람은 귀인 박씨와 귀인 최씨 두 사람이다. 이 두 사람이 후궁에 책봉된 것은 1424년 10월 26일이었다. 하지만 이들은 자녀를 낳지는 못했다. 간택되어 정식 후궁이 되었지만, 세종의 사랑을 받지 못한 듯하다. 후궁이 되었을 때 이들은 궁주로 불렸는데, 귀인 박씨는 장의궁주, 귀인 최씨는 명의궁주라 하였다. 조선 후궁 중에 궁주라는 명칭을 쓴 사람은 이들이 마지막이었다. 영빈 강씨와 숙의 조씨는 궁녀 출신으로 보인다.

이렇게 세종의 여인들을 살펴보면 세종은 말릴 수 없는 사랑꾼이었던 것 같다. 어쩌면 세종이 마흔 이후로 몸이 극도로 쇠약해진 데도 이런 성향이 영향을 미친 게 아닐까 싶다.

 타고난 사랑꾼인 세종에게 특별한 점이 하나 있었는데, 어쩌면 세종의 뛰어난 인품에서 비롯되었는지 모를 일이지만, 그는 자신이 취한 여인을 버리는 일이 없었다. 역적의 딸이 된 아내도, 자신에게 청탁을 하다가 혼쭐이 난 궁녀 출신 후궁도, 나이 먹고 이미 중년이 된 상궁 출신도 절대로 버리지 않았다. 또한 그의 여인들이 서로 시기하며 싸우는 일도 만들지 않았다. 요즘 말로 '어장 관리'를 꽤 잘했던 모양이다. 여하튼 그는 여러모로 팔방미인이었던 것만은 분명하다.

5. 문어발형 팔방미남 _ 세종 이도

6
장

결벽형 도도남 — 문종 이향

부부 —
자녀 ---
남자 ⬜
여자 ⬛

문종의 가계도

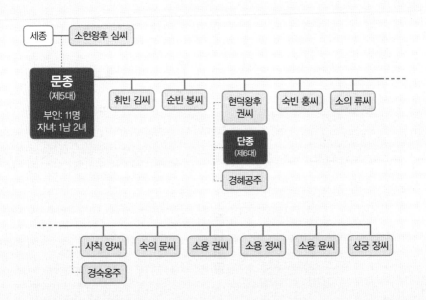

세종 ─ 소헌왕후 심씨

문종
(제5대)

부인: 11명
자녀: 1남 2녀

휘빈 김씨 순빈 봉씨 현덕왕후 권씨 숙빈 홍씨 소의 류씨

단종
(제6대)

경혜공주

사칙 양씨 숙의 문씨 소용 권씨 소용 정씨 소용 윤씨 상궁 장씨

경숙옹주

정 주지 않은 첫 번째 아내

문종 이향은 짧은 재위 기간에 비해 여자관계가 복잡했다. 현덕 왕후 권씨 외에 정부인 둘과 여덟 명의 후궁을 두었지만, 여복은 별로 없었다.

그가 처음으로 맞은 여인은 세자빈으로 간택된 휘빈 김씨였다. 휘빈과 결혼한 때는 1427년 4월 9일이었다. 당시 그는 열네 살이었고, 휘빈도 비슷한 나이였으리라. 간택에 의해 세자빈으로 뽑힌 만큼 휘빈의 집안은 뼈대 있는 가문이었다.

휘빈의 아버지는 안동 김씨 오문인데, 김구덕의 아들이다. 김구덕은 지금의 서울시장 겸인 한성부윤을 지내고, 돈녕부 판사까지 지낸 인물이다. 그는 이미 조선 왕실과 인연이 깊었다. 딸이 태종의 후궁 명빈 김씨였다. 명빈 김씨는 궁녀 출신이 아니라 간택 후궁이었기에 궁궐 내에서도 대접을 잘 받았다. 하지만 자식을 낳지 못해 별다른 권세를 누리지는 못했다. 또 김구덕의 아내가 여흥 민씨로 태종의 왕비 원경왕후의 일가였다. 그런데 손녀까지 세자 빈으로 간택되었으니, 그와 왕실은 깊은 인연을 맺은 셈이었다. 하지만 휘빈의 입궁이 악연이 될 줄은 몰랐을 것이다.

휘빈이 입궁했을 때, 태종의 후궁이자 그녀의 고모인 명빈 김씨도 궁궐에 있었다. 그 덕분에 휘빈은 비교적 궁궐 생활이 외롭지 않았을 것이다. 그러나 그녀를 정작 외롭게 만든 것은 남편인 세자 향이었다. 세자는 휘빈에게 매력을 느끼지 못했다. 심지어 합혼 례를 치른 뒤에도 그녀와 합궁하지 않았다. 이 일로 세종과 소헌 왕후는 세자를 불러 몇 번이나 휘빈에게 잘해주라고 타일렀다. 그러나 이향은 요지부동이었다. 그는 도저히 그녀에게 매력을 느끼지 못한 모양이다.

한편, 휘빈도 어떻게 하면 남편의 사랑을 얻을 수 있을지 고민에 빠졌다. 그래서 세간에서 흔히 쓰는 방술까지 쓰게 되었다. 이 사단은 결혼 2년 후인 1429년에 일어났으니, 이향의 나이 열여섯 살 때였다. 대개 당시 왕실의 혼사는 여자가 두 살쯤 많은 것이 일반적이었으니, 휘빈은 열여덟 살 정도 되었을 법하다.

그녀가 쓴 방술은 압승술이라는 것이었는데, 쉽게 말하면 남편이 좋아하는 다른 여인의 기를 눌러 자신이 사랑싸움에서 이기는 술책이었다. 방법은 의외로 간단했다. 남편이 좋아하는 여인의 신을 잘라서 불에 태운 뒤 가루를 만들어 술에 타서 남편에게 먹이면 되었다. 그렇게 하면 압승술을 행한 여인은 남편의 사랑을 받게 되고, 남편이 사랑하던 여인은 되레 외면을 받게 된다는 것이었다. 이 방술은 박신이라는 인물에게 버림받은 첩이 실행하여 효과를 본 것이라 했다.

당시 세자는 효동과 덕금이라는 두 궁녀를 총애했고, 휘빈은 그녀들을 몹시 시기했다. 세자가 두 궁녀에게 연정을 품었는지는 알 수 없지만, 어쨌든 휘빈은 그들을 상대로 압승술을 시험해 보기로 했다. 그래서 그들의 신을 훔쳐 와 직접 칼로 잘라 태웠다. 그리고 가루를 내어서 세자의 술잔에 타려고 기회를 엿보았다. 그런데 세자가 그녀의 방을 찾지 않는 탓에 실행에 옮기지 못했다. 시도는 세 번쯤 했지만, 세자에게 술을 먹일 방도가 없었던 것이다.

그래서 또 다른 방술을 구사하려 했다. 이번에는 좀 더 직접적인 방법이었다. 암놈과 수놈의 뱀이 교접할 때 흘린 정액을 수건으로 닦아서 자기 몸에 간직하고 있으면 되었다. 그러면 남편의 사랑을 얻는다는 것이었다. 이번 방술은 정효문의 기생 첩 하봉래가 전수한 방법이었다.

그런데 세자가 그만 그녀의 방술을 눈치채고 말았다. 야속하게도 세자는 곧바로 세종과 소헌왕후에게 그 사실을 알렸다. 그러자 깜짝 놀란 세종은 진상 파악에 나섰고, 결국 그런 방술을 휘빈에게 알려준 궁녀 호초를 문책히여 내막을 파악하게 되었다.

알고 보면 방술이라는 것도 남편의 사랑을 받고 싶어 한 행동이었지만, 세종은 휘빈을 가혹하게 내쫓았다. 물론 세자의 의견이 많이 반영된 일이었다. 만약 세자가 휘빈을 조금이라도 동정했더라면 세종은 그녀를 내쫓지는 않았을 것이다. 그러나 아들이 전혀 관심을 보이지 않는 여인을 며느리로 계속 둘 수 없었다. 그래서 세종은 이 일을 문제 삼아 그녀를 폐위하여 사가로 쫓아버렸다. 물론 그녀의 아버지 김오문에게도 날벼락이 떨어졌다. 삭탈관직은 물론이고 그의 아들이자 휘빈의 오라비도 관직에서 쫓겨났다. 그렇게 김구덕 집안은 하루아침에 풍비박산되고 말았다. 이향이 왕위에 오르면 국구(왕의 장인)로 조정의 요직을 차지하여 권세를 누리려 했던 김오문의 꿈도 물거품이 되고 말았다.

이후로 쫓겨난 휘빈이 어떻게 살았는지는 알 길이 없다. 짐작할 수 있는 것은 다른 집안에 시집갈 수도 없는 처지에서 평생 독수공방하며 외롭게 늙어가지 않았을까 하는 것이다. 어린 남편의 사랑을 갈구한 죄로 말이다.

동성애에 빠진 두 번째 아내

휘빈이 쫓겨난 뒤, 세종은 다시 간택령을 내려 세자빈을 뽑았다. 이향은 아내가 쫓겨난 지 불과 3개월 만에 두 번째 아내를 맞이했다. 이번에도 뼈대 있는 가문의 여식이었다. 창녕 현감으로 있는 봉려의 딸이었는데, 곧 순빈 봉씨였다.

봉려의 본관은 하음인데, 하음 봉씨 집안은 대대로 미인을 많이 배출했다고 한다. 하음 봉씨의 숫자가 많은 것은 아니었지만, 한다 하는 양반 집안이었고, 그녀 또한 여러 규수와 경합하여 뽑힌 만 만치 않은 여인이었다.

하지만 정작 이향은 그녀에게 관심을 보이지 않았다. 결혼하긴 했지만, 역시 휘빈 김씨처럼 그녀도 거의 소박맞은 것처럼 지내야 했다. 그러니 당연히 아이가 생길 리 없었다. 시쳇말로 하늘을 봐야 별을 따지 않겠는가? 그래서 세종 부부는 다시 향을 불러 여러 차례 합방을 권유했고, 향은 억지로 그녀와 동침했다. 하지만 여전히 아이가 생기지 않았다. 시간이 지나면 지날수록 향은 순빈을 더욱더 냉랭하게 대했다.

혼인한 지 2년이 지나도 순빈에게 태기가 없자, 세종 부부는 새로운 방책을 찾아야 했다. 이렇게 마냥 기다리다간 세손을 볼 수도 없을 것 같다는 판단에 세자의 후궁을 들이기로 한 것이다.

1431년(세종 13년) 음력 1월 19일, 권전의 딸 권씨, 정갑손의 딸 정씨, 홍심의 딸 홍씨 등 세 명을 한꺼번에 후궁으로 들여 종4품 승휘 첩지를 내렸다. 그런데 묘하게도 이향은 그들 세 여인을 모두 마음에 들어 했다. 그중에 특히 홍씨를 좋아했다. 심지어 그들은 모두 잉태했다. 권씨는 딸을 낳았고, 홍씨 또한 딸을 낳았다. 그리고 정씨는 아들을 생산했다. 하지만 불행히도 그들 자녀는 모두 일찍 죽고 말았다. 그런데 권씨가 또 임신을 했다.

순빈이 그 소식을 듣고 몹시 불안해하며 말했다.

"권 승휘가 아들이라도 낳으면 나는 쫓겨날 테지."

그러면서 엉엉 울기까지 했다.

그 소식을 듣고 세종이 순빈을 불러 타일렀다.

"너는 어리석구나. 네가 세자의 빈이 되었는데도 아들이 없는데, 권 승휘가 다행히 아들을 낳아주면 기뻐할 일인데도 되레 원망하는 마음이 있다니 또한 괴이한 일이 아니냐?"

하지만 말은 그렇게 했어도 세종은 세자빈이 아이를 낳지 못한 것을 매우 안타깝게 여겼다. 그래서 향을 불러 타일렀다.

"세자빈에게서 아들을 얻는 것이 무엇보다 중요하니, 잘 대해주고 가까이하도록 해라."

그 말을 듣고 향은 몇 번 봉씨와 동침했다. 이후로 봉씨는 태기가 있다고 하였고, 궁중에선 경사가 났다며 좋아했다. 세종 부부는 순빈을 배려하는 차원에서 그녀를 중궁에 와서 머물게 했다. 그런데 한 달쯤 지났을 때, 순빈은 갑자기 낙태했다며 말했다.

"단단한 물건이 형체를 이루어 나왔는데, 지금 이불 속에 있습니다."

그러나 이불 속에는 아무것도 없었다. 늙은 상궁을 보내 몇 번이나 확인했지만 아무 흔적도 찾을 수 없었다. 결국, 잉태했다고 하는 것은 거짓말이거나 그녀의 상상임신이었던 모양이다.

그런데 그 무렵부터 순빈은 이해할 수 없는 행동을 했다. 동궁전을 종학(왕족의 교육을 담당하던 관청) 근처에 옮겨 놓았는데, 그때 순빈은 시녀들의 변소에 들어가서 벽 틈으로 바깥 남자들을 구경하는 일이 잦았다. 또한 궁궐 여종에게 남자를 사모하는 노래를 부르게 하기도 했다. 그리고 급기야 '대식'에 관심을 가졌다. 대식이란 궁중 여인들의 동성애를 일컫는다. 당시 궁중에선 궁녀들 사이에 대식이 유행했는데, 바로 그 동성애에 관심을 보이기 시작했다. 급기야 소쌍이라는 여종을 침전으로 불러들여 함께 자기까지 했다.

이 일은 궁녀들의 입을 타고 소문이 났고, 어느덧 세종의 귀에도 들어갔다. 순빈의 동성애는 휘빈의 방술에 비할 바가 아니었다. 세종은 진상을 파악한 뒤에 가차 없이 순빈을 내쫓았다.

순빈이 궁궐에서 쫓겨 오자, 아버지 봉려는 그녀를 목매달아 죽이고 자신도 목을 맸다. 그렇게 향의 두 번째 아내는 처참하게 생을 마감했다.

일찍 가버린 세 번째 아내

순빈이 쫓겨나 아버지 봉려의 손에 죽은 지 두 달쯤 되었을 때, 대신들이 세종에게 이런 말을 올렸다.

"세자빈의 자리는 오랫동안 비워 둘 수 없으니, 마땅히 숙덕淑德이 있는 규수를 잘 골라 뽑아서 한시 빨리 배필로 정해야 할 것입니다."

하지만 흉년인 데다, 벌써 두 번의 가례에 실패한 탓에 세종은 신하들의 요청에 쉽게 응하지 않았다. 그러자 조정 대신들이 동궁의 후궁 중에 골라 세자빈으로 삼자고 했다. 세종은 그것도 마땅하지 않다며 거절하다가, 고심 끝에 결국 대신들의 의견을 받아들여 후궁 중에서 택하기로 한다. 그러면서 이렇게 말했다.

"권 양원(현덕왕후)과 홍 승휘(숙빈 홍씨) 중에서 누가 적임자인가? 세자의 뜻은 홍씨를 낮게 여기는 듯하나, 내 뜻은 권씨를 적당하다고 생각한다."

세종이 권씨를 세자빈으로 세우는 것이 좋겠다고 생각한 것은 권씨가 홍씨보다 나이가 많고, 아이를 낳아 기르고 있으며, 직급도 높기 때문이라고 했다. 두 사람이 함께 후궁에 간택되어 들어와 둘 다 종4품 승휘에 책봉되었지만, 권씨가 딸을 낳은 덕에 종3품 양원으로 승차한 상태였다.

이렇듯 세종의 뜻에 따라 양원 권씨가 향의 세 번째 세자빈이 되니, 그녀가 곧 단종의 어머니 현덕왕후였다. 그런데 향은 참 아내 복도 없었다. 세 번째 부인 권씨는 1441년에 세손 홍위(단종)를 낳고 산욕을 이기지 못하고 죽고 말았다.

이후로 세종은 더는 세자빈을 간택하지 않았다. 무려 세 번이나 세자빈을 세웠는데 모두 제대로 살지 못하자, 차마 더는 국혼을 진행할 수 없었던 것이다. 또한 다시 세자빈을 세울 경우 막 태어난 세손에게도 악영향을 끼칠 우려가 있었다.

이향 역시 더는 가례를 행할 생각이 없었다. 다만 그는 이후에도 여러 여인과 사랑에 빠진다. 그래서 정부인 세 명 외에도 여덟 명의 후궁이 더 있었다. 하지만 그는 여복뿐 아니라 자식복도 없었다. 사측 양씨가 딸을 둘 낳았지만 그중 하나는 일찍 죽었고, 소용 정씨도 왕자를 출산했지만 역시 일찍 죽었다. 또 상궁 장씨도 아들을 낳았지만 일찍 죽었다. 그 외의 후궁들은 아예 출산조차 하지 못했다.

어쨌든 이렇게 여복 없던 문종은 왕이 된 뒤에도 왕비가 없었다. 그것은 아들 단종에게 엄청난 불행이 되었으니, 참으로 서글프고 안타까운 일이었다.

7
장

자유분방형 괴팍남 ── 세조 이유

부부 —
자녀 ---
남자 ▢
여자 ▢

세
조
의
가
계
도

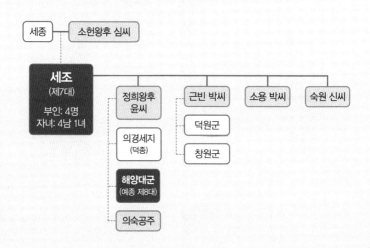

세종 — 소헌왕후 심씨

세조
(제7대)

부인: 4명
자녀: 4남 1녀

정희왕후
윤씨

의경세자
(덕종)

해양대군
(예종 제8대)

의숙공주

근빈 박씨

덕원군

창원군

소용 박씨

숙원 신씨

궁궐에서 살지 못한 왕자

세조는 흔히 여성 편력이 심하지 않았던 왕으로 알려져 있다. 그의 가계도에 등장하는 여인들도 왕비 정희왕후 외에 세 명의 후궁밖에 없고, 자녀도 4남 1녀밖에 되지 않으며, 그의 일화 중에 여자와 관련된 이야기는 별로 전하지 않는 까닭이다. 그래서 세조는 여자에겐 별로 관심이 없었던 왕으로 인식되기 쉽다. 하지만 세조의 삶을 자세히 살펴보면 딴판이다.

사실, 세조는 젊은 시절부터 여러 기생을 첩으로 뒀고, 이성에 대한 호기심도 많았다. 또한 가치관도 특이했고, 행동 방식도 유별났다. 그 때문에 여성에 대한 접근 방식도 남달랐다. 말하자면 세조는 아주 괴팍한 인물이었는데, 그가 이런 특이한 행동 양식을

7. 자유분방형 괴팍남 _ 세조 이유

가지게 된 배경에는 그의 남다른 유년 시절이 있었다.

세조는 여느 왕자들과 달리 궁궐 생활 경험이 거의 없었다. 또한 부모 슬하에서 자라지도 않았다. 그 때문에 형제들과 별로 친밀하지도 않았다. 세조가 동복형제인 안평대군이나 금성대군을 가차 없이 내쫓고 죽인 것도 그들과 우애를 다질 기회가 없었기 때문일 수 있다.

세조의 이름은 유이며, 세종의 둘째 아들이다. 세종 부부가 둘째 아들 유를 낳은 것은 1417년 9월 29일이었다. 당시 세종의 나이 스물한 살, 소헌왕후는 스물세 살이었고, 세종이 왕위에 오르기 11개월 전이었다. 유가 태어난 곳은 당시 충녕대군의 사저였는데, 출생 직후부터 유는 어머니 심씨의 보살핌을 제대로 받지 못했다. 심씨는 유를 출산한 지 불과 석 달도 되지 않아서 다시 아이를 잉태하는 통에 유를 돌볼 상황이 아니었다. 설상가상으로 유는 세종 부부와 함께 궁궐로 들어가지도 못했다. 세종은 1418년 6월에 양녕대군이 쫓겨난 세자 자리에 올랐는데, 이때 세자빈이 된 심씨가 이미 임신 7개월이었고, 궁궐 분위기도 어수선하여 유를 대궐 밖에 두고 입궁했기 때문이다. 그리고 세종은 두 달 후인 8월 11일에 태종의 선위로 즉위했다.

왕위에 오르자, 세종은 태종의 묵인 아래 그해 9월 3일에 장인 심온을 영의정에 임명한다. 그리고 심온은 5일 뒤인 9월 8일에 명나라에 사신으로 가게 된다. 그런데 사신단 일행이 떠나는 날, 환송인파가 구름처럼 몰리자 태종은 자신이 죽은 뒤 심온이 큰 후환이 될 것으로 보았다. 그래서 심온을 제거할 음모를 꾸몄다. 자칫 심온의 위세가 왕을 능가하여 외척이 득세할까 두려웠던 것이다.

하지만 이때만 하더라도 아무도 태종의 속내를 알아채지 못했다. 특히 세종 부부는 곧 태어날 아이에게만 신경을 곤두세우고 있었다. 이미 소헌왕후는 만삭이었는데 심온을 전송한 지 11일 뒤인 9월 19일에 해산했다. 아이는 아들이었고, 그가 바로 3남 안평대군 이용이었다. 용이 태어나자, 세종 부부는 소헌왕후가 몸을 회복하는 대로 궁궐 밖에서 자라고 있던 둘째 유를 데려올 생각이었다. 하지만 이 계획은 무산되고 말았다.

소헌왕후가 셋째 아들 용을 낳고 두 달쯤 된 11월에 갑자기 태종은 심온을 강상인 사건과 엮어 역적으로 몰기 시작했다. 그리고 태종과 좌의정 박은 등의 주도 아래 심온은 역적이 되어버렸다. 그때 심온은 명나라에서 돌아오던 중이었기 때문에 자신이 역적이 된 줄도 모르고 있었다. 심온이 역적으로 몰리자, 이번에는 대신들이 소헌왕후를 폐출해야 한다고 간언했다. 이 때문에 소헌왕후는 미처 산욕도 다 떨치지 못한 몸으로 곡기를 끊고 단식에 돌입했다. 다행히 세종의 보호와 태종의 배려로 폐출되는 사태는 발생하지 않았다.

사실, 태종이 소헌왕후를 내쫓지 않은 가장 큰 이유는 그녀가 이제 막 왕자를 출산한 몸이었기 때문이다. 셋째아들 용이 소헌왕후의 폐출을 막은 셈이었다. 그 때문에 용은 세종 부부에겐 그야말로 복덩이였다.

그런데 소헌왕후의 심신이 매우 지친 상태였기 때문에 궁궐 밖에서 자라고 있던 둘째 유를 데려오는 일은 이번에도 미뤄지고 말았다. 유는 여전히 궁궐 밖 남의 집에서 자라야 했다.

그때 유는 이제 갓 돌을 지난 때였다. 세종 부부는 유를 남의 집에 맡긴 것을 무척 안타까워하고 있었다. 이때 유가 누구 집에 맡겨졌는지는 기록되지 않았다. 대개 이러면 외가에서 양육하는 것이 일반적이었지만, 외가는 풍비박산 난 상황이었다. 아마도 종친 중에 누군가가 유를 양육하지 않았을까 싶다.

어쨌든 유는 여전히 부모 슬하에 있지 못했고, 세종 부부는 하루빨리 유를 데려오길 소원했다. 하지만 유를 데려오는 것은 다시 미뤄졌다. 이듬해인 1419년에 소헌왕후가 또 임신했다. 거기다 9월엔 정종이 죽는 바람에 국상까지 났다. 소헌왕후는 만삭의 몸으로 국상을 치르고 1420년 1월에 넷째아들을 낳으니 그가 곧 임영대군 구다. 그래서 유를 데려오는 것을 또 미뤘는데, 6개월 뒤인 1420년 7월에 또 국상이 났다. 이번에는 태종의 왕비 원경왕후 민씨가 죽었다. 그 때문에 유를 대궐로 데려오는 일은 민씨의 삼년상 이후로 미뤄졌다. 그런데 민씨의 삼년상이 끝나는 1422년에는 태종이 죽어 또 국상이 났다. 결국, 연달아 세 번 이어진 국상으로 유의 입궐은 태종의 삼년상이 끝나는 1424년 이후로 미뤄졌다.

그리고 어느덧 세월이 흘러 1424년이 되었는데, 이번에도 소헌왕후는 임신했다. 그리고 1425년 5월에 아이를 낳았는데, 또 아들이었다. 다섯째 아들 광평대군 여가 태어난 것이다.

이런 이유로 유는 유년기를 몽땅 궐 밖에서 보내고, 소년기가 시작된 열 살 무렵에야 비로소 입궐하여 부모 품에서 자랄 수 있었다. 그리고 대군 작호를 받은 것도 열두 살이 되어서였다. 그것도 동생 안평, 임영과 함께 받은 작호였다.

그러나 그와 세종 부부가 함께 산 세월은 고작 2년 남짓이었다. 1428년에 그는 대군에 책봉되자마자, 곧장 꼬마 신랑이 되었다. 그래서 궐 밖에 대군 사저를 마련하고 궐 밖에서 살았다. 이와 관련하여 〈세조실록〉은 이런 기록을 남기고 있다.

'세조는 어릴 때 민간民間에서 자랐으므로 모든 어려움과 사실과 거짓을 자세히 일찍부터 겪어 알고 있었으며 도량이 성숙하였다.'

이는 세조가 궁궐에서 왕자 교육을 제대로 받지 못한 것을 미화하여 표현한 내용이다. 사실, 세조는 여느 왕자들처럼 제약을 받지 않고 자유로운 어린 시절을 보냈다. 그것은 그의 자유분방한 가치관 형성에 크게 기여했다.

열네 살에 기생집을 드나들다

이성에 대한 그의 관심도 제법 일찍 시작되었다. 열두 살에 결혼하고, 사춘기로 접어든 그는 나이답지 않게 열네 살 때부터 기생집을 드나들었다. 천하의 호색가이었던 양녕대군도 열일곱 살이 되어서야 기생집을 찾았는데, 열네 살이면 아주 어린 나이였다.

그 내용이 차천로가 지은 《오산설림五山說林》에 나온다.

> 세조가 대군으로 있을 때인 열네 살 때 어느 기생집에서 자는데,
> 밤중에 기생과 관계하는 자가 와서 문을 두드렸다. 세조가 놀라서
> 발로 뒷벽을 차서 벽이 넘어지자 곧 밖으로 나와 몇 길이나 되는
> 담을 뛰어넘었다. 그러자 그 사람 역시 뒤를 따라 뛰어넘으므로
> 세조는 또 이중의 성을 뛰어넘었더니, 그 사람 역시 뛰어넘었다.
> 세조가 일 리쯤 가다가 길가에 속이 텅 빈 늙은 버드나무 한 그루
> 가 있어 그 속에 숨었더니 그 사람이 따라오다가 찾지 못하고 투
> 덜거리면서 가버렸다.

이마에 피도 안 마른 어린놈이 기생과 동침하다가 기둥서방이
들이닥치는 바람에 버선발로 도주했다는 내용이다. 이것이 사실
이라면 그는 소년 시절부터 기생집을 즐겨 찾았다는 말이
된다.

이유는 이때 이후 기생집을 자주 드나들었다. 또한 거느리는 기
생도 매우 많았다. 그런데 기생 문제로 왕실에 누를 끼치는 일도
없었고, 스캔들을 일으키지도 않았다. 관리를 매우 잘했다는 뜻인
데, 이는 소헌왕후나 세종도 인정하는 일이었다. 어릴 때부터 기생
을 자주 접했지만, 여자에게 빠져 문제를 일으키는 일은 하지 않
았던 것이다. 이와 관련하여 〈세조실록〉 총서에 다음과 같은 내용
이 나온다.

병인년(1446년) 정월에 소헌왕후가 모든 아들에게 가르쳤다.

"첩을 대함에 있어 정처에 견줄 수 없으며, 의복을 사치해서는 안 된다."

그리고 세조의 검소함을 칭찬하며 말했다.

"또 여색에 실덕한 바도 없다."

이때 의창군 이공이 기생과 사통하였으므로 세종이 그 수종하는 자에게 태장을 치고 말했다.

"이제 수양대군이 영리한 기생을 많이 거느리긴 하였으나, 수양대군은 일부러 많이 거느리는 것이고, 또 그 어진 것을 믿을 만하다."

이들 기생 첩이 후궁 첩지를 받지 못하여 조선 왕실 족보인《선원계보기략》에 기록되지 못한 탓에 세조의 가계도에 오르지 못했을 뿐이지, 사실 세조가 거느리던 기생 첩은 매우 많았다. 〈세조실록〉 총서에는 '영리한 기생'이라고 표현하여 세조가 거느렸던 기생들을 미화하고 있지만, 실제 세조가 접했던 기생들이 모두 총명한 여인들이었는지는 의문이다. 또한 그냥 기생이라고 표현하지 않고 '영리한 기생'이라는 의미의 '영기伶妓'로 표현한 것도 우스운 일이다. 이 표현은 세조에 대한 아부에 불과할 뿐이다.

어쨌든 세조는 여러 기생들을 첩으로 들였지만, 세종이 이를 문제 삼지 않았던 것을 보면, 확실히 그는 여자 문제를 잘 처리했던 모양이다.

7. 자유분방형 괴팍남 _ 세조 이유

'청금상련' (혜원전신첩). 신윤복 그림. 간송미술관 소장. 출처 문화재청 홈페이지

세조를 버리고 다른 남자를 사랑한 후궁

그러나 세조의 관리력에도 틈은 있었던 모양이다. 당시 거느렸던 '영리한 기생' 중 하나가 왕의 아이를 낳고 입궐하여 후궁 첩지까지 받았는데, 마음은 다른 남자에게 가 있었으니 말이다. 바로 박덕중이라는 세조의 후궁 이야기다.

박덕중은 세조가 왕위에 오르기 전에 그의 첩이 되었다. 아들을 하나 낳았으나, 어릴 때 잃고 말았다. 그녀는 세조가 왕위에 오르자 소용 첩지를 받고 후궁의 반열에 올랐다. 세조가 무척 총애했던 모양인데, 그녀의 마음은 딴 남자에게 가 있었다.

그녀가 연정을 느낀 남자는 엉뚱하게도 환관이었다. 환관의 이름은 송중이었는데, 송중은 박덕중이 자신에게 접근해오자, 이를 세조에게 일러바쳤다. 덕분에 송중은 화를 면했지만, 박덕중은 후궁에서 나인 신분으로 강등되었다. 하지만 그녀는 다시 사고를 쳤다. 이번에는 환관을 시켜 장안의 최고 미남으로 통하던 남자에게 연애편지를 전하게 했다. 그런데 연애편지를 받은 남자는 그녀의 연심을 받아들이지 않고 세조에게 알렸다.

박덕중이 좋아한다고 고백한 남자는 임영대군의 아들 구성군 이준이었다. 그는 장안에서 소문난 인물이었다. 당시 이준은 스물다섯 살 청년으로 인물 좋고 재주 많은 팔방미인이었다. 덕중은 궁중에서 이준을 한 번 보고 반해서 그에게 연서를 썼던 것인데, 이준은 후환이 두려워 세조에게 고발했던 것이다.

7. 자유분방형 괴팍남 _ 세조 이유

이 사실을 알게 된 세조는 그녀를 궁궐에서 잡일이나 거드는 방자 신분으로 전락시켰다. 그런데도 그녀는 다시 환관을 통해 이준에게 연서를 전했다. 결국, 세조는 더는 참지 못하고 편지 심부름을 한 환관들을 참형에 처하고, 그녀를 교수형에 처했다. 이 일로 조정에서 구성군 이준도 함께 처벌할 것을 주장하자, 세조는 결국 사건의 전말을 밝히게 되는데, 실록은 세조 11년(1465년) 9월 5일 기사에 이 사건에 대해 다음과 같이 기록하고 있다.

밝기 전에 내녀內女 덕중을 내치어 밖에서 교형에 처하였다. 덕중은 주상의 잠저 때 후궁에 들어와서 자식을 낳았고 즉위한 뒤에 봉하여 소용으로 삼았으나, 자식이 죽었다. 승지 등이 합사하여 나인과 이준의 죄를 청하고, 의정부·육조에서도 또한 와서 아뢰었다.

"환시宦寺가 이미 처형되었으나, 서신을 서로 통한 것이 어찌 오늘에 시작하였겠습니까? 그 유래가 오랠 것입니다. 또 환자 두 사람은 또한 반드시 여러 번 서로 통하였을 것이니, 청컨대 나인과 준을 국문하여 죄를 정하소서."

이에 임금이 말하였다.

"나인은 내가 이미 법에 처하였고, 구성군의 일은 단연코 의심이 없는 것을 내가 이미 분명히 아니, 다시는 말하지 말라."

그리고 전교하였다.

"수십 일 동안에 다섯 사람이 주륙을 당하였으니, 여러 신하와 백성이 어찌 두려운 마음을 품지 않겠는가? 마땅히 은혜를 베풀어

조선 왕실 로맨스

대중의 마음을 편안히 하여야 하겠다."

그러면서 박덕중 사건의 전말을 다음과 같이 밝혔다.

"나인 덕중이 일찍이 환관 송중을 사랑하다가 일이 발각되자 아울러 그 죄를 다스렸는데, 다시 생각건대 죄는 나인에게 있고 송중은 상관이 없으므로 송중으로 하여금 직무를 유지하도록 했다. 뒤에 또 덕중이 편지를 써서 환관 최호로 하여금 구성군 이준에게 전하게 했다. 이준이 아비 임영대군 이구와 더불어 곧 내게 갖추어 아뢰었다. 내가 폭로하려 하지 않아서 곧 내치어 방자의 역役에 이바지하게 하였는데, 오히려 뉘우쳐 고치지 않고 지금 다시 편지를 써서 환관 김중호를 시켜 이준에게 전하였다. 이준이 이구와 더불어 또 즉시 갖추어 아뢰었으므로 내가 친히 물으니 하나하나 승복하였다. 곧 최호와 김중호를 때려죽이고 나인(박덕중)도 또한 율로 처단하였다."

이 사건의 전말을 자세히 살펴보면 박덕중은 세조가 더는 자신을 찾지 않자, 다른 남자에게 눈을 돌렸다. 이런 행위는 일반적인 후궁들은 감히 꿈도 꾸지 않는 일이다. 다만 기생 출신 첩들에게서 흔히 발견되는 행동이다. 아마도 박덕중은 세조가 왕이 되기 전에 들인 기생 첩이었을 것이다. 후궁 신분으로 다른 남자를 좋아하다 발각되면 죽을 것을 알면서도 세 번이나 다른 남자에게 연정을 드러낸 여자. 결국, 그녀는 죽음으로 생을 마감했다.

조선판 로미오와 줄리엣 — 세조의 딸과 김종서의 손자

부부 ——
자녀 - - -
남자 ☐
여자 ☐

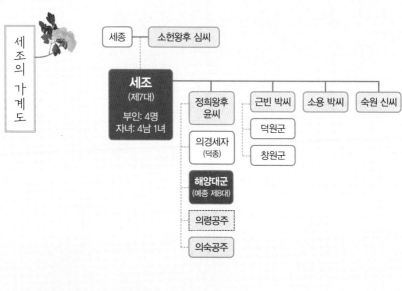

세조의 가계도

세종 — 소헌왕후 심씨

세조
(제7대)

부인: 4명
자녀: 4남 1녀

정희왕후 윤씨

의경세자
(덕종)

해양대군
(예종 제8대)

의령공주

의숙공주

근빈 박씨

덕원군

창원군

소용 박씨

숙원 신씨

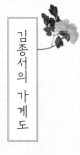

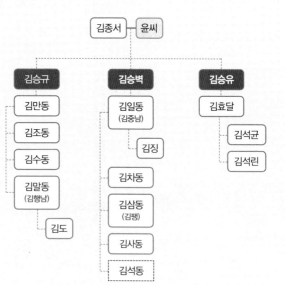

김종서의 가계도

김종서 — 윤씨

김승규

김만동

김조동

김수동

김말동
(김행남)

김도

김승벽

김일동
(김중남)

김징

김차동

김삼동
(김팽)

김사동

김석동

김승유

김효달

김석균

김석린

역사서에서 사라진 세조의 딸

세조는 열두 살 어린 나이에 윤번의 딸과 결혼했다. 윤번의 본
관은 파평인데, 파평 윤씨는 고려 때부터 명문가였다. 윤번은 부인
인천 이씨와 결혼하여 모두 3남 7녀를 뒀는데, 그들 부부의 막내
딸이 바로 세조의 비 윤씨(정희왕후)였다. 그녀가 태어났을 때는, 오
빠 둘과 언니 여섯이 있었다. 그리고 그녀 아래로 남동생 하나가
더 태어났다. 맏이 큰언니는 그녀보다 열아홉 살이나 많았고, 큰
오빠 윤사분은 열일곱 살이 많았다. 윤번은 늦둥이 막내딸을 겨우
열한 살에 왕실로 시집보냈다. 어린 나이에 시집온 터라 그녀는
오랫동안 아이를 낳지 못했다. 결혼한 지 10년 만에 첫아이를 얻
었는데, 그가 훗날 성종의 아버지가 되는 덕종(의경세자)이다. 이후

로 자식을 더 낳았는데, 그녀가 낳은 자녀수에 관해 약간의 논란이 있다. 그녀가 딸을 둘 낳았는지 하나를 낳았는지 분명치 않아서다.

그녀가 낳은 자녀에 대한 최초의 기록은 시어머니 소헌왕후 심씨의 능 지문(능 주인의 생애와 업적을 기록한 글)이다. 그 지문에 다음과 같이 기록되어 있다.

> 수양은 중추원사 윤번의 딸에게 장가들어 1남 2녀를 낳았는데, 아들은 숭이니 도원군을 봉하고, 딸은 모두 어리다.

이 기록에 따르면 분명히 그녀의 딸은 두 명이다. 아들은 도원군 한 명으로 기록되어 있는데, 도원군은 곧 덕종이다. 소헌왕후가 죽은 때는 1446년 4월 19일이었다. 따라서 그녀의 둘째 아들인 예종이 태어나기 4년 전이다. 그러므로 아들이 한 명이라고 쓴 것은 틀리지 않는다. 따라서 당시 그녀가 1남 2녀를 낳은 것도 틀림없는 사실이다. 그런데 이상한 것은 세조의 행장인데, 그곳에 이렇게 기록되어 있다.

> 태비 윤씨는 파평의 세가인 증 좌의정 윤번의 딸인데, 성상의 배필이 되시어 덕을 길러 2남 1녀를 탄생하였으니, 맏이는 의경세자며 다음은 우리 전하(예종)이시며, 딸은 의숙공주입니다.

이 세조의 행장에는 정희왕후 윤씨가 낳은 딸이 의숙공주 한 명뿐이다. 어떻게 된 일일까?

《금계필담》에 등장하는 그녀

이 의문을 해소할 실마리를 제공한 책이 있다. 조선시대 야사집인《금계필담錦溪筆談》이다. 이 책은 1873년(고종 10)에 서유영이 저술한 것이다.《금계필담》속 '원수 사이에 꽃 핀 사랑'이라는 이야기에 사라진 세조의 딸 이야기가 나온다. 그 첫 부분은 이렇게 시작된다.

세조에게는 공주 하나가 있었다. 그녀는 어릴 적부터 품성이 어질고 덕이 많았다. 공주는 일찍이 단종이 왕위에서 물러난 뒤, 절재 김종서가 사육신, 충신들과 함께 단종의 복위를 계획하다 순절하고 그 가족들까지 모두 죽임을 당하는 상황을 보고 눈물을 흘리며 식사도 잘 하지 못했다. 그리고 단종의 어머니 현덕왕후가 뜻밖에 비참한 변을 당했을 때는 울면서 옳지 못한 처사라고 끊임없이 말했다. 이에 세조는 이루 헤아릴 수 없을 만큼 분노했다. 그러자 정희왕후 윤씨는 비밀리에 유모를 불러 패물을 넉넉히 주고는 말했다.

"이걸 가지고 공주와 함께 멀리 몸을 피하게. 주상한테는 내가 요절했다고 전할 테니……."

유모는 곧 남몰래 공주를 데리고 보은군까지 갔다.

이 내용에 따르면 세조가 단종을 내쫓고 사육신을 죽이는 등 비
인간적인 행동을 자행하자 세조의 딸 하나가 세조를 강하게 비판
했고, 이를 참지 못한 세조가 딸을 죽이려 하자 윤씨가 유모에게
딸을 맡겨 피신케 했다는 것이다. 이 기록이 사실인지 아닌지는
분명치 않지만, 어쨌든 이 이야기에 대한 팩트 체크를 해볼 필요
가 있다.

우선 세조와 딸이 강하게 부딪친 시점이 언제인지부터 확인해
보자. 우선 첫 번째 역사적 사실은 "단종이 왕위에서 물러난 뒤"라
는 대목이다. 단종이 왕위에서 물러난 것은 1455년 윤유월이었다.
그런데 서유영은 그 뒤에 "절재 김종서가 사육신, 충신들과 함께
단종의 복위를 계획하다 순절하고"라고 쓰고 있는데 이는 역사적
사실과 다르다. 김종서가 죽은 것은 1453년 계유정난 때이고, 사
육신 사건이 벌어진 것은 1456년이다. 따라서 이 문장은 틀린 것
이다. 또 그 뒤에 이어지는 "단종의 어머니 현덕왕후가 비참한 변
을 당할 때는 울면서 옳지 못한 처사라고 끊임없이 말했다"라는
부분도 역시 틀린 기술이다. 현덕왕후는 1441년 세자빈 시절에
단종을 낳고 죽었기 때문이다. 따라서 서유영의 기술로 세조와 그
의 딸이 갈등을 일으킨 시점을 특정하기는 어렵다.

《금계필담》에는 사육신 사건도 언급되는데, 이 사건이 일어났

던 1456년에는 세조와 갈등을 일으켰던 딸은 세조 곁에 없었다. 다음의 기록이 이를 증명한다.

> 임금이 본궁으로 거둥하여 흥녕부 대부인을 뵙고, 드디어 서교로 거둥하여 매를 놓아 사냥하는 것을 보고 돌아오다가, 모화관에 임어하여 진법 훈련하는 것을 보고는 군사들에게 술을 내렸다. 이날 중궁도 또한 본궁에 거둥하여, 흥녕부 대부인에게 헌수하였는데, 대부인은 서향하여 북쪽으로 가깝게 흑칠 답장踏掌에 앉고, 중궁은 동향하여 남쪽으로 가깝게 주홍 답장에 앉았으며, 동궁빈은 서쪽 가장자리의 약간 뒤에 자리하였고, 의숙공주·해양대군(예종)이 또 약간 뒤에 떨어져 자리하고는, 모든 여족이 잔치에 배종하여 모시었다.
>
> 동궁(의경세자)은 외청에 있었는데, 이효례·이효지·홍원용·윤사분·성봉조·이연손·윤사윤·이염의·한계미·윤사흔 등 모든 남족이 잔치에 배종하여 모시었다.

이것은 세조 1년(1455년) 11월 11일에 세조의 가족들이 정희왕후의 어머니 이씨의 생일에 헌수하는 장면이다. 이 자리에 의숙공주는 참석했지만, 다른 딸은 보이지 않는다. 그녀가 만약 공주에 책봉되었다면 분명히 여기에 참석했을 것이다. 심지어 여섯 살밖에 되지 않은 해양대군도 참석했는데, 그녀가 이 자리에 없었다는 것은 당시 그녀는 참석할 수 없는 처지였거나 존재하지 않았다는 뜻이다. 즉, 그녀는 죽었거나《금계필담》의 기록대로 집을 나가 은신했다는 말이다.

그런데 만약 그녀가 죽었다면 세조의 행장에 "어린 나이에 죽었다"는 기록이 있어야 한다. 하지만 그런 기록이 남아 있지 않은 것은 적어도 그녀가 죽지는 않았다는 의미다. 그렇다면 참석할 수 없는 처지, 즉《금계필담》의 기록대로 유모와 함께 도망하여 은신했다고 볼 수도 있을 것이다.

소녀, 집을 나가다

〈세조실록〉에 그녀의 책봉과 관련된 언급이 전혀 없는 것을 보면 그녀는 세조가 왕위에 오르기 전에 보은군으로 은신했다고 보아야 한다. 이렇게 볼 때, 세조의 딸이 집을 나간 시기는 세조가 단종을 상왕으로 밀어내고 왕위를 차지한 1455년 윤유월 11일 직전임을 알 수 있다.

그렇다면 이때 세조의 사라진 딸은 몇 살이나 되었을까? 세조의 딸이 두 명이라면, 한 명은 이때 세조와 갈등을 일으켜 보은군으로 은신한 딸이고, 다른 한 명은 의숙공주다. 의숙공주는 1441년에 태어났으므로 1455년 당시 열다섯 살이다. 의숙공주의 이름은 세선인데, 1455년 당시 이미 정인지의 아들 정현조와 결혼한 상태였다. 그리고 아버지가 왕위에 오르자 한 달 뒤인 7월에 공주로 책봉되었다. 그리고 동생이라면 열네 살 아래여야 한다. 열네 살이라면 아버지와 갈등을 일으키기엔 너무 어린 나이다. 따라서 그녀는 의숙공주의 언니라고 보는 것이 맞을 것이다.

그녀가 의숙공주의 언니라면, 당시 그녀는 몇 살이었을까? 할머니 소헌왕후가 죽었을 때 그녀는 어리다고 표현되어 있으므로 의경세자가 오빠임을 알 수 있다. 의경세자는 1438년생이다. 그녀의 동생 의숙공주는 1441년생이다. 따라서 그녀는 1439년 또는 1440년에 태어났을 것이다. 말하자면 그녀는 1455년에 기껏해야 열여섯 살 또는 열일곱 살이었다는 뜻이다.

열일곱 살이라면 당시로선 이미 결혼했을 나이다. 의숙공주가 열다섯 살에 결혼한 것만 봐도 알 수 있다. 결혼한 딸이 아버지와 갈등을 일으켰다는 것은 친정에 와서 살고 있었다는 의미다.

그러면 결혼한 딸이 친정아버지와 갈등을 일으켰을 가능성은 있을까? 당시 풍습으론 결혼한 딸이 몇 년 동안 친정에서 사는 일은 흔한 일이었다. 따라서 이는 성립될 수 있는 일이다. 그런데 이미 시집간 딸이 집을 나가 은신했다는 것은 어떻게 설명할 것인가? 만약에 이 사실이 맞는다면 그녀는 시집을 간 뒤에 일찍 남편을 잃었을 가능성이 크다. 이 역시 당시로선 흔한 일이었다. 즉, 세조의 큰딸은 시집을 간 뒤에 남편을 잃고 친정에서 지내던 중에 아버지가 사촌오빠 단종을 내쫓고 왕위를 찬탈하자, 이에 분개하여 아버지를 비판했고, 세조는 그 딸을 죽이려 했다는 것이다. 또 그런 상황에서 정희왕후가 딸을 빼돌려 은신시키고 세조에게는 죽었다고 거짓말을 했다는 얘기다.

그러면 보은군에서 그녀는 어떻게 살았을까? 이에 대해《금계
필담》에 따르면 그들은 보은군에 이르러 지쳐서 산속 길가에 널
브러져 있다가 한 남자의 도움을 받는다. 그리고 그 남자와 결
혼하여 살게 된다. 그런데 알고 보니 그 남자는 산속으로 숨어
든 김종서의 손자였다. 김종서가 누구인가? 계유정난 때 세조에
게 죽은 인물이 아닌가? 세조는 김종서를 죽인 이후 그의 자식들
도 모두 죽였다. 그 자손 중에 열여섯 살 이상의 남자는 모두 죽
였다. 여자와 열다섯 살 이하 남자아이는 살려줬다. 그것도 그냥
살려둔 것이 아니라 모두 노비로 만들어버렸다. 김종서의 손자는
그런 상황에서 구사일생으로 도주하여 산속에 숨어 사는 처지였
다. 그런데 기묘하게도 세조의 딸과 만나 부부가 되었으니, 그야
말로 로미오와 줄리엣이 따로 없었다. 그들은 서로를 원망하지
않고 부부로 산다. 그런 내용을《금계필담》은 다음과 같이 전하
고 있다.

> 그렇게 1년 정도 사는 동안 사내는 공주와 사랑하게 되어 혼인까
> 지 했다. 그제야 비로소 사내는 공주가 피난하게 된 이유를 물었
> 다. 하지만 공주는 울면서 대답하지 못했다. 이에 유모가 대신 그
> 자초지종을 들려주었다.
> 얘기를 모두 듣자, 사내도 슬피 울면서 이렇게 말하는 것이었다.
> "나는 절재 김종서의 손자입니다. 우리 할아버지께서 아버지와 함

께 화를 당하던 날, 온 집안사람이 모두 죽임을 당했고, 나만 혼자 그 화를 피해 여기까지 도망해온 것입니다. 그런데 공주는 어렸을 때인데, 어찌 그런 의로운 마음을 가질 수 있었소?"

이후 두 사람은 서로 존중하고 사랑하면서 그 정이 더 깊어졌다.

세조와 그들 부부의 만남

이렇듯 원수 자손 간의 러브스토리는 완성되었다. 하지만 이것이 끝은 아니었다. 세조와 그들 부부의 극적인 만남이 남아 있었다. 세조는 말년에 피부병에 시달렸고, 이를 고치기 위해 전국 사찰을 돌며 불공을 드렸다. 그런데 그 과정에서 속리산 법주사를 가게 되는데, 그곳에서 사라졌던 자신의 딸과 만나게 된다.《금계필담》은 그 장면을 이렇게 묘사하고 있다.

세조는 말년에 방방곡곡 사찰을 두루 돌아다니며 부처에게 지난 날 자신의 행동을 참회하는 기원을 올렸다. 그러다 속리산으로 가던 중 마침 공주가 사는 고을을 지나가게 되었다.

그때 한 어린아이가 길가에 있었는데, 세조가 아이의 용모를 보니 자신과 꼭 닮은 것이었다. 이상하게 여긴 세조가 수레를 세우고 그 아이를 오라고 불렀다. 그런데 순간, 여인의 울음소리가 들리기 시작했다. 궁금해진 세조가 옆에 있는 신하들에게 물었다.

"이 여인의 울음소리는 무엇인가?"

그러자 어린아이가 말했다.

"이건 우리 어머니가 우는 소리입니다."

세조는 곧 주위 신하들을 물린 뒤, 아이와 함께 걸어가서 그 집 사립문에 다다랐다. 그러자 어느 여인이 땅에 엎드리더니 통곡하기 시작했다.

놀란 세조가 물었다.

"너는 누구냐?"

공주는 눈물을 닦으며 답했다.

"아버님! 저입니다. 이 못난 딸은 지난날 아버님께 책망을 듣다 어머님의 분부로 유모와 함께 나와 멀리 몸을 피해 다녔습니다. 그러다 여기에 도착해 죽지 못하고 이렇게 목숨을 이어가고 있습니다."

그러자 세조는 공주의 손을 부여잡고 눈물을 흘리며 말했다.

"나는 네가 일찍 요절한 줄만 알았다. 지금까지 이렇게 이 세상에 살아 있는 줄은 까맣게 몰랐다. 근데 네 남편은 어디에 있느냐?"

이에 공주가 답했다.

"그는 죽은 영의정 김종서의 손자입니다. 그 역시 화를 피해 여기까지 내려왔다가 우연히 길가에서 만나 부부의 연을 맺게 되었습니다. 하지만 아버님의 행차가 이곳을 지나간다는 소식을 듣고 이미 피해서 지금 집에 없습니다."

그 얘기에 세조는 탄식하며 말했다.

"김종서한테 무슨 죄가 있겠느냐? 내일은 꼭 돌아오라고 해라. 가

마와 말을 보낼 테니, 나와 함께 한성의 대궐로 돌아가자꾸나. 아울러 네 남편에게도 벼슬을 내리겠다."

이렇듯 부녀는 극적인 상봉을 했고, 그동안 숨어 살던 부부는 드디어 세상으로 나갈 수 있게 되었으니, 당연히 그들 부부는 신분을 회복하고 공주와 부마로서 행복하게 잘 살았다. 뭐, 이렇게 끝나는 것이 일반적인 설화의 끝맺음이지만, 이 이야기는 결말이 좀 달랐다. 이튿날 세조가 승지를 보내 공주의 가족을 데려오게 했지만, 그때 이미 공주는 남편과 자식을 데리고 어디론가 사라진 뒤였다. 부마와 공주의 신분을 택하기보다는 가족끼리 단란하게 사는 편을 택한 것이다. 이후, 세조는 사람을 풀어 백방으로 그들을 찾았지만 찾을 수가 없었다.

서유영은 이 이야기를 박승휘라는 인물에게 전해 들었다고 한다. 그리고 이 내용을 자세히 정리하여 조정에 올리기까지 했다. 하지만 고종 대의 승지 한 사람이 이런 말을 했다고 한다.

"그 이야기는 신빙성이 있을 만한 근거가 빈약하오."

이렇게 해서 결국, 서유영의 이야기는 왕실에 전달되지 못했고, 단지 《금계필담》에만 실려서 오늘날까지 전하고 있다.

9
장

왕자들의 사랑 — **세종의 아들들**

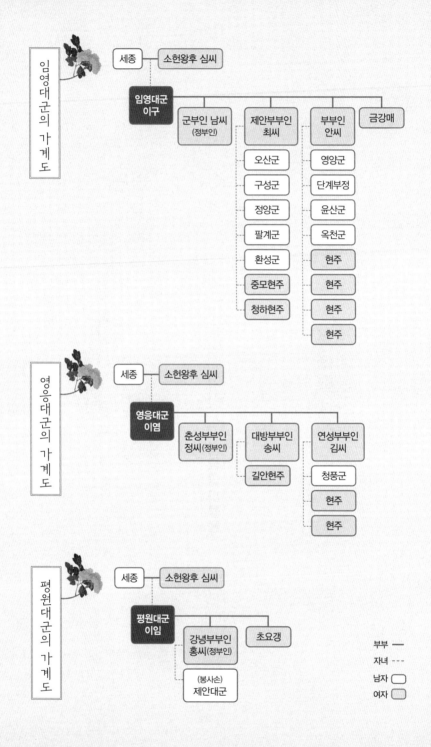

임영대군의 가계도

세종 ── 소헌왕후 심씨

임영대군 이구

- 군부인 남씨 (정부인)
- 제안부인 최씨
  - 오산군
  - 구성군
  - 정양군
  - 팔계군
  - 환성군
  - 중모현주
  - 청하현주
- 부부인 안씨
  - 영양군
  - 단계부정
  - 윤산군
  - 옥천군
  - 현주
  - 현주
  - 현주
  - 현주
- 금강매

영응대군의 가계도

세종 ── 소헌왕후 심씨

영응대군 이염

- 춘성부부인 정씨(정부인)
- 대방부부인 송씨
  - 길안현주
- 연성부부인 김씨
  - 청풍군
  - 현주
  - 현주

평원대군의 가계도

세종 ── 소헌왕후 심씨

평원대군 이임

- 강녕부부인 홍씨(정부인)
  - (봉사손) 제안대군
- 초요갱

부부 ──
자녀 ----
남자 ▭
여자 ▭

소문 난 바람둥이 임영대군 이구

"가지 많은 나무에 바람 잘 날 없다"는 말이 있듯이 자식이 많
다 보면 꼭 속 썩이는 자식이 있기 마련이다. 조선의 성군 세종에
게도 그런 자식들이 있었는데, 그중에서도 임영대군이 제일 사고
뭉치였다. 임영대군이 움직였다 하면 항상 성 추문이 뒤따랐다. 여
자 문제로 늘 왕실에 부끄러움을 안기는 자식이었다.

임영대군은 세종과 소헌왕후의 넷째 아들로 1420년에 태어났
다. 이구가 태어났을 때는 국상 중이었다. 1419년에 정종이, 1420
년엔 원경왕후가 죽었다. 소헌왕후가 이구를 잉태한 것은 정종의
국상 때였다. 원래 국상 중엔 부부가 합방하지 않는 것이 관례였
다. 민가에서는 부모상 중에 잉태하여 태어난 아이를 길에서 주워

온 아이라는 뜻으로 '길동이'라고 불렀다. 길동이는 남에게 부끄러운 자식이었다.

길동이 이구가 태어나고 2년 뒤에 태종이 죽었다. 이렇게 연속하여 세 번이나 국상을 치른 탓에 소헌왕후나 세종이나 이구를 제대로 돌볼 겨를이 없었다. 그 때문인지 이구는 세종과 소헌왕후의 여덟 아들 중에 유일한 망나니였다. 그렇다고 풍류를 모르는 인물은 아니었다. 음악에 남다른 재능이 있어 악기를 잘 다뤘고, 춤도 잘 췄다. 또 노랫가락도 구성졌다. 무술 실력도 뛰어나고 말도 잘 탔으며 체구도 건장했다. 거기다 인물도 잘생겼고 왕자 신분이니 주변에는 늘 여인들이 들끓었다. 그런데 이구가 염문을 뿌리고 다니며 간통을 일삼은 데에는 나름의 아픈 사연이 있었다.

이구는 열네 살 되던 1433년 5월에 결혼했다. 신부는 남지의 딸이었다. 남지는 남재의 손자이자, 남경문의 아들이었다. 남재는 고려 말의 문신이었고, 조선의 개국 공신이었다. 그리고 이방원이 왕자의 난을 일으켰을 때 정도전 무리로 몰려 죽은 남은의 형이기도 했다. 하지만 남재는 남은과 달리 태종 편을 들어 살아남았고, 덕분에 그의 집안은 조선의 명문가가 되었다. 그 명문가의 여식인 남씨는 이구와 결혼 당시 열두 살이었다. 그런데 다른 아이들에 비해 성장 속도가 좀 느렸던 모양이다. 겁도 많고 어리숙한 구석도 있었다. 그 바람에 그녀는 결혼 한 달만인 6월 14일에 세종에게 쫓겨나는 신세가 된다. 이날 세종은 삼정승을 모두 불러놓고 이런 말을 하였다.

"임영대군의 아내 남씨는 나이가 열두 살이 넘었는데 아직 오줌을 싸고 눈빛이 바르지 못한 데다 혀가 심히 짧고 행동이 놀라고 미친 듯한 모습이기에 내쳐야겠다."

남씨는 그날로 친정으로 쫓겨났다. 이후 그녀가 어떤 삶을 살았을지 불을 보듯 뻔하다. 왕가에 시집갔다 쫓겨났으니 다른 곳에 재가할 수도 없었을 것이고, 홀로 외로운 일생을 보냈을 것이다.

그렇게 아내가 쫓겨나고 6개월이 지난 그해 12월에 이구는 다시 혼인한다. 이번에 선택된 신부는 무려 4개월 동안 한양을 들썩이게 하며 간택한 여인이었다. 남씨를 내쫓은 세종은 아예 자신이 직접 며느리를 뽑겠다며 나섰고, 그렇게 해서 후보로 추린 여인은 명문가 여식 11명이었는데, 그들 중에 최종 낙점된 여인이었다.

그녀는 최승녕의 딸이었다. 최승녕은 최사강의 아들이었는데, 그녀가 결혼할 당시 요절한 상태였다. 하지만 다행히도 그때 그녀의 할아버지 최사강은 종1품 의정부 우찬성 벼슬에 있었다. 덕분에 그녀는 할아버지 그늘에서 유복하게 자랄 수 있었다.

사실, 최사강 집안은 이미 왕실과 인연이 있었다. 최사강의 딸, 즉 새 신부 최씨의 고모가 세종의 이복동생인 함녕군의 부인이었다. 따라서 최사강은 왕실과 겹사돈을 맺은 셈이다. 훗날 최상강의 막내딸이 또 세종의 여섯째 아들인 금성대군과 결혼하게 되는데 이로써 최사강과 세종은 삼중 인척 관계를 형성하게 된다.

어쨌든 임영대군은 열네 살에 두 번이나 장가를 가게 되는데, 사춘기가 본격화되던 이때부터 그의 애정행각이 시작되었다. 처음엔 기생집을 드나들던 그는 스무 살 무렵에는 본격적으로 축첩하기 시작했다. 이 일로 아버지 세종에게 꾸지람을 듣기도 하였지만, 계속 염문을 뿌리고 다녔다. 세종도 하는 수 없이 그가 들인 기생들을 첩으로 인정했다. 그러나 집안에 첩을 두고도 그의 애정행각은 더욱더 대범해졌다. 심지어 궁궐을 드나들며 시녀들을 건드리기 시작한 것이다.

이구가 취한 여인들은 다양했다. 기생은 물론이고, 주변의 반반한 여종들을 그냥 스쳐가는 법이 없었다. 그것도 궁중 시녀들만 골라서 간통했다. 그 이름들을 열거하자면 금강매, 금질지, 막비 등등. 이들 외에도 이름이 기록되지 않은 여러 여인과 간통 사건을 일으켜 세종의 머리를 싸매게 했다. 세종은 이구의 버릇을 고쳐보려고 이미 들인 기생은 첩으로 인정해 주는 등 당근책을 써보기도 하고, 직첩을 빼앗고 궁궐에 연금하여 근신하게도 해보았지만, 제 버릇 개 못 준다는 말을 실천이나 하듯이 기회만 생기면 사건을 일으켰다.

그렇다고 부인 최씨와 사이가 나빴던 것은 아니었다. 그녀는 5남 2녀의 자녀를 낳으며 부부 금실을 과시했다. 하지만 최씨는 오래 살지 못했다. 이구는 또다시 세 번째 혼인을 했다. 이번에 맞은 아내는 안동 안씨였는데, 그녀에게서 4남 5녀를 얻어, 모두 적자녀만 9남 7녀를 두었다.

쫓겨난 아내를 잊지 못한 영웅대군 이염

　세종은 네 명의 며느리를 내쫓았는데, 문종의 두 아내, 임영대군의 아내, 그리고 마지막이 영웅대군의 아내 송씨였다.

　영웅대군 이염은 세종과 소헌왕후의 막내아들이다. 이염은 1434년 5월에 태어났는데, 이때 소헌왕후의 나이는 마흔이었다. 당시 마흔이면 손자를 보고도 남을 나이였다. 지금도 마흔에 아이를 낳는 것은 쉬운 일이 아닐진대 당시에는 그야말로 늦둥이를 본 셈이었다. 세종과 소헌왕후는 이 늦둥이 아들 염을 특히 총애했다. 세종이 가장 좋아하는 아들이었다. 그런 만큼 간섭도 심했는데, 어쩌면 영웅대군의 아내 송씨를 내친 것도 지나친 간섭에서 벌어진 일인지도 모른다.

　영웅대군이 결혼한 것은 1445년이었다. 불과 열한 살로 요즘으로 치면 초등학교 4학년 나이다. 이때 세종 부부는 늦게 얻은 귀한 아들을 위해 전국에 간택령을 내리고 세 차례에 걸친 테스트를 거친 후에 신붓감을 뽑았다. 그가 바로 송씨였다.

　송씨는 본관이 여산으로 송복원의 딸이었다. 당시 그녀와 결혼한 사실을 실록은 이렇게 기록하고 있다.

　　세종 27년 4월 21일에 영흥대군(당시 영웅대군의 봉호) 이염이 행 통례문 판관 송복원의 딸에게 장가들었다. 임금이 대군을 사랑하여 모든 보내는 물품을 여러 아들과 달리한 것은 다 기록할 수 없다.

이 기록에서 알 수 있듯이 세종은 영응대군을 특별히 총애했다. 기록을 다 할 수 없을 정도로 많은 선물을 안겼다는 사실만 봐도 이를 알 수 있다. 원래 자식에게 해준 것이 많은 부모일수록 간섭이 심한 법이다. 이렇듯 아들의 결혼을 기뻐하던 세종은 4년 뒤에 느닷없이 며느리를 쫓아냈다. 송씨는 세종이 직접 고른 며느리였다. 송씨를 쫓아낸 이유는 단지 병 때문이라고 기록되어 있지만, 구체적인 내용은 알 수 없다.

당시엔 세종이 몹시 건강이 좋지 않을 때였다. 이듬해 세종이 생을 마감한 것만 봐도 당시 세종의 몸 상태를 짐작할 수 있다. 그런 와중에도 세종은 쫓아낸 송씨 대신 새로 들일 며느릿감을 물색했다. 이와 관련한 기사가 세종 31년(1449년) 3월 18일 기사에 보인다. 그 내용을 옮겨보면 다음과 같다.

임금이 도승지 이사철에게 일렀다.

"지금 처녀를 고르되 어떻게 선택할까."

사철이 아뢨다.

"대대로 악질이 있는 자와 음란함이 있는 자와 불충·불효를 범한 자 및 세계世系가 한미한 자와 집안이 외롭고 쓸쓸한 자는 취하지 아니할 것입니다."

임금이 말했다.

"이 몇 가지 일을 논하지 말고 모두 다 골라서 아뢰면, 내가 친히 보겠다. 비록 가난한 사람의 자손일지라도 버릴 수 없다."

이때 영웅대군의 부인 송씨가 병으로 인하여 내쫓기고, 다시 배우자를 고르기 때문에 말한 것이었다.

그렇듯 건강이 좋지 않은 상황에서도 세종은 직접 며느리를 뽑겠다고 나선 것이다. 그렇게 해서 간택한 며느리가 정충경의 딸이었다. 하지만 정씨는 오래 살지 못했고, 아이를 낳지도 못했다. 또한 영웅대군이 좋아하지도 않았다. 그렇게 고르고 골라 얻은 며느리였지만, 정작 남편이 그녀에게 별로 마음이 없었던 것이다.

그 후 세종이 죽자, 영웅대군은 되레 첫 부인인 송씨를 잊지 못해 그녀와 몰래 사통했다. 그리고 딸을 얻었다. 하지만 불행히도 송씨도 오래 살지 못했다. 딸 하나를 낳고 몇 년 살다가 생을 마감한 것이다.

이후 영웅대군은 다시 장가를 들었다. 그도 임영대군처럼 세 번째 결혼한 것인데, 이번에는 연안 김씨 영철의 딸이었다. 그리고 그녀에게서 아들을 하나 얻어 대를 이었다.

평원대군 이임이 사랑한 여인들의 불행

평원대군 이임은 세종과 소헌왕후의 일곱째 아들인데, 1427년에 태어나 열아홉 해를 살다가 1445년에 천연두에 걸려 요절했다. 짧은 생을 살았지만, 그에게도 몇 명의 여인이 있었다.

그가 만난 첫 여인은 아내 홍씨였다. 홍씨는 홍이용의 딸이었다. 홍이용은 이미 왕실과 인연을 맺고 있었다. 동생 홍원용이 윤번의 사위였다. 윤번은 세조의 왕비 정희왕후의 아버지이니, 홍원용은 정희왕후의 형부인 셈이다. 평원대군 이임이 홍씨와 결혼한 것은 1437년, 나이 이제 겨우 열한 살 때였다. 이후로 홍씨는 7년 동안 평원대군과 함께 살았지만 아이를 낳지는 못했다.

그런데 평원대군은 부인 외에 따로 좋아하는 여인이 둘 있었다. 이임이 처음으로 연정을 가진 여인은 초요갱이라는 기생이었다. 초요갱은 평원대군의 첩이 되었는데 평원대군이 일찍 죽는 바람에 젊은 나이에 혼자 지내는 신세가 되었다. 왕자의 첩이 된 관계로 다른 남자를 사귈 수도 없고, 다시 기생으로 돌아갈 수도 없었다. 쓸쓸하게 지내던 그녀는 평원대군이 가고 10년이 지났을 때, 실록에 등장한다. 그것도 간통 사건에 이름이 오른다. 그런데 간통한 남자가 화의군 이영이었다. 이영은 평원대군의 이복형이다. 그는 임영대군과 함께 간통 문제로 세종을 애먹이던 인물이었다.

결국, 이 사건으로 화의군 이영은 유배 가게 됐고, 초요갱은 장80대를 맞았다. 스무 살도 안 된 나이에 왕자의 첩으로 들어갔다가 그가 죽는 바람에 졸지에 오갈 데 없는 신세가 된 그녀는 다시 화류계로 돌아갔는데, 하필 눈 맞은 사내가 죽은 남편의 이복형이었으니 그녀의 팔자도 참 기구하다 하겠다.

평원대군과 연을 맺어 기구한 삶을 산 여인이 한 명 더 있었다. 평원대군이 대궐에 있을 때부터 좋아하던 여인이 하나 있었는데,

백이라는 여인이었다. 그녀의 신분은 의녀였다. 몸이 약했던 평원대군은 그녀의 보살핌을 받다가 사랑하게 되었는데, 그렇다고 첩으로 삼지는 않았다. 어쨌든 그들은 서로 좋아하며 지냈는데, 갑자기 평원대군이 천연두로 죽게 되자, 백이는 양반가의 첩으로 들어가 살았다.

원래 의녀는 양반들이 첩으로 들이길 좋아했다. 백이 또한 인물이 출중한 의녀여서 탐내는 양반들이 많았는데, 그녀를 들인 사람은 이사평이었다. 이사평은 대마도 정벌로 유명한 이종무의 아들이다. 이종무는 왕실의 인척이었고 이사평은 왕실과 사돈지간이었다. 그런데 세종은 이사평이 의녀 백이를 첩으로 들였다는 말을 듣고 대로하며 당장 그를 관직에서 내쫓아버렸다. 자신의 죽은 아들이 좋아하던 의녀를 첩으로 들였다는 것이 이유였다.

때는 세종 30년(1448년) 8월 24일이었으며, 평원대군이 죽은 지 3년이 지난 때였다. 백이는 평원의 첩도 아니었는데, 단지 자기 아들이 좋아하던 여인이었을 뿐인데, 세종은 그 여인의 앞길을 막아버렸다. 지나친 아들 사랑이 아닐 수 없었다.

이후, 백이는 이사평의 집에서 쫓겨나고, 다시 의녀로 살았지만, 결코 평탄하게 살지 못했다. 세조 11년(1465년) 6월 24일의 다음 기록에 그녀에 대한 이야기가 나온다.

승정원에 전교하였다.

"듣건대, 진무 정옥경은 일찍이 형조 낭관이 되었다가 의녀 백이와 간통하였으며, 도적에게 은병과 옥관자를 받은 것 때문에 면직되었다 한다."

즉시 정옥경을 불러 묻게 하였다. 정옥경이 대답하였다.

"신이 정랑이 되었을 때는 다만 상복사의 추국만을 관장하였으니, 도적은 신의 소임이 아니었고, 신의 첩은 의녀 고지이며 백이가 아닙니다."

또 백이에게 물으니, 대답하였다.

"지나간 해에 형조정랑 이형원과 간통하였는데, 한 도적에게 면포 2필을 받았고, 한 도적에게서는 동로銅爐 1개를 받았으며, 정옥경은 아닙니다."

임금이 정옥경이 무함誣陷을 당하였다 하여 술을 먹여 보내게 하고 드디어 백이를 가두었는데, 이때 이형원은 고부 군사가 되었으므로 형조에 명하여 이형원을 체포하여 국문하게 하였다.

이후 이형원을 잡다 국문했는데, 이형원은 백이와 간통한 것은 사실이나 도적에 관한 일은 자신은 모르는 일이라고 딱 잡아뗐고, 결국 풀려났다. 하지만 백이는 감옥에 갇혀 죄수로 살아야 했다.

그녀가 이사평의 첩으로 지냈다면 이런 기구한 팔자는 되지 않았을 터인데, 평원대군이 그녀를 좋아했다는 이유 하나로 이사평의 집에서 쫓겨나면서 이런 불행이 닥친 것이다. 잠시 왕자에게 마음을 준 것이 이렇듯 그녀의 인생을 꼬이게 만들 줄 누가 알았으랴.

조선 왕실 로맨스

10
장

열두 살에 아비가 된 소년 — **예종 이황**

부부 ──
자녀 ---
남자 ☐
여자 ☐

예종의 가계도

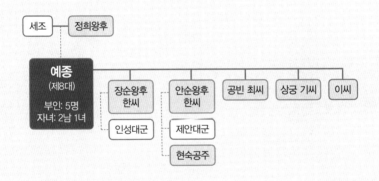

세조 ── 정희왕후

예종
(제8대)
부인: 5명
자녀: 2남 1녀

장순왕후
한씨

인성대군

안순왕후
한씨

제안대군

현숙공주

공빈 최씨

상궁 기씨

이씨

열두 살짜리 아비

조선 왕 중에서 가장 어린 나이에 자식을 본 왕은 예종 이황이다. 예종은 열두 살도 채 되지 않아서 한 아이의 아비가 되었다. 운우지락이 뭔지 알지도 못할 나이에 자식을 뒀으니, 정말 지나치게 조숙했던 모양이다.

이황은 세조와 정희왕후의 둘째 아들인데, 형 의경세자가 스무 살에 요절하면서 운 좋게도 왕세자에 책봉되어 왕위를 이었다. 원래 세자가 죽으면, 왕위계승권은 세손에게 가는 것이 왕가의 법도였다. 의경세자가 죽은 1457년 당시 그의 장자 월산대군은 세 살이었다. 그때 월산대군은 이미 원손의 위치에 있었고, 세손으로 책봉되는 것도 무리가 아니었다. 그런데도 세조는 왕가의 법도는 제처두고 둘째 아들 황(예종)을 세자로 책봉했다. 그러니 운이 좋다고 표현한 것이다.

이황이 세자에 임명된 것은 1457년 9월이었는데, 이때 그의 나이는 월산대군보다 다섯 살 많은 여덟 살이었다. 세자에 오른 그는 열한 살 때인 1460년 7월 26일에 결혼했다. 세자빈은 세조의 반정공신이자 책사였던 한명회의 딸(장순왕후)이었다.

장순왕후는 결혼 당시 열여섯 살이었으니, 예종보다 다섯 살이나 많았다. 조선 왕가의 결혼을 통틀어 이렇게 여자 나이가 많은 경우는 없었다. 여자가 연상인 경우는 흔했지만, 대개 한두 살 정도였다. 그런데 무려 다섯 살이나 많은 여인이 왕자, 그것도 세자의 첫 결혼 상대인 경우는 없었다. 그런데도 한씨가 세자빈에 간택된 것은 세손을 절실히 바라던 세조와 정희왕후의 뜻에 의한 것이었다. 세조는 손이 귀했다. 그가 취한 여인은 적지 않았지만, 아들이라고는 정희왕후가 낳은 의경세자, 예종 그리고 근비 이씨가 낳은 덕원군과 창원군이 전부였다. 더구나 당시 장자 의경세자는 죽고 없었다. 그러니 남아있는 적자라곤 세자 황뿐이었다. 그 때문에 빨리 손자를 보고 싶어 한 것은 당연했고, 그런 이유로 세자빈을 세자보다 다섯 살이나 많은 여자로 택했는지도 모른다. 그런데 하필 그 여인이 권신 한명회의 여식이었다. 이는 한명회의 입김이 크게 작용했음이리라.

세조의 바람대로 한씨는 결혼한 이듬해인 1461년 음력 11월 30일, 적통인 인성대군을 낳았다. 그런데 이 대목이 사실이라면 매우 놀라운 일이 아닐 수 없다. 1461년 11월에 그녀가 아이를 낳았다면 인성대군 잉태 시점은 그해 2월쯤이었을 것이다. 이때 예종은 불과 열두 살이었다. 예종이 1450년 1월 14일생이니, 이때 예종의 나이는 열한 살 1개월에 불과했다. 그런데 임신을 시켰다니, 가히 믿기지 않는 일이다. 지금으로 치면 초등학교 5학년 나이인데, 발육이 좋은 요즘 아이들도 이 나이에 정자를 생산하는 경우는 많지 않다. 그런데 조선시대에 열두 살 아이가 정자를 생산하고 아이까지 잉태시켰다는 것은 정말 믿기 힘든 일이다.

또 하나 의문이 드는 것이 있다. 조선시대 왕가에서는 대개 조혼을 시켰는데, 조혼을 하면 합혼례라고 하는 절차를 하나 더 거쳐야 비로소 부부가 되었다. 합혼례는 부부가 드디어 합방하여 성관계를 갖는 행사인데, 대개 남자 나이 열다섯이 되어야 이뤄진다. 그런데 예종은 합혼례도 없이 합방했다는 얘기가 된다. 어쩌면 장순왕후가 결혼 당시 이미 열다섯 살이 넘었으므로 합혼례 과정을 거치지 않고 합방시킬 수도 있었을 듯하다.

어쨌든 열두 살, 그것도 만 나이로 열한 살 1개월에 임신을 시켰다는 것은 예종이 매우 조숙했거나 아니면 장순왕후가 다른 남자의 아이를 낳았거나 둘 중 하나일 것이다. 물론 당시에 세자빈이 다른 남자의 아이를 잉태했을 가능성이 거의 없다는 점을 고려한다면 예종이 신체적으로 매우 조숙했다는 점을 인정할 수밖에 없다.

10. 열두 살에 아비가 된 소년_예종 이황

아내 복도 자식복도 없던 그

그런데 예종은 여복이 없었던 모양이다. 장순왕후는 인성대군을 낳고 5일 만에 산욕을 이기지 못하고 죽고 말았다. 장순왕후의 죽음은 곧 예종뿐 아니라 한명회의 불행이기도 했다. 딸을 앞세워 왕의 장인인 국구가 되어 조정을 완전히 자기 손아귀에 넣고자 했던 계획이 물거품이 된 것이다.

그런데 예종은 아내 복만 없었던 것이 아니라 자식복도 없었던 모양이다. 그렇게 어렵게 얻은 인성대군이 세 해를 살다 죽었기 때문이다.

한편, 아내를 잃은 세자 이황은 더는 세자빈을 들이지 않고 살았다. 그렇다고 장가를 가지 않았다는 것은 아니다. 세자빈 한씨를 떠나보낸 지 6개월 후인 1462년 6월 11일에 또 다른 아내를 맞이했는데, 세자빈이 아니라 세자의 후궁인 소훈(세자궁에 딸린 종5품 후궁)으로 맞이했다. 대개 세자빈이 죽거나 폐출되면 다시 세자빈을 들이는 것은 왕실의 상례였는데, 새로운 세자빈을 뽑지 않고 후궁을 들인 것은 아마도 세자빈의 삼년상이 지나지 않았기 때문일 것이다.

세자 황의 후궁으로 뽑힌 여인은 군기 판관 최도일의 딸이었다. 그런데 세자 황이 이번에는 최씨를 임신시키지 못했다. 그의 조숙함이 제대로 발휘되지 못했거나 소훈 최씨가 아직 어렸기 때문일 것이다. 당시 황의 나이는 열세 살, 아마도 최씨는 두 살쯤 많은 열다섯 살 정도 되지 않았을까 싶다. 어쨌든 황은 그녀에게서 자식을 보지 못했다.

예종에게 두 번째로 자식을 안겨준 여자는 최씨가 아니라 한백련의 딸이었는데, 그녀가 훗날 예종의 왕비가 되는 안순왕후 한씨다.

한백련의 딸이 세자 황의 후궁이 된 것은 세조 9년(1463년) 윤7월 6일이었다. 당시 한백련은 사옹원 별좌였다. 별좌란 벼슬은 종5품의 무록관이다. 무록관이란 녹봉 없이 벼슬만 있는 관직을 말한다. 그는 1444년 열여덟 살에 일찍 문과에 급제하여 관직에 나왔지만 급제 후 20년이나 지난 뒤까지 무록관에 머물렀던 것을 보면 촉망받거나 유력한 인물은 아니었던 모양이다. 즉, 별 볼 일 없는 인물이었다는 뜻이다. 하지만 한명회와는 10촌 간으로 청주 한씨 가문이었다. 따라서 그의 딸이 소훈이 된 것도 한명회의 입김이 작용한 것으로 보인다.

소훈 한씨는 임신을 잘하는 여인이었던 것 같다. 그녀는 시집온 1463년에 첫아이를 잉태한 후로 1469년 예종이 죽을 때까지 모두 2남 2녀를 낳았다. 그러니까 1464년부터 1469년까지 5년 동안 거의 매년 아이를 낳았다는 뜻이다.

그녀의 첫아이는 훗날 임사홍의 아들 풍천위 임광재에게 시집가는 현숙공주였다. 한씨가 첫아이 현숙공주를 잉태한 것은 소훈이 된 직후였으니, 1463년이었다. 이때 세자 황은 열네 살이었다.

현숙공주 다음으로 마침내 1466년 2월에 아들을 낳았는데, 그가 곧 제안대군 현이었다. 현 다음에도 딸 하나를 더 낳았으나 일

찍 죽었고, 1468년에도 혜순공주를 낳았으나 역시 두 살 때 죽고
말았다.

예종은 어린 나이에 남편이 되어 아내를 잃었고, 십대에 자식을
셋이나 잃었으니, 아내 복도 자식복도 많다고 할 수 없는 인물이
었다. 설상가상으로 장수는커녕 형과 마찬가지로 스무 살이 되자
마자 뚜렷하지 않은 병으로 요절했다. 이런 이유로 세간에서는 세
조가 단종을 죽이고 현덕왕후의 무덤을 파헤치는 바람에 그 원한
이 쌓여 저주를 받아 자식들이 다 요절했다는 말이 돌았다.

11
장

한 여 자 와 두 번 결 혼 한 남 자 — 제안대군 이현

부부 —
자녀 ---
남자 ☐
여자 ☐

제안대군의 가계도

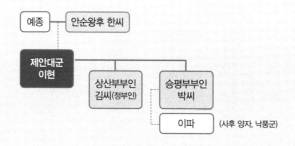

예종 ╌ 안순왕후 한씨

제안대군
이헌

상산부인
김씨(정부인)

승평부인
박씨

이파 (사후 양자, 낙풍군)

원자의 신분에서 종친의 양자가 되다

제안대군 이현은 원자의 신분이면서도 세자가 되지 못한 불운한 인물이다. 그는 사생활에서도 행복하지 않았는데, 스무 살도 되기 전에 두 번이나 이혼했고, 한 여자와 두 번 결혼하기도 했다. 도대체 어떤 이유로 이런 삶을 살게 되었을까.

제안대군은 1466년 2월 13일에 조선 제8대 임금 예종과 안순왕후 한씨 사이에서 태어났다. 예종이 왕위에 오른 것은 1468년 9월 23일이었다. 이때 예종의 나이 열아홉이었다. 열아홉 살이면 충분히 친정이 가능한 나이였지만, 웬일인지 예종은 직접 왕권을 행사하지 못했다. 모후 정희왕후가 수렴청정했기 때문이다. 명분상으로 예종이 아직 스무 살이 되지 않아서라고 했지만, 그 이면에는 정희왕후와 한명회의 정치적 결탁이 있었다. 당시는 정승들이 승정원을 지배하는 원상 정치를 실시하고 있었는데, 그 중심에 한명회가 있었다. 그 상황에서 어린 예종이 왕권을 행사할 경우 한명회에게 휘둘릴 가능성이 높았다. 정희왕후는 이를 염려하여 예종이 스무 살이 될 때까지 섭정했다.

예종은 왕위에 오른 이듬해인 1469년에 친정을 시작했다. 하지만 친정을 시작한 지 10개월 만인 그해 10월에 갑작스럽게 죽고 말았다. 사인은 피부병에 의한 패혈증으로 추정되지만 정확한 병명은 알 수 없었다.

예종이 죽자, 왕위는 계승 1순위였던 원자 이현을 제치고 세조의 장남인 의경세자의 둘째 아들 자을산군 이혈(성종)에게 돌아갔다. 당시 세손 현의 나이가 불과 네 살밖에 되지 않았기 때문이다.

이후 그는 원자의 위치를 잃고 제안대군에 책봉되어 궁궐에서 살았다. 그리고 5년 뒤인 1474년에 세종의 일곱 번째 아들 평원대군의 후사로 결정되어 봉사손(조상의 제사를 맡아 받드는 자손)이 되었다.

제안대군은 예종의 유일한 아들인데, 그를 다른 종친의 봉사손으로 삼는 것은 매우 특이한 일이었다. 당시에도 이에 대한 논란이 있었던 모양이다. 하지만 조정에서는 크게 문제 삼지 않았다. 그에 대한 기록이 성종 5년(1474년) 10월 18일 기사에 다음과 같이 남아 있다.

예조에서 아뢰었다.

"이제 전교를 받으니 '제안대군 이현을 평원대군의 후사로 삼고
자 하는데, 옛날의 사례를 상고하여 아뢰라' 하셨습니다. 신 등이
《두씨통전杜氏通典》에 남의 후사를 삼는 의논을 자세히 살펴보니,
주나라에서는 '어떠하면 후사로 삼을 수 있는가? 같은 혈통이면
가하다' 하였고, '어떠하면 남의 후사가 될 수 있는가? 지자支子이
면 가하다' 하였고, 《경국대전》의 입후立後(후사를 들이는) 조항에도
'동종同宗의 지자를 후사로 삼는다' 하였습니다. 이제 전하께서 이
미 대통을 이으셨으니, 제안대군은 이미 지자가 되었으며, 평원대
군의 후사가 되는 것이 예의와 법도에 있어서도 진실로 해로울 것
이 없습니다."

이에 그대로 따랐다.

이렇게 해서 제안대군은 왕의 적자 신분에서 졸지에 평원대군
의 양손이 되고 말았다. 원래 평원대군이 죽고, 양자로 결정된 사
람은 임영대군 이구의 셋째 아들인 정양군 이순이었다. 그런데 이
순이 아들이 없었던 모양이다. 그래서 제안대군 현을 이순의 양자
로 입적시켜 평원대군의 봉사손으로 만든 것이다.

제안대군을 이순의 양자로 삼아 평원대군의 봉사손으로 만든 것
은 그의 입지를 약화하기 위한 것이었다. 이는 정희왕후가 제안대
군을 보호하기 위한 고육책이었던 것으로 보인다. 원래 왕이 되어
야 했을 제안대군이 그 위상을 그대로 유지하고 있으면 성종에겐

위협이 될 수밖에 없고, 그것은 결국 제안대군의 목숨을 위협하는 일이었다. 그래서 제안대군의 안전을 위해 그를 평원대군의 봉사손으로 만들어 더는 왕권을 위협할 수 없는 처지로 만든 것이다.

이현이 평원대군의 봉사손이 되었을 때, 그의 나이 아홉 살이었다. 따라서 나이 어린 탓에 이후로도 대궐에서 쭉 살 수 있었다.

열네 살의 이혼

이후 이현은 어린 나이에 결혼하였다. 그의 결혼 시기는 정확하게 기록되지 않았으나, 열두 살쯤으로 추측된다. 신부는 김수말의 딸이었다. 김수말은 당시 안산 군수였고, 문성군 유수의 사위였다. 유수는 무인 출신으로 세조의 최측근 중 하나였기에 문성군이라는 칭호를 받은 인물이었다.

하지만 이현과 김씨의 부부 생활은 오래가지 못했다. 부인 김씨가 갑자기 병을 얻어 쫓겨나는 사태가 벌어졌기 때문이다. 그와 관련한 내용이 성종 10년(1479년) 12월 20일의 실록 기사에 보인다.

정승 등에게 전교하였다.

"제안대군 부인이 지난해 6월에 처음으로 풍병을 얻어서 때로는 혹시 현기증이 나기도 하고, 두 다리가 연약해져서 반걸음 걸어가는 중에도 간혹 저절로 넘어지게 되었다. 그런 까닭으로 사제에 물러가서 병을 치료하게 했는데도 정신이 혼미하여 깨어나지 못하고 입에서 거품이 나올 때도 있었다. 그 집에서 말하기를, '조금 나았다'고 하므로, 대궐 안으로 도로 들어왔는데, 지난번에 대비를 따라 후원에 나가서 섬돌을 올라가다가 저절로 넘어진 것이 전일과 같았다. 약을 먹고 침질하고 뜸질하기를 남은 힘이 없도록 했는데도 지금까지 오히려 낫지 않았으니, 이것은 곧 다시는 나을 수 없는 병이다.

전일에 덕원군이 내 앞에 있다가 갑자기 중풍증을 만나게 되어서 곧 부축하여 나갔는데, 두 다리가 땅에 드리워져 끌렸지만, 침질을 하고 뜸질을 해서 곧 낫게 되었다. 대저 침질과 뜸질은 병을 치료하기가 쉬운데도 부인의 병은 유독 낫지 않으니, 다시 나을 수 없는 것이 명백하다. 또 왕대비께서는 보통 때도 병환이 많아서 음식을 능히 소화하지 못하여 혹은 위로 토하는 때가 있기도 하였다. 이런 까닭으로 손자가 있기를 바삐 기다리고 있는데, 다만 왕대비만 이와 같을 뿐 아니라 대비의 뜻도 이와 같으니, 이를 폐하는 것이 어떻겠는가?"

이에 정창손·심회·윤사흔·홍응·노사신·이극배 등이 아뢰었다.

"이를 폐하는 것이 적당하겠습니다."

성종은 곧 중신들의 의견을 반영하여 다음과 같이 지시했다.

"제안대군의 부인이 오래 묵은 병이 있어 걸음을 걷지 못하고, 또 정신이 흐리멍덩한 증상을 얻어서 죽었다가 다시 살아나기도 하니, 비록 침질과 뜸질과 약물의 치료가 있었으나 마침내 효험이 없게 되었다. 대비께서 연세가 이미 늙었고 또 병환이 있어 손자를 보고 싶어 했으나, 부인의 병이 또한 낫지 않음으로 마지못해서 그를 폐했으니, 이것은 대왕대비의 명령이다. 경 등은 이 사실을 알아야 한다."

그러면서 김씨 부인의 외조부 유수를 불러 이 사실을 통지하라고 했다. 그러자 유수가 성종을 찾아와 불편한 기색을 드러내며 말했다.

"부인이 전년 6월부터 신의 집에 나와 있으면서 동산을 구경하고는 더위를 먹고 병을 얻었는데, 신이 마음을 다하여 간호해 모셨으나, 중병이 될까 염려되어 침질과 뜸질까지 하여서 지금은 이미 나았습니다. 발을 조금 절뚝거리는 병이 있어서 걸음을 걷는데 어려움이 있는 것은 사실입니다마는, 정신이 흐리멍덩한 증상은 어릴 때부터 없었습니다. 매양 나인이 와서 물을 때마다 보모가 사실대로 알리지 않았으니, 신은 그윽이 마음이 상합니다."

유수가 그렇게 반발하자, 성종도 다소 당혹스러웠다. 그래서 이렇게 둘러댔다.

"이것은 내 뜻이 아니고 대왕대비의 명령이다. 경은 처음 초례를 거행할 때 오래 묵은 병이 있다는 이유로서 사유를 갖추어 아뢰었다면 좋았을 것인데, 말을 하지 않아서 이 지경에 이르게 되었으니, 이것은 경의 실수이다. 내가 장차 경의 뜻을 대왕대비전에 전하여 아뢰겠다."

유수는 결국 발걸음을 돌려야 했고, 이현은 열네 살 어린 나이에 부인 김씨와 이혼했다. 실록 기록을 통해 알 수 있듯이 이것은 이현의 뜻과는 상관없었다. 김씨가 중풍과 유사한 병에 걸려 제대로 걷지도 못하고 누워 있자, 할머니인 대왕대비 윤씨(정희왕후)와 어머니인 대비 한씨(안순왕후)가 모두 김씨를 폐해야 한다고 생각했고, 성종 역시 이에 동의했다. 대왕대비 윤씨와 대비 한씨가 그녀를 폐하려던 결정적인 이유는 그녀에게서 후사를 기대할 수 없었기 때문이다.

몰래 한 사랑

아내 김씨와 헤어진 이현은 그해에 박중선의 딸과 재혼했다. 하지만 이현은 은밀히 첫 아내 김씨를 만나고 있었다. 그리고 그 일은 결국, 1482년 5월에 발각되고 말았는데, 이와 관련하여 실록은 그해 5월 6일 기사에 이런 내용을 싣고 있다.

사간원 정언 정광세가 와서 아뢨다.

"사람들의 말에 '제안대군이 버린 아내 김씨와 몰래 통하고는 다른 곳에 옮겨 두었다'고 합니다. 청하건대 이를 국문하게 하소서."

이에 전교하였다.

"여자의 집을 추국하면 가히 알 것이기 때문이다. 또 대군의 일은 다만 대군이 유치하기 때문에 생긴 것이고, 부인은 병이 있기 때문에 부득이 갈라서게 한 것인데, 어찌하여 이와 같은 일이 있었으며 어느 곳에서 들었느냐?"

정광세가 대답했다.

"대군의 일은 처음에 본원의 회의에서 나왔습니다마는, 상세히 알지 못했습니다. 이제 헌부에서 들으니, 김씨의 종을 국문하였는데 그 대답이 신이 아뢴 것과 같았습니다."

이에 전교하였다.

"다시 상세히 들어보고 아뢰라."

이후 김수말의 집 여종을 문초하자, 그녀는 이렇게 대답했다.

"지난 정월 14일에 대군이 집에 이르러 바로 김씨의 침방에 들어가서 유숙하고, 다음 날 아침에 평원대군 집 앞의 어떤 집으로 가서 사람을 보내어 김씨를 맞아서 돌아갔습니다."

말하자면 제안대군이 이미 김씨와 결합했다는 뜻이었다. 다만 자기 집으로 들이지 못하고 별처로 쓰고 있던 평원대군의 집에 머물게 했던 것이다. 그러자 조정에서 이 문제가 논란이 되었다. 그리고 경연에서 지사 이극증이 이 문제를 직접 성종에게 아뢰었다.

"제안대군이 버렸던 아내 김씨의 여종이 공술하여 이르기를, '대군이 집에 이르렀을 때 비복이 그에게 무슨 일로 왔는가'를 물었으나 대답하지 않더니, 다음 날에 말을 보내어 김씨를 맞이해서 돌아가면서 다만 말하기를, 금후로는 내왕하여 문안하지 말라고

하였습니다' 하였으니, 이는 진실로 김씨와 다시 합하는 것이 잘
못임을 안 것입니다. 청컨대 대군에게 묻게 하소서."

말하자면 제안대군을 문초하라는 것인데, 성종은 이렇게 대답
했다.

"대군이 유치하여 비록 대체를 알지 못한다고 하더라도 동서를
알지 못하는 것은 아니니, 이를 물어보고 아울러 김씨의 가장家長
을 국문토록 하라."

결국, 김씨의 아버지 김수말이 붙잡혀와 국문을 당하게 되었다.
그러자 종친을 규율하는 종부시에서도 이런 말을 하였다.

"제안대군 이현은 일찍이 대왕대비의 내교로 김씨를 버리고 박
씨를 취한 뒤에 몰래 버린 아내의 집에 가서 경숙하고, 또 맞아 와
서 함께 거처하며 매우 삼가는 것이 없습니다. 청컨대 다시 이혼
하게 하소서. 또 김씨의 아비 김수말은 즉시 보고하지 아니하고,
가만히 딸자식을 대군의 피접처에 보내었으니, 청컨대 사헌부로
하여금 추국하게 하소서."

성종은 김씨와 다시 이혼시키고, 김수말을 국문하는 것은 허락
했으나, 이현은 용서했다. 하지만 김수말을 추국해보니, 김수말이
이 사건을 유발한 흔적은 없었다. 그래서 김수말을 풀어줬다. 그런
데 이런 일이 전개되고 있는 가운데, 두 번째 부인인 박씨의 일로
또 한 번 왕실이 발칵 뒤집혔다.

두 번째 이혼

이미 밝혔듯이 이현의 두 번째 아내는 박중선의 딸이었다. 박중선은 박석명의 손자인데, 박석명은 태종의 어릴 적 친구이자, 최측근이었다. 그는 태종 때 가장 오랫동안 도승지 자리에 있었던 황희를 그 자리에 천거한 사람이기도 하다. 이후로도 박중선의 집안은 왕실과 친밀했다. 세종과도 가족 관계로 연결되었는데, 박중선의 아버지 박거소와 심온의 막내딸(소헌왕후의 동생)이 혼인했으니 박거소와 세종은 동서지간이었다. 또 박중선과 세조는 이종사촌이고, 성종의 형수인 월산대군 부인 승평부대부인도 박중선의 딸이었다. 그리고 훗날 연산군을 내쫓고 중종반정을 주도하게 될 박원종이 그의 아들이다.

박중선은 어린 시절에 부모를 잃고 이모 밑에서 자랐다. 그의 이모부는 돈녕부 지사를 지낸 강석덕(강희맹의 아버지)이었는데, 강석덕의 그늘에 있으면서 그는 무과를 준비하여 장원 급제했다. 이후 무인의 길을 걸으며 세조와 친분을 쌓았고, 한명회와도 친밀하여 출세가도를 달렸다. 또한 자신의 딸과 세조의 손자 월산대군을 결혼시켜 왕실과 사돈 관계를 맺었다. 이후 이시애의 난을 평정하여 공신의 반열에 올랐고, 평양군의 칭호를 얻었다. 덕분에 30대 초반에 병조판서에 올랐으며, 예종 시절에는 남이의 옥사에 공을 세워 다시 공신이 되었다. 이후 그는 이종사촌 형 강희맹의 도움에 힘입어 무신 출신으로는 드물게 이조판서가 되었다.

이렇듯 왕실과 밀접한 관계에 있던 박중선의 사위가 되었지만, 이현은 그의 딸 박씨와 오래 살지 못했다. 박씨가 시비들과 동침한다는 소문이 있었기 때문이다. 이와 관련한 내용을 실록은 1482년 6월의 기사에 이렇게 적고 있다.

> 형방 승지 강자평이 임금의 명을 받고 제안대군 이현의 아내 박씨의 시비 및 유모 등을 남쪽 빈청에서 국문하였는데, 곧 박씨와 비자가 동침한 일이었다. 함께 동침한 자를 물으니 내은금·금음덕·둔가미 등이라고 하였다.
> 내은금이 말하였다.
> "부인과 5월부터 동침했으며, 하루는 부인이 내은금을 위하여 곡을 지어 노래를 불렀는데, 그 노래 뜻이 내은금이 없으면 그리운 생각이 난다는 것이었습니다."
> 금음덕이 말하였다.
> "부인이 밤에 잠자는데 오기에 내가 더럽다는 것으로 사양하니, 부인이 말하기를, '네 사내의 흔적이 네 몸에 붙어 있느냐?' 하며, 다음 날 아침에 언문을 써서 주면서 말하기를, '어젯밤에 몇 번이나 나를 사랑했느냐? 내가 남자의 형세가 있었다면 반드시 네 사내가 하는 일을 행했을 것인데, 너는 마음으로 나를 안타깝게 여겼을 것이다' 하였으며, 이달 초 6일 밤에는 내은금과 함께 자는 것을 유모의 시비 금음물이 부인의 집 종 녹덕을 데리고 등불을 밝히고 들어와서 이불을 걷고 함께 보았습니다."

이에 드디어 언문으로 왕대비전에 알렸는데, 다음 날 대비전에서 사람을 보내어 다시 국문하여 들이게 하였다.

결국 박씨가 동성애를 하고 있었다는 내용인데, 이에 대해 박씨는 그들이 자신을 무고한 것이라며 이렇게 항변했다.

어느 날 밤에 내가 잠이 들기를 기다리고 있는데 둔가미가 한자리에 동침하기를 여러 번 청하므로, 내가 대답하기를, "내가 비록 귀신과 같고 도깨비와 같다고 하더라도 이미 명색이 주인인데 네가 어찌 동침하자고 하느냐?"고 하니, 둔가미가 물러나서 금음덕과 더불어 같이 잤습니다.

또 어느 날 밤에 내은금도 나와 같이 자고자 하므로, 내가 꾸짖어 물리쳤더니 물러나서 평상 밑에 앉았다가 내가 잠들기를 기다려서 가만히 내가 누운 자리로 들어왔는데, 금음물(유모의 여종)이 녹덕을 데리고 등을 밝히고 들어오므로, 내가 즉시 깼더니, 금음물이 이르기를, "양반이 저 모양인가? 더럽다. 더럽다"고 하였습니다.

그때 내가 생각하기는 날이 새벽이 되었는데도 일어나지 않는다고 책망하는 줄로만 알고 한마디도 대답하지 아니하였습니다.

또 하루는 금음덕이 내 베개에 기대면서 내 입을 맞추려고 하기에, 내가 말하기를, "종과 주인 사이에 감히 이와 같이 하느냐?"고 꾸짖어도 오히려 그치지 않고 억지로 맞추었으며, 또 말하기를, "부인의 젖이 매우 좋습니다" 하면서 문지르고 만지기를 청하기에, 내가 손으로 뿌리치고 말았습니다.

또 하룻밤에는 무심(남자 종)이 다락 침실 아래에 이르러서 둔가미·내은금·금음덕·금음물 등을 추문하였는데, 나는 잠이 들어 알지 못했다가 다음 날 아침에 무심의 목소리를 듣고 내은금에게 물었더니 대답하기를, "무심이 우리더러 '부인과 동침했느냐?'고 묻기에, '부인이 시켜서 동침하였다'고 대답했습니다" 하였습니다.

무심이 또 나에게 묻기를, "전교 안에 '부인이 스스로 한 일은 부인이 손수 써서 아뢰도록 하라'" 하였고, 금음물·금음덕·내은금·둔가미 등이 나에게 말하기를, "부인이 스스로 했다는 것으로 대답하면 반드시 무죄가 될 것이고, 그렇지 않으면 죄가 우리에게 돌아올 것입니다"고 하면서 이런 것으로 간곡하게 말하기를, 내가 한 것이라고 써서 아뢴 것입니다.

그러나 사실은 내가 한 것이 아닙니다. 그리고 단오 때 내가 백초삼을 입고자 하였더니, 내은금이 청삼과 녹색 치마를 입도록 권하므로 내가 상중이라고 물리쳤는데, 내은금이 또 인생이 가석하다는 것으로 말하기에 그대로 따랐습니다.

또 개질동과 내은덕 등이 그네 놀이를 하자고 간곡하게 말하기 때문에 잠시 올라서서 둘러보니, 사방이 훤하게 바라보이고 가린 데가 없기에 즉시 도로 내렸습니다.

결국, 이런 박씨의 해명이 있자, 성종이 의금부에 이런 명을 내렸다.

"제안대군 유모의 시비 금음물과 계집종 내은금·금음덕·둔가미·개질동·내은덕·단비와 계집종의 남편 중운 등의 초사 및 박씨의 변명한 사연을 상세히 모두 추국하고, 아울러 무심도 가두게 하라."

이후 문초 끝에 모두 그들 여종이 박씨를 무고한 것이라는 결론이 났다. 하지만 여전히 석연치 않은 구석이 많았다. 그래서 대왕대비 윤씨와 대비 한씨는 박씨가 불결하니 성종에게 제안대군과 박씨를 이혼시키라고 하였다.

성종은 이를 반대하였고, 조정 대신들도 역시 반대했다. 하지만 대왕대비 윤씨가 이혼을 강력히 주장하여 결국, 박씨와 이현은 이혼하고 말았다. 이혼 과정에서 조정 대신들의 반대로 엄청난 논란이 일었지만, 결국 왕대비 윤씨의 의견이 관철된 것이다.

이현이 김씨와의 이혼에 이어 다시 박씨와 이혼한 것이 1482년이었으니, 이때 이현의 나이 열일곱 살이었다. 어린 나이에 이혼을 두 번이나 하게 된 것이다.

첫 번째 아내와의 재결합

두 번째 아내 박씨와 이현이 이혼하자, 조정에서는 이현의 결혼 문제가 다시 대두되었다. 하지만 이현은 첫 아내 김씨와 재결합할 것을 주장하며 결혼하지 않겠다고 맞섰다. 대왕대비 정희왕후는 김씨와의 재결합을 허락하지 않았다. 성종 또한 김씨와의 재결합을 반대했다. 성종은 애초에 이현이 김씨와 살기를 원하지 않았다고 주장했다. 심지어 김씨가 빨리 죽지 않는다고 자신에게 하소연까지 했었다고 말했다. 그래서 김씨와의 재결합을 용납할 수 없다는 것이었다. 그러나 성종의 반대는 어디까지나 할머니 정희왕후의 뜻을 반영한 것이었다.

정희왕후와 제안대군이 팽팽하게 대립하던 중에 정희왕후가 죽었다. 정희왕후의 삼년상이 끝나자, 이현은 다시 김씨와의 재결합을 주장했다. 성종은 다른 여인을 물색하여 이현을 결혼시키고자 했다. 이때 이현은 이미 김씨와 함께 살고 있었다. 이현은 강력하게 반발하며 언문으로 상소를 올렸다.

"신은 이미 김씨와 다시 결합하였는데, 지금 듣건대 신을 위하여 여자를 채택하신다고 하니, 실망함을 이기지 못하겠습니다. 신이 본래 다시 장가들 마음이 없었고, 사족의 딸을 지금 또 내쳐 버리면 나라에 폐단이 있을 뿐만 아니라, 상감과 양전께 불효가 대단합니다. 만일 성상의 은혜를 입지 못하게 되면 일생 홀아비로 사는 것이 신의 소망입니다."

이에 성종이 전교를 내렸다.

"경이 지난날 김씨를 소박하였을 때 남이 상처하였다는 것을 들으면 말하기를, '김씨는 언제나 죽을 것인가?' 하고, 국가에 순릉의 상이 있음을 듣고서는 말하기를, '나도 어떻게 하면 이렇게 될 수 있을까?' 하여, 김씨를 미워하기를 이와 같이 하다가 마침 김씨가 병이 들자 그때 의논하여 삼전께 아뢰어서 이혼시켰다.

그 후 박씨에게 장가들었는데, 또 박대하니 이것으로 인하여 노비가 박씨를 모해하여 못하는 짓이 없었다. 일이 발각되어 추국하자 죄가 응당 죽게 되었으나, 위에 대비가 계시고 또 경으로 인하여 극형에 처치하지 않고 다만 외방에 귀양을 보냈다. 그런데 지금 경이 다시 김씨와 결합하고자 하니, 나는 알지 못하겠다.

만일 그러한 생각으로 다시 장가들려고 하지 않는다면, 전일에 김씨와 이혼할 때의 정희왕후와 양전께서 일찍이 이미 의논하여 정하시었고 또 내가 이미 결단한 일인데, 지금 만일 다시 결합하게 한다면 국가에서 쓴 법을 후세에 어떻다 하겠는가? 이것은 나를 허물 있는 곳으로 인도하는 것이다. 경의 나이 지금 스물여섯 살이므로 마땅히 아내를 두고 자식을 두어 봉사하기를 도모해야 할 것인데, 억지로 홀로 살겠다고 하니, 이것은 무슨 뜻인가? 경이 전일에 여러 번 대비께 불효하였고 지금 또 장가들지 않아서 후사가 없다면 그 불효는 더욱 심한 것이다."

이에 이현은 이렇게만 대답했다.

"신은 참으로 다른 마음은 없고 만일 성상의 은혜를 입지 못하면 평생토록 홀로 살 것입니다."

그 말에 성종은 체념한 듯 대답했다.

"알았다."

결국, 성종은 이현과 김씨의 재결합을 받아들이기로 한 것이다. 하지만 승지들이 모두 반대하며 말했다.

"제안대군이 이미 김씨를 내친 뒤에 다시 사통하였으니, 국가에서 어찌 또다시 결합하게 하겠습니까?"

그러나 조정의 반대에도 성종은 이현과 김씨의 재결합을 허락했다. 그것은 물론 왕대비 안순왕후 한씨의 뜻이기도 했다. 한씨는 이렇게 말했다.

"제안대군이 어리석고 병이 있어, 비록 다시 장가들게 하려 하나 따르려 들지 않고 김씨와 다시 결합하려고 한다. 비록 강제로 다시 장가들게 한다고 하더라도 만약 다시 버린다면 또한 화기를 손상하는 일이다."

그쯤 되자, 조정 대신들도 한발 물러서서 이런 말을 하였다.

"김씨와 이혼한 것은 다만 병이 있어서일 뿐이고, 그 밖의 버림받아야 할 이유는 없는 것입니다. 박씨는 이미 죽었고 김씨의 병이 나았으니, 다시 결합하도록 허락하소서."

대신들의 이 말에서 알 수 있듯이 쫓겨난 박씨는 이 무렵에 이미 죽은 상태였다. 이때가 성종 16년(1485년)이었으니 박씨가 쫓겨난 지 3년이 지난 때였다. 박씨가 어떻게 죽었는지는 분명치 않으나 불결하다는 이유로 쫓겨났으니 자살했을 가능성도 있다.

어쨌든 이렇게 해서 제안대군 이현은 다시 첫 아내와 공식적으로 재혼하는 데 성공했다.

12
장

호색형 열정남 — 성종 이혈

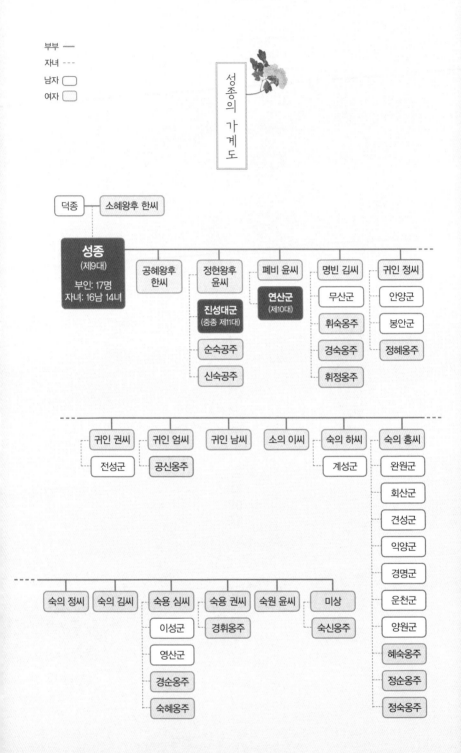

부부 ─
자녀 ---
남자 ▭
여자 ▭

성종의 가계도

덕종 ── 소혜왕후 한씨

성종
(제9대)

부인: 17명
자녀: 16남 14녀

공혜왕후
한씨

정현왕후
윤씨

진성대군
(중종 제11대)

순숙공주

신숙공주

폐비 윤씨

연산군
(제10대)

명빈 김씨

무산군

휘숙옹주

경숙옹주

휘정옹주

귀인 정씨

안양군

봉안군

정혜옹주

귀인 권씨

전성군

귀인 엄씨

공신옹주

귀인 남씨

소의 이씨

숙의 하씨

계성군

숙의 홍씨

완원군

회산군

견성군

익양군

경명군

운천군

양원군

혜숙옹주

정순옹주

정숙옹주

숙의 정씨

숙의 김씨

숙용 심씨

이성군

영산군

경순옹주

숙혜옹주

숙용 권씨

경휘옹주

숙원 윤씨

미상

숙신옹주

일찍 떠난 첫 아내

성종은 열세 살에 왕위에 올라 25년간 용상에 있다가 서른여덟 살에 죽었다. 그는 통찰력이 좋고 결단력이 뛰어난 왕이었다. 그래서 정치적으로 비교적 많은 업적을 남기며 태평성세를 구가한 왕으로 평가받는다. 하지만 그가 왕위에 머물던 기간이 모두 젊은 시절이었던 만큼 애정 문제에 관해 일화도 많이 남겼다. 그 애정 문제는 훗날 연산군이 폭정을 자행하는 원인이 되기도 한다.

그는 어린 시절에 왕위에 오른 만큼 많은 여인을 접했다. 왕비가 셋이나 되고, 후궁은 무려 14명이다. 물론 기록되지 않은 여인들까지 합친다면 훨씬 더 많다. 그 때문에 그가 남긴 로맨스도 다양하다.

그의 첫 여인은 공혜왕후 한씨였다. 그녀는 한명회의 딸이다. 한명회는 잘 알려져 있듯이 세조의 책사이자, 권신이었다. 세조가 김종서를 제거하고 왕위에 오른 것도 그의 계책에 의한 것이었다. 세조의 최측근이었던 그는 세조시대는 물론 예종, 성종 시대를 대표하는 실세 중의 실세였다. 그런 만큼 왕실과도 여러 겹의 인척관계를 맺고 있었다.

한명회에겐 딸 넷이 있었다. 그중 첫딸은 신숙주의 장남 신주와 혼인했다. 신숙주는 한명회와 함께 세조가 가장 신임하는 신하였다. 한명회가 세조의 왼팔이었다면 신숙주는 오른팔이었다. 따라서 그들이 사돈 관계를 맺은 것은 권력자들의 연대라고 할 수 있었다. 한명회의 큰 딸은 바로 그 연대의 수단이었던 셈이다.

둘째 딸은 윤사로의 아들 윤반과 결혼했다. 윤사로는 정현옹주의 남편이었는데 정현옹주는 세종의 딸이었다. 또 세조의 이복동생이기도 했다.

셋째 딸은 세조의 둘째 아들 예종과 결혼했다(장순왕후 한씨). 예종이 왕위에 오르게 된 데에는 한명회의 힘도 작용했을 것이다. 하지만 장순왕후가 왕비가 되기 전에 죽는 바람에 한명회는 왕의 장인인 국구로 행세하지는 못했다.

한명회를 국구로 만든 것은 넷째 딸이었다. 어쩌면 넷째 딸이 한명회를 국구로 만든 것이 아니라 한명회가 넷째 딸을 왕비로 만들었다는 표현이 더 맞을지도 모르겠다.

성종 이혈이 한명회의 넷째 딸과 결혼한 시기는 그가 왕위에 오르기 2년 전이었다. 이혈은 1457년 7월 30일, 세조의 맏아들 의경세자와 세자빈 한씨(훗날의 인수대비)의 둘째 아들로 태어났다. 그리고 1467년 1월 12일 열한 살 나이로 한명회의 넷째 딸과 결혼했다(공혜왕후 한씨). 당시 한씨는 열두 살로 이혈보다 한 살 위였다. 당시 이혈은 자을산군으로 불리었고, 왕이 될 가능성은 희박했다. 그런데 1469년에 예종이 갑자기 죽는 바람에 그에게도 용상에 오를 기회가 생겼다. 당시 원자인 제안대군은 네 살밖에 되지 않았고, 형 월산대군은 몸이 좋지 않았다. 거기다 이혈의 장인은 당대 최대 권신 한명회였다. 이런 여러 상황에 힘입어 이혈은 열세 살 때 왕위에 올랐다. 덕분에 한명회의 넷째 딸 한씨도 왕비가 되었다.

하지만 이혈과 아내 한씨의 인연은 오래가지 않았다. 한씨는 건강이 좋지 않아 시름시름 앓다가 1473년 여름에 아예 친정으로 거처를 옮겼다. 성종은 거의 매일 그녀를 찾아가 병이 낫기를 기원했으나, 그녀는 병마를 이기지 못하고 1474년 4월 15일에 생을 마감하고 말았다. 이때 그녀의 나이 열아홉 살이었다. 소년 시절을 함께 보낸 아내가 떠난 뒤부터 이혈의 여성 편력이 시작되었다.

여인들의 전쟁

이혈은 왕비 한씨가 건강이 좋지 않아 아이를 잉태하지 못하자, 여러 후궁을 동시에 맞아들였다. 그가 후궁들을 본격적으로 들이기 시작한 때는 1473년부터였는데, 공혜왕후가 병석에 누워 사경을 헤매기 시작하자, 후궁들 사이에 암투가 벌어졌다. 관건은 그들 중 누가 왕비가 되느냐 하는 것이었다. 그런 가운데 이혈의 두 번째 비로 결정된 여인은 윤기견의 딸 윤씨(연산군의 생모)였다.

그녀는 1473년 4월 15일에 후궁에 간택되어 입궁했는데, 성종이 그녀를 몹시 총애했다. 그녀는 성종보다 두 살 연상이었으니, 입궁 당시 열아홉 살이었다. 이후 그녀는 곧 임신했다. 성종의 첫 번째 아이를 잉태한 터라 왕실은 들떴다. 모두 왕자를 출산하길 학수고대했다. 그러나 이듬해 태어난 아이는 딸이었다. 설상가상으로 아이는 일찍 죽고 말았다. 이후 그녀는 아이 잃은 슬픔을 딛고 또다시 임신했다. 덕분에 그녀는 그해 7월 31일에 왕비에 책봉되었다. 이후 그녀는 11월에 아들 융(연산군)을 낳음으로써 중전의 위상을 강화했다.

하지만 당시 스무 살 청년이었던 이혈은 여러 후궁을 거느리며 중전 윤씨를 불안하게 했다. 당시 윤씨는 부모가 모두 죽고 없는 상황이었고, 집안도 탄탄하지 못했다. 그나마 외가가 세조의 최측근이었던 신숙주 집안이라는 것을 위안으로 삼는 정도였다. 그 때문에 오직 믿을 사람은 남편 이혈과 아들뿐이었다. 그런데 남편이 매일같이 다른 후궁 처소를 드나들자 그녀는 불안감에 시달렸다. 후궁 중에 누가 아들이라도 낳으면 혹 자기와 아들 융이 쫓겨나는 것은 아닐까 하는 염려 때문이었다.

당시 성종은 숙의 윤씨(정현왕후, 중종의 모후)와 궁녀 하씨에게 눈이 팔려 있었다. 그리고 급기야 1478년에 그녀들은 모두 아이를 낳았다. 다행히 윤씨는 아들이 아닌 딸을 낳았고, 궁녀 하씨는 아들을 낳았다. 사실, 궁녀 하씨는 중전의 라이벌은 아니었다. 중전 윤씨의 최대 라이벌은 역시 숙의 윤씨였다.

숙의 윤씨는 중전 윤씨보다 3개월 늦게 후궁이 되어 입궁했다. 그녀의 집안은 중전 윤씨와 비교도 되지 않을 정도로 화려했다. 본관은 대왕대비 정희왕후와 같은 파평이었고, 성종의 생모 인수대비와도 가까운 사이였다.

정희대비의 아버지는 윤번인데, 윤번은 숙의 윤씨의 증조부와 사촌지간이었다. 말하자면 그들은 가까운 혈족이었다. 거기다 성종의 어머니 인수대비 한씨도 윤씨 집안과 인척 관계였다. 인수대비의 어머니가 남양 홍씨인데, 홍씨의 남동생, 즉 외삼촌인 홍원용의 부인이 파평 윤씨였다. 그런 이유로 시할머니 정희왕후와 시어머니 인수대비가 모두 숙의 윤씨를 편들고 있었다.

이런 상황에서 남편 이혈은 끊임없이 후궁의 수를 늘려나갔고, 중전 윤씨는 그들 후궁에 대한 경계를 더욱더 강화했다. 후궁 중에는 중전 윤씨를 시기하고 질투하여 숙의 윤씨 편을 드는 이들도 있었다. 물론 인수대비의 입김 때문이었다. 그 대표적인 여인들이 후궁 징씨와 엄씨, 권씨 등이었다. 그녀들은 모두 한미한 가문에서 태어난 궁녀 출신이었는데, 몇 번에 걸쳐 중전 윤씨에게 불려가 혼이 난 적이 있었다. 시쳇말로 본처와 첩 간의 전쟁이 벌어진 셈인데, 그 첩들이 연대하여 본처를 공격하기 시작한 것이다. 하긴 어차피 그 본처라는 여인도 첩 출신이었으니, 그들이 그런 마음을 갖는 것도 어쩌면 당연했으리라.

두 번째 아내를 쫓아내다

그런 가운데 후궁 권씨가 성종에게 투서를 올렸다. 그 투서는 누군가가 후궁 권씨의 집 마당에 던진 것이었는데, 투서의 내용은 후궁 엄씨와 정씨가 왕비와 원자를 해치려 한다는 것이었다. 이 일로 궁중은 발칵 뒤집혔고, 결국 범인은 후궁 정씨로 결론이 났다. 하지만 당시 정소용은 임신하고 있었기 때문에 벌을 줄 수 없는 상황이라 유야무야 넘어가고 말았다.

그런 상황에서 이번에는 왕비의 방 안에서 비상과 방술서가 발견되었다. 이 물건을 발견한 사람은 다름 아닌 성종이었다. 물론 누군가의 제보를 받고 중전의 방을 뒤진 끝에 찾아낸 것이었다.

이 사건을 빌미로 성종은 중전 윤씨를 폐출할 결심을 한다. 그래서 성종 10년(1479년) 6월 2일에 중신들을 모아놓고 이런 말을 하였다.

"궁중의 일을 경들에게 말하는 것은 진실로 부끄러운 일이라 하겠다. 그러나 일이 매우 중대하므로 말하지 않을 수가 없다.

지금 중궁이 하는 행동은 가히 말하기 어려울 지경이다. 내간에는 시첩侍妾(후궁)의 방이 있는데, 일전에 내가 마침 이 방에 갔는데 중궁이 아무 연고도 없이 들어왔으니, 어찌 이와 같이 하는 것이 마땅하겠는가? 예전에 중궁의 실덕이 심히 커서 일찍이 이를 폐하고자 하였으나, 경들이 모두 다 불가하다고 말하였고, 나도 뉘우쳐 깨닫기를 바랐는데, 지금까지도 오히려 고치지 아니하고, 혹은 나를 능멸하는 데까지 이르렀다.

중궁의 실덕이 한 가지가 아니니, 만약 일찍 도모하지 않았다가 뒷날 큰일이 벌어져 후회해도 소용없을 것이다. 그래서 이제 마땅히 폐하여 서인庶人을 만들겠는데, 경들은 어떻게 여기는가?"

이런 폐비 결정에 대해 삼정승 중에 윤필상과 정창손은 찬성했고, 한명회는 반대했다. 하지만 한명회 역시 적극적으로 말리지는 않았다.

하지만 승지 김계창은 강하게 반대하며 이렇게 말했다.

"모시던 귀빈이 비록 죄를 지었다 하더라도 사제로 돌려보내지 아니하는데, 하물며 왕비이겠습니까? 원컨대 그대로 두고 여러 번 생각하소서."

하지만 성종은 화를 내며 말했다.

"경들은 출궁할 여러 가지 일만 주선하면 그만인데, 무슨 말이 많은가?"

결국, 이렇게 해서 그는 두 번째 아내를 내쫓고 말았다.

그런데 성종은 윤씨를 폐출하긴 하나, 원자의 생모인 탓에 죽이려는 마음은 없었다. 그런데 쫓겨난 뒤에도 반성하는 빛이 전혀 없다며 결국 죽이게 되는데, 그와 관련하여 《기묘록己卯錄》(김육이 편찬한 기묘사화에 관한 책)에 이런 기록이 남아 있다.

> 윤씨는 폐위되자, 밤낮으로 울어 끝내는 피눈물을 흘렸는데, 궁중
> 에서는 훼방과 중상함이 날로 더하였다. 임금이 내시를 보내어 염
> 탐하게 했더니 인수대비가 그 내시를 시켜 이렇게 말하게 했다.
> "윤씨가 머리 빗고 낯 씻어 예쁘게 단장하고서 자기 잘못을 뉘우
> 치는 뜻이 없다."
> 임금은 드디어 그 참소를 믿고 벌을 더 주었던 것이다.

《기묘록》은 이렇듯 윤씨의 폐출과 죽음의 배경엔 시어머니인
인수대비 한씨의 역할이 컸다고 보고 있다. 이는 한씨가 그녀를
내쫓고 정현왕후를 중전으로 삼기 위해 여러 음모를 꾸몄음을 시
사한다. 결국, 시어머니와 며느리의 전쟁에서 시어머니가 승리를
거둔 셈이다.

왕의 청을 거절한 기생 소춘풍

조선 왕 중에 대표적인 호색한이라 하면 당연히 연산군을 꼽는
다. 하지만 연산군의 그런 성정은 성종으로부터 유전된 것이 아닌
가 싶다. 성종은 술을 몹시 즐겼고, 색도 밝혔다. 이 때문에 왕비가
질투심에 눈이 멀어 그의 얼굴에 손톱자국을 내는 사태까지 벌이

'월하정인' 《혜원전신첩》. 신윤복 그림. 간송미술관 소장. 출처 문화재청 홈페이지

지만, 그의 호색한 기질은 사그라지지 않았다. 급기야 왕비 폐출이라는 파란을 일으키고도 이혈의 행동은 여전했다. 심지어 궁중에 기생까지 끌어들이게 되는데, 훗날 연산군이 궁궐을 기생들의 앞마당으로 만든 것도 이런 아버지의 모습을 보고 자란 영향이 전혀 없다고는 못 할 것이다.

《오산설림》(조선 중기의 문신 차천로의 야담집)엔 성종이 함경도 영흥의 이름난 기생인 소춘풍이라는 기생과 얽힌 이야기가 소개되어 있다. '봄바람에 웃는다'라는 이름의 소춘풍笑春風이 절색이라는 말을 듣고 성종은 그녀를 불러들여 후궁으로 삼으려 했다. 그래서 궁중의 별전에서 소춘풍을 앞에 놓고 술잔을 기울이며 그녀에게 물었다.

"오늘 밤은 너와 함께하고 싶은데 너의 뜻은 어떠하냐?"

하지만 소춘풍은 후궁이 되라는 왕의 제의를 거절한다. 그녀는 후궁이 되면 평생 다른 남자와 정을 나눌 수 없기 때문에 궁궐 생활은 싫다고 한 것이다. 성종은 이 말을 듣고 그저 웃으면서 밤새 술을 마시며 그녀와 시를 주고받았다고 한다.

그런데 성종은 소춘풍이란 기생을 어떻게 알게 되었을까? 실록에 그 정황이 될 만한 사건이 하나 기록되어 있다. 때는 성종 16년인 1485년 11월 16일이었다.

이날, 사헌부에서 성종에게 이런 보고를 했다.

"선전관 김윤손이 영천군 이정이 데리고 사는 기생 소춘풍을 불러다가 대낮에 간통한 죄는 결장 100대에 고신告身(품계와 관직을 내리는 임명장)을 모두 빼앗아야 하며 외방에 부처付處해야 합니다."

이 문제로 조정 대신들 간에 논란이 많았는데, 그런 와중에 정괄은 이런 말을 했다.

"김윤손은 진실로 죄가 있습니다. 그러나 이정은 외방에서 새로운 기생이 올라온 것을 들으면 반드시 집 안에 불러들이는데 오래도록 머물러 두지 아니하고 곧 보냈으니, 지금 소춘풍을 이정의 집에서 데리고 살았다는 것으로 논하는 것은 적당하지 못합니다."

말하자면 영춘군 이정은 지방에서 반반한 기생이 올라왔다 하면 집 안에 들여 잠시 데리고 있다고 내보내기 때문에 소춘풍 또한 그런 기생 중 하나이고, 그래서 소춘풍이 이정의 첩이라고 하는 것은 맞지 않는다는 것이다.

결국, 성종은 이런저런 의견을 종합하여 이런 결론을 내렸다.

"영천군이 여러 번 기생을 바꾸었으나 오랫동안 집 안에 머물게는 하지 아니하였다. 그런데 김윤손이 어떻게 이 기생이 오래 머물지 않았음을 알 수 있었겠는가? 종친의 첩을 백주에 간통한 죄는 용서할 수 없으며 매를 쳐도 무방하다. 다만 지금은 추위가 대단하니, 장형 대신 벌금을 바치게 하고, 고신을 빼앗아 외방에 유배 보내는 것이 어떻겠는가?"

이후 김윤손은 벌금을 내고, 유배지로 떠났다. 그런데 그 이후에 성종이 몰래 소춘풍을 불러 함께 술을 마시고 시를 읊으며 놀았던 것이다. 그리고 은근히 그녀를 취하려 했지만, 소춘풍이 거절하는 바람에 원하는 바를 이루지 못했다.

13
장

자유연애를 꿈꾼 시대의 희생자 — **박어을우동**

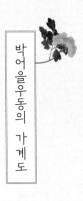

박 어 을 우 동 의 가 계 도

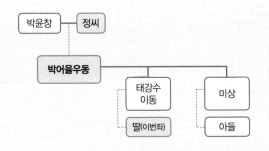

박윤창 — 정씨

박어을우동

태강수
이동

딸(이번좌)

미상

아들

착한 아버지, 추문꾼 어머니

어을우동 또는 어우동, 그 이름 앞에는 늘 조선시대를 풍미했던 희대의 색녀란 수식어가 붙곤 한다. 명문가에서 태어나 왕실로 시집간 그녀가 왜 색녀라는 꼬리표를 달게 된 것일까?

어을우동은 승문원 지사를 지낸 박윤창의 딸이었다. 승문원은 외교문서를 담당하던 곳으로 문과 합격자들이 매우 선호하는 관청이었으며, 출세를 보장하는 곳이기도 했다. 승문원에 근무하던 관리들은 조선 문관들이 가장 선호하는 홍문관이나 예문관 관원으로 영전하는 경우가 많았고, 때론 최고의 권력기관이자 감찰기관인 사헌부 관원이 되기도 했다. 조선 관리 사회에서 언론을 맡은 세 기관, 즉 사헌부·사간원·홍문관을 '삼사三司'라고 불렀는데,

학문과 관련한 업무를 맡은 성균관·교서관·승문원은 따로 '삼관' 이라고 불리었다. 그만큼 승문원은 알아주는 관청이었다. 따라서 승문원 관리는 대개 명문가 출신들로 채워졌다. 박윤창은 그런 기관에서 서열 2위인 종3품 지사를 지낸 인물이고, 어을우동은 그런 집안의 딸이었다.

그렇다고 해서 박윤창이 식견이 뛰어나고 고고한 인물이었다는 것은 아니다. 사실, 박윤창은 성질이 무척 온순하고 가련한 인물이었다. 그는 한쪽 눈을 잃은 장애인이었고, 아내 정귀덕은 장안에서 이름난 악처였다. 그녀는 남편이 장애인이라는 이유로 심하게 구박하여 마치 종 부리듯 했는데, 이와 관련한 내용이 세조 3년(1457년) 5월 19일 자에 기록되어 있다.

> 임금이 의금부에 명하여 박윤창의 아내 귀덕을 서방하였다. 귀덕은 본디부터 성질이 사납고 모질음이 비할 데가 없어 박윤창을 위협하고 억눌러서 종처럼 부리었다. 박윤창은 한쪽 눈이 애꾸가 되었는데, 새로 집을 지으면서 기와를 덮고 겨우 일을 마치자 박윤창이 아내와 더불어 창문을 둘 곳을 의논하다가 뜻이 합하지 않으니, 귀덕이 박윤창에게 이렇게 말했다.
> "애꾸눈 놈아, 애꾸눈 놈아, 네가 일을 아는가?"
> 그러면서 손에 장대를 잡고 처마 기와를 때려 부수면서 말했다.
> "네가 이미 나의 뜻을 거슬렀으니, 이런 집은 지어서 무엇하랴!"
> 그녀는 방과 창 벽을 때려 부수어 남김이 없었으니, 그 성질이 사

납고 모질기가 이와 같았다.

　그런데 그녀의 악한 품성은 단순히 남편에게만 드러내는 것이 아니었다. 종들에게는 더욱더 모질었다. 거기다가 색기까지 노골적이었다. 이에 대해 실록의 기록은 이렇게 이어진다.

　무릇 노복奴僕으로 조그만 실수가 있는 자는 문득 고문을 가하게 되니, 이로 인하여 죽은 자가 한둘이 아니었다.
　노비를 원수처럼 미워했는데, 집에 사내종 하나가 있어 몸이 좋고 잘생겼었다. 그래서 그녀가 사랑하여 부렸다. 그런데 여종 중 하나가 "귀덕이 사내종과 더불어 사통했다"고 발설하니, 귀덕이 즉시 그녀와 그 아들을 때려죽였는데, 이 일이 발각되어 갇히게 되었다.

　하지만 박윤창은 이런 악처를 구원하기 위해 백방으로 뛰어다녔다. 그러면서 모든 것이 무고라며 아내를 변명하곤 했는데, 옥관이 그 말을 듣고 웃으면서 이런 말을 했다.
　"규방의 은밀한 일을 그대가 또한 어찌 능히 별일이 없다고 다 보장하겠는가?"
　하지만 그런 핀잔을 듣고도 박윤창은 아내 귀덕을 구하기 위해 무고임을 증명하는 여러 서류를 제출했다. 그러면서 너무도 슬퍼하며 눈물까지 보여 주위 사람들을 감동하게 했다. 하지만 대다수의 사람은 그런 그를 비웃었다. 그러다 마침 가뭄이 심하게 들어

13. 자유연애를 꿈꾼 시대의 희생자 _ 박어을우동

나라에서 죄수들을 석방하게 되었는데, 귀덕도 석방 대상에 포함되어 출소할 수 있었다.

어을우동은 이런 부모 밑에서 자랐다. 아버지는 비록 한쪽 눈을 잃은 장애인이었지만, 성격이 순하고 착했으며 머리도 좋은 인물이었다. 하지만 어머니는 사람 죽이기를 예사로 하는 드세고 악질적인 데다 색기까지 넘치는 여인이었다. 그들 슬하에서 자란 어을우동은 다소 독특한 소녀로 성장했고, 어느덧 열다섯이 되어 시집을 갔다.

그녀가 시집을 간 후에도 어머니 귀덕은 계속해서 추문을 일으켰다. 인물깨나 있는 종들과 사통을 일삼았고, 이 소문이 장안에 파다하게 퍼졌다. 그래서 결국, 박윤창은 그녀와 이혼하기에 이르렀다.

남편에게 버림받다

어을우동의 시집은 종친 집안이었다. 남편은 태강수 이동이었는데, 태강수란 종친에게 내리는 일종의 봉작이었다. 왕실에 태어난 남자들은 종친부에 소속되고, 그곳에서 벼슬을 받는데, 왕의 적자들은 대군의 작호를 받고, 왕의 서자들은 군의 작호를 받는다. 군의 작호를 받은 서자들을 왕자군이라고 하는데, 이는 나라에 공을 세워 군의 작호를 받은 일반 신하들과 구분하기 위한 것이었

다. 그리고 군의 작호는 세자의 손자, 대군의 아들, 왕자군의 적장
손에게까지 이어진다. 이후 그들의 손자와 증손자로 이어질수록
품계가 낮아지면서 정, 부정, 수, 부수, 영, 부령 등의 벼슬을 받게
된다. 따라서 태강수는 수의 벼슬을 받았으므로 왕자군의 증손자
에 해당하며, 품계는 정4품이었다. 이동은 세종의 서자 중 하나의
증손자쯤 되었다.

사실, 종친들은 종친부에서 품계와 벼슬을 받고 녹봉을 받지만,
별달리 하는 일이 없었다. 그래서 한량으로 살기 십상이었고, 태
강수 또한 그런 인물 중 하나였다. 조선시대에 돈푼깨나 있는 한
량이라면 기생 하나쯤 애인으로 삼는 것은 흔한 일이었다. 태강수
이동도 어을우동과 결혼한 이후에 연경비란 기생에게 빠져 아내
를 독수공방 신세로 만들곤 했다. 그리고 결국, 연경비를 첩으로
들인 후, 어을우동을 내쫓아버렸다. 그러자 종부시에서 이를 묵과
하지 않았다. 종부시는 종친들의 규율을 잡는 관청이었다. 종부시
에서는 성종 7년(1476년) 9월 5일에 왕에게 이런 요청을 하였다.

"태강수 이동이 기생 연경비를 매우 사랑하여 그 아내 박씨를
버렸습니다. 대저 종친으로서 첩을 사랑하다가, 아내의 허물을 들
추어 제멋대로 버려서 이별하는데, 한편 그 단서가 열리면 폐단의
근원을 막기 어렵습니다. 청컨대 박씨와 다시 결합하게 하고, 이동
의 죄는 성상께서 재결하소서."

성종은 종부시의 이 건의를 받아들이고, 태강수 이동의 고신을
거두게 하였다. 하지만 성종은 두 달 뒤에 이동의 고신을 돌려주

며 품계와 관직을 회복시켜 주었다. 그러나 이동은 여전히 어을우동과 재결합하지 않았다. 오히려 어을우동의 행실을 비난하며 재결합을 거부했다.

종친들과 간통한 왕실의 며느리

태강수 이동은 자기도 기생과 놀아났지만, 어을우동도 다른 남자와 바람을 피웠다고 주장했다. 그의 말대로 어을우동 역시 맞바람을 피우고 있었다. 어을우동의 맞바람 상대는 놀랍게도 왕족의 일원인 수산수 이기와 방산수 이난이었다. 이들 역시 태강수와 마찬가지로 세종의 고손자쯤 되는 자들이었다. 말하자면 모두 태강수의 친족들이었는데, 어을우동은 대담하게도 왕실의 종친들과 간통하고 있었던 것이다.

놀라운 것은 어을우동이 그들과 간통 행각을 벌인 시점이 태강수에게 버림받기 이전부터라는 사실이었다. 태강수가 기생 연경비에게 빠져 지내자, 이에 대한 대응으로 맞바람을 피웠던 셈이다.

어을우동은 그 이후로 수년간 간통 행각을 지속하였고, 간통 상대는 점점 늘어났다. 그 바람에 장안에 그녀의 간통 행각에 대한 소문이 퍼지기 시작했고, 급기야 조정에도 알려지자, 종친부가 발칵 뒤집혔다.

사태가 걷잡을 수 없이 확대되자, 어을우동은 일단 몸을 숨겼다.

어을우동의 간통 행각에 대해 처음으로 문제를 제기한 인물은 좌승지 김계창이었다. 그는 성종 11년(1480년) 6월 15일에 성종에게 그 내용을 알렸고, 성종은 그의 말을 듣고 이렇게 말했다.

"들으니, 태강수가 버린 아내 박씨가 죄가 중한 것을 스스로 알고 도망하였다 하니 끝까지 추포하라."

성종의 그 말에 김계창이 이런 말을 보탰다.

"박씨가 처음에 은銀장이와 간통하여 남편의 버림을 받았고, 또 방산수와 간통하여 추한 소문이 일국에 들리었으며, 또 그 어미는 노복과 간통하여 남편에게 버림을 받았었습니다. 한 집안의 음풍淫風이 이와 같으니, 마땅히 끝까지 추포하여 법에 따라 처치하여야 합니다."

김계창의 말에 따르면 어을우동이 먼저 은도금 장인과 간통했기 때문에 태강수가 그녀를 버렸다고 했는데, 이는 아마도 태강수의 말에 따른 것으로 보인다. 그리고 어을우동의 어머니도 집안 종과 간통하여 내쫓겼다고 했는데, 이는 사실이었다. 그래서 어을우동에 대한 체포령이 떨어졌을 때, 의금부 관원들이 그녀의 아버지 박윤창을 찾아간 일을 이렇게 보고했다.

"어을우동의 어미도 추행이 있어서 그 아비 박윤창이 어을우동에게 '내 딸이 아니다'라고 하였다 하니 그 음행은 어미로부터 그러한 것입니다."

말하자면 어을우동의 아버지 박윤창은 쫓겨난 자신의 아내 정씨가 바람을 피워서 잉태한 아이가 어을우동이라고 말하고 있는

'기방무사' 《혜원전신첩》. 신윤복 그림. 간송미술관 소장. 출처 문화재청 홈페이지

것이다. 이것이 사실이든 아니든 어을우동은 어린 시절부터 아버지 박윤창으로부터 제대로 딸로 취급받지 못하고 자랐음을 알 수 있다.

어쨌든 어을우동의 간통 사건은 조정의 큰 논란거리가 되었다. 왕실의 며느리가 종친들과 바람을 피웠으니, 그 파장이 얼마나 컸을지는 짐작하고 남을 일이다.

성종은 대로하여 우선 어을우동과 간통한 사실이 알려진 방산수 이난을 잡아들여 문초하라고 지시했다.

파헤칠수록 점입가경

의금부에 끌려간 이난은 어을우동과 간통한 사실을 인정하며, 자기 외에도 그녀와 간통한 간부들이 수두룩하다며 이름을 나열했다. 그 첫 번째 인물이 같은 종친인 수산수 이기였고, 이어서 어유소·노공필·김세적 등 관료들의 이름이 열거되었다. 어유소는 장수 출신으로 의정부 우찬성을 지낸 재상 중 한 사람이었고, 노공필은 승정원의 승지를 지내고 병조참의 벼슬에 있었으며, 김세적은 무장 출신으로 선전관을 지내고 절충장군에 올라 있었다. 그들과 함께 또 거론된 관료들이 김칭, 김휘, 정숙지 등이었다. 이들 모두 이름 있는 명문가 출신이었다.

이들의 이름이 거론되자, 조정이 발칵 뒤집혔다. 모두 성종이 총애하는 무관들에다 장래가 촉망되는 젊은 문관들이었기 때문이다. 성종은 방산수 이난이 자신의 죄를 가볍게 하려고 그들을 끌어들인 것으로 판단하고 어유소와 노공필, 김세적에게는 죄를 묻지 않으려 했다. 이난이 일종의 물타기를 하고 있다고 판단한 것이다. 하지만 조정 언관들이 이를 그냥 지나치지 않았다. 언관들은 그들 세 사람을 신문하여 사실관계를 확인해야 한다고 했다.

이런 상황에서 방산수 이난의 입에서 몇 사람의 이름이 더 열거되었다. 내금위 관원 구전, 학유 홍찬, 생원 이승언 등의 양반들과 서리 오종련과 감의형, 의학생도 박강창 같은 중인, 거기에 평민 이근지와 사노 지거비 등이었다. 말하자면 왕족과 고관대작, 양반과 중인, 평민과 천인을 가리지 않고 간통했다는 말이었다.

이쯤 되자, 성종은 이 사건을 가급적 가볍게 처리하고 마무리하려 했다. 왕족은 물론이고 중신들까지 관련된 데나 앞으로 또 어떤 이름이 거론될지 알 수 없었기 때문이다. 그런데 사헌부에서 강력하게 반발했다.

대사헌 정괄이 직접 나서서 이렇게 말했다.

"신 등은 생각건대, 어을우동이 사족士族의 부녀로서 귀천을 분별하지 않고 가깝고 먼 것도 따지지 않고서 음란함을 자행하였으니 명예와 가르침을 훼손하고 더럽힌 것이 막심합니다. 마땅히 사통한 자를 끝까지 추문하여 엄하게 다스려야 합니다.

그런데 의금부에서 방산수 이난을 문초한 공초문에 의거하여 어유소, 노공필, 김세적, 김칭, 김휘, 정숙지를 국문하도록 청하였는데, 어유소·노공필·김세적은 완전히 석방하여 신문하지 않으시고, 김칭·김휘·정숙지 등은 다만 한 차례 형신하고 석방하였으니, 김칭 등이 스스로 죄가 중한 것을 아는데, 어찌 한 차례 형신하여 갑자기 그 실정을 말하겠습니까?

신 등이 의심하는 것이 한 가지가 아닙니다. 이난이 조정에 가득한 대소 조관 중에 반드시 이 여섯 사람을 말한 것이 한 가지 의심스럽고, 어유소·김휘 등의 통간한 상황을 매우 분명하게 말하니 두 가지 의심스럽고, 난이 이 두 사람에게 본래 혐의가 없고 또 교분도 없는데, 반드시 지적하여 말하니 세 가지 의심스럽고, 김칭·김휘·정숙지 등은 본래 음란하다는 이름이 있다는 것이 네 가지 의심스럽습니다. 지금 만일 그들을 가볍게 용서하면 죄 있는 자를 어떻게 징계하겠습니까? 청컨대 끝까지 추문하여 그 죄를 바르게 하소서."

사헌부에 이어 사간원도 어유소와 노공필, 김세적의 죄를 신문해야 한다고 했으나 성종은 거부했다. 그리고 종친인 방산수와 수산수에 대해서는 태장은 벌금으로 대신하고 유배 조치하는 것으로 종결하려 했다.

사실, 이 사건을 오래 끌면 끌수록 성종의 입장이 곤란해지는 상황이었다. 왕실의 종친과 종친에게 시집온 며느리가 연관된 일이었기 때문이다.

교수대에 오르다

그렇듯 조정이 시끄러울 때, 달아났던 어을우동이 체포되어 의금부에 하옥되었다. 그러자 어을우동에 대한 처벌을 놓고 조정 신료들 사이에 한바탕 논쟁이 벌어졌다. 쟁점은 법대로 할 것이냐 아니면 특별히 강하게 처벌할 것이냐 하는 것이었다. 이에 대해 우선 법의 규정에 대해 성종이 묻자, 의금부에서 이렇게 대답했다.

"율律이 결장 100대에, 유流 2,000리里에 해당합니다."

말하자면 태장 100대를 맞고, 2,000리 밖으로 유배된다는 것이다. 이 말을 듣고 정창손이 먼저 말했다.

"어을우동은 종친의 처이며 사족의 딸로서 음욕을 자행한 것이 창기와 같으니, 마땅히 극형에 처해야 합니다. 그러나 태종과 세종 때 사족의 부녀로서 음행이 매우 심한 자는 간혹 극형에 처했다고 하더라도 그 뒤에는 모두 율에 의하여 단죄하였으니, 지금 어을우동 또한 율에 의하여 단죄하소서."

즉, 정창손은 형률을 그대로 적용해야 한다는 것이었다. 하지만 심회는 의견이 달랐다.

"어을우동의 죄는 율을 상고하면 사형에는 이르지 않으나, 사족의 부녀로서 음행이 이와 같은 것은 강상에 관계되니, 청컨대 극형에 처하여 뒷사람의 본이 되게 하소서."

의견은 둘로 팽팽하게 갈라졌다. 김국광과 강희맹, 홍응, 한계희, 이극배 등은 정창손의 주장에 따라 형률대로 적용할 것을 주장했고, 윤필상과 현석규는 심회의 주장대로 극형에 처해야 한다고 했다.

이렇게 되자, 성종은 승지들의 의견을 물었다. 이에 도승지 김계창이 대답했다.

"어을우동은 귀천과 친척을 가리지 않고 모두 간통하였으니, 마땅히 극형에 처하여 나머지 사람을 경계해야 합니다."

그러나 좌승지 채수와 좌부승지 성현은 그의 의견에 반대했다.

"어을우동의 죄는 비록 중하지만, 율을 헤아려보면 사형에는 이르지 않습니다. 옛사람들이 이르기를, '법을 지키기를 금석과 같이 굳게 하고 사시四時와 같이 믿음이 있게 하라'고 하였으니, 지금 만약 극형에 처한다면 법이 무너질까 두렵습니다."

그러자 결국, 성종이 결론을 내렸다.

"어을우동은 음탕하게 방종하기를 꺼림이 없게 하였는데, 이런데도 죽이지 않는다면 뒷사람을 어떻게 징계하겠느냐? 의금부에 명하여 사형의 형률을 적용하여 아뢰게 하라."

이후에도 세 번에 걸쳐 재판을 진행한 끝에 결국, 교수형에 처했다.

시대가 죄인으로 몬 그녀의 로맨스

실록에 따르면 어을우동이 처음으로 마음을 뺏긴 남자는 은장이였다. 그녀가 시집간 지 얼마 되지 않아 태강수 이동이 은그릇 장인을 집에 불러 은그릇을 만들었는데, 어을우동이 그를 보고 첫눈에 마음을 빼앗겼다. 그래서 그녀는 여종 차림으로 은장이에게 접근했다. 그리고 재미있는 이야기를 나누며 서로를 희롱했는데, 남편 이동이 그것을 눈치채고 어을우동을 쫓아냈다.

이동에게 쫓겨난 어을우동은 아버지와 이혼하고 혼자 살고 있던 어머니 정귀덕에게 의탁해서 살았다. 말하자면 소박맞은 모녀가 한집에 살게 된 셈인데, 어을우동은 그런 처지를 한탄하며 가끔 슬픈 표정으로 눈물을 흘리기도 했다.

그러자 그 모습을 지켜보던 그녀의 여종이 이런 말로 위로했다.

"사람이 얼마나 살기에 상심하고 탄식하기를 그처럼 하십니까? 오종년이란 사람은 일찍이 사헌부의 도리都吏(우두머리 아전)가 되었고, 용모도 아름답기가 태강수보다 월등히 나으며, 혈통도 천하지 않으니 배필 삼을 만합니다. 주인께서 만약 생각이 있으시면 제가 마땅히 주인을 위해서 불러오겠습니다."

그 말에 어을우동이 오종년을 만나기로 했다. 그리고 오종년을 직접 만나 보니, 여종이 말한 대로 인물이 좋고 사내다운 데가 있었다. 그들 두 사람은 만나자마자 마음이 통했고 곧 육체도 통했다.

이후로 어을우동은 장안에서 인물 좋기로 이름난 자들이 있으면 과감하게 접근하여 연애를 걸었다. 오종년 다음으로 그녀가 택한 남자는 종친인 방산수 이난이었다. 그래서 그녀는 일부러 이난 집 앞을 기웃거리다 결국 그와 만나게 되었는데, 두 사람은 첫눈에 사랑에 빠졌다. 하지만 방산수는 그녀가 누군지는 알지 못했다. 그저 기생이거나 유녀가 아닐까 했던 것이다. 어쨌든 방산수와 그녀는 깊게 사랑했고 자주 만났다. 그래서 방산수는 자신의 팔뚝에 그녀의 이름을 새기기까지 했다.

하지만 어을우동은 방산수로 만족하지 않았다. 방산수와 함께 장안에서 한량으로 소문난 수산수 이기를 유혹하러 나섰다. 때는 단옷날이었다. 그녀는 화장을 곱게 하고 나들이를 나온 이기에게 접근했다. 이기는 한량답게 여인이 그네뛰기를 하는 것을 구경하고 있었고, 어을우동은 그의 시선을 잡아채며 주변을 맴돌았다. 그러자 수산수 이기가 그녀에게 매료되어 여종에게 물었다.

"뉘 집의 여자냐?"

계집종이 거짓으로 대답했다.

"내금위의 첩입니다."

첩이라는 말에 수산수는 망설이지 않고 어을우동에게 다가섰다. 첩 도둑질이 성행하던 때였고, 대개 첩들은 기생이나 의녀 출신이 많아 함께 놀기는 제격이라는 판단이었다. 마음이 동한 이기는 그녀를 멀지 않은 아전의 사무실로 끌어들여 정을 통했다.

수산수 이기를 유혹하는 데 성공한 그녀는 이번에는 전의감 생도 박강창에게 꽂혔다. 그래서 박강창 집 종을 사겠다는 구실을 붙여 그를 집으로 유인했다. 어을우동이 직접 만나서 종의 값을 의논하자는 말을 전했고, 박강창이 이에 응했다. 박강창이 집에 왔다는 소리를 듣고 그녀는 직접 그를 만나 유혹했다. 그리고 마침

13. 자유연애를 꿈꾼 시대의 희생자_박어을우동

내 동침하기에 이르렀는데, 어을우동은 그가 몹시 마음에 들었다. 그래서 그의 팔뚝에 자기 이름을 새기게 했다.

이렇듯 어을우동이 여러 남자와 어울리자, 암암리에 한량들 사이에 그녀에 대한 소문이 퍼지기 시작했다. 이근지라는 평민이 있었는데, 그는 어을우동에 대한 소문을 듣고 어떻게 해서든 그녀를 취하고자 했다. 그래서 그는 대담하게도 어을우동을 직접 찾아가서 방산수의 심부름을 왔다고 거짓말을 해서 그녀를 만났다. 이근지 역시 인물깨나 있고, 체격이 좋았던 모양이다. 어을우동은 이근지를 보자 곧 그와 정을 통했다.

이근지 다음 인물은 내금위 관원 구전이었다. 그는 어을우동과 담장을 사이에 두고 살았는데, 하루는 어을우동이 그의 집 정원에 있는 것을 보고, 담을 뛰어넘어 서로 붙들고 방으로 들어가서 간통하였다. 이들 외에도 어을우동과 연애한 남자들은 여럿 더 있다. 실록에서 그들의 이야기를 옮기면 이렇다.

생원 이승언이 집 앞에 서 있다가 어을우동이 걸어서 지나가는 것을 보고, 그 계집종에게 물었다.
"지방에서 뽑아 올린 새 기생이 아니냐?"
계집종이 거짓으로 대답했다.
"그렇습니다."
그러자 이승언이 뒤를 따라가며 희롱도 하고 말도 붙이며 그 집에 이르러서, 침방에 들어가 비파를 보고 가져다가 탔다. 어을우동이

성명을 묻자, 이승언이 대답했다.

"이 생원이다."

어을우동이 말했다.

"장안에 이 생원이 얼마나 많은데, 어떻게 성명을 알겠는가?"

그때서야 이승언이 대답했다.

"춘양군의 사위 이 생원을 누가 모르는가?"

그리고 마침내 눈이 맞아 몸을 섞었다.

학록 홍찬이 처음 과거에 올라 유가遊街(과거 급제자가 광대를 앞세우고 풍악을 울리면서 거리를 돌며 지인들을 찾아보던 일)를 하다가 방산수의 집을 지날 적에 어을우동이 살며시 엿보고 간통하고 싶은 마음이 있었는데, 그 뒤에 길에서 만나자 소매로 그의 얼굴을 슬쩍 건드리어, 홍찬이 마침내 그의 집에 이르러서 간통하였다.

서리 감의향이 길에서 어을우동을 만나자, 희롱하며 따라가서 그의 집에 이르러 간통하였는데, 어을우동이 사랑하여 또 등에다 이름을 새기었다.

밀성군의 종 지거비가 이웃에서 살았는데, 틈을 타서 간통하려고 하여, 어느 날 새벽에 어을우동이 일찌감치 나가는 것을 보고, 위협하여 말했다.

"부인께선 어찌하여 밤을 틈타 나가시오? 내가 장차 크게 떠들어서 이웃 마을에 모두 알게 하면, 큰 옥사가 일어날 것이오."

어을우동이 두려워서 마침내 안으로 불러들여 간통을 하였다. 이때 방산수 난이 옥중에 있었는데, 어을우동에게 말했다.

"예전에 유감동이 많은 간부로 인하여 중죄를 받지 아니하였으니, 너도 사통한 바를 숨김없이 많이 끌어대면, 중죄를 면할 수 있을 것이라."

이 말에 어을우동이 간부를 많이 열거하고, 방산수 난도 어유소, 노공필, 김세적, 김칭, 김휘, 정숙지 등을 끌어대었으나, 모두 증거가 없어 면하게 되었다.

이와 관련하여 방산수 난이 공술하여 말했다.

"어유소는 일찍이 어을우동의 이웃집에 접하여 살았는데, 은밀히 사람을 보내어 그 집에 맞아들여 사당에서 간통하고, 뒤에 만날 것을 기약하여 옥가락지를 주어 신표로 삼았습니다. 김휘는 어을우동을 사직동에서 만나 길가의 인가를 빌려서 정을 통하였습니다."

사람들이 자못 어을우동의 어미 정씨도 음행이 있을 것을 의심하였는데, 그 어미가 일찍이 이런 말을 하였다.

"사람이 누군들 정욕이 없겠는가? 내 딸이 남자에게 혹하는 것이 다만 너무 심할 뿐이다."

이 기록에서 알 수 있듯이 어유소, 노공필, 김세적, 김칭, 김휘, 정숙지 등 힘 있는 양반들은 대부분 죄를 면했다. 모두 증거가 없다는 것인데, 이는 핑계에 불과할 것이다. 또 어을우동 사건으로 유배가거나 갇혔던 자들은 얼마 지나지 않아 모두 풀려났다.

하지만 어을우동은 이 간통 사건으로 교수형 당했는데, 이는 형률에 비춰 과중한 선고였다. 아마도 어을우동을 죽인 것은 그의 입에서 더 많은 이름이 거론될 것을 염려한 조치가 아니었을까. 간통한 사내의 숫자로 보면 세종대의 유감동이 훨씬 많은데도 유감동은 유배형에 그쳤던 것을 보면 이런 추론이 가능하다.

사실, 어을우동이 간통한 것은 대부분 이혼한 이후였다. 그런데도 한때 종실의 며느리였다는 이유만으로 그녀를 죄인 취급한 것은 조선시대 특유의 신분 구조와 여성 차별 탓이다. 그런 점에서 본다면 어을우동은 시대의 희생자였다.

14
장

광기형 냉혈남 ── **연산군 이융**

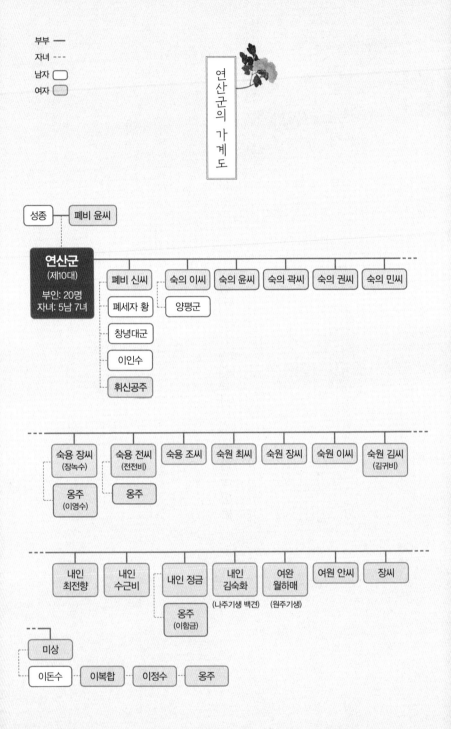

부부 —
자녀 ---
남자 ☐
여자 ☐

연산군의 가계도

성종 — 폐비 윤씨

연산군
(제10대)

부인: 20명
자녀: 5남 7녀

폐비 신씨
폐세자 황
창녕대군
이인수
휘신공주

숙의 이씨 — 양평군
숙의 윤씨
숙의 곽씨
숙의 권씨
숙의 민씨

숙용 장씨
(장녹수) — 옹주 (이영수)
숙용 전씨
(전전비) — 옹주
숙용 조씨
숙원 최씨
숙원 장씨
숙원 이씨
숙원 김씨
(김귀비)

내인 최전향
내인 수근비
내인 정금 — 옹주 (이함금)
내인 김숙화 (나주기생 백견)
여완 월하매 (원주기생)
여원 안씨
장씨

미상
이돈수 — 이복합 - 이정수 - 옹주

소년 이융의 이상형

조선 왕 중에 폭군이라고 단언할 수 있는 왕은 단연 연산군이다. 연산군의 폭력적 성향은 그의 애정 관계에서도 유감없이 드러났는데, 심지어 자신의 첩이었던 여인들을 사지를 찢어 죽이고, 머리를 뽑아 전시했을 정도였다.

연산군에게는 폭력적 성향과 함께 호색한 기질도 있었다. 그의 폭력적 성향이 억울하게 죽은 어머니에 대한 원한 때문에 형성된 것이라면 그의 호색 기질은 다분히 성종의 유전자에서 받은 것일 듯싶다. 성종은 태평성대를 구가한 왕이었지만, 타고난 호색 기질로 궁궐에 평지풍파를 일으켰고, 그것은 아들 연산군에게 엄청난 정신적 고통을 안겼다. 그 고통은 결국, 광기 어린 폭력성으로 드러났다. 이러한 폭력성은 호색한 기질과 결합하여 그를 폭력적인 색광으로 만들었다. 하지만 그런 폭군 연산군에게도 여인을 향한 순정은 있었다.

연산군 이융은 1476년 11월 7일에 성종과 폐비 윤씨의 장남으로 태어났다. 하지만 그의 어머니 윤씨는 그가 네 살 되던 해인 1479년에 궁궐에서 폐출되었고, 3년 후에 사약을 받고 죽었다. 그래서 연산군은 성종의 세 번째 왕비인 정현왕후 윤씨에 의해 양육되었다. 정현왕후는 폐비 윤씨의 연적이었고, 윤씨가 폐출되는 데 결정적 역할을 한 장본인이었다. 아버지 성종과 할머니 인수대비가 모두 어머니 윤씨를 죽게 한 장본인이었으니, 융은 온통 어머니의 원수들에 둘러싸인 채 성장한 셈이다.

어린 시절, 그는 정현왕후가 자신의 생모라고 여기고 자랐다. 하지만 유년기를 벗어날 무렵에 그녀가 생모가 아니라는 사실을 알았다. 이후 융은 생모를 몹시 그리워하며 슬픔 속에서 소년 시절을 보냈다. 이와 관련하여 《아성잡기鵝城雜記》(조선 선조 때 이제신이 쓴 잡록雜錄)는 다음의 이야기를 전하고 있다.

　　윤씨가 폐위된 뒤에 폐주가 세자로 동궁에 있을 때였다. 어느 날
　　세자가 이렇게 말했다.
　　"제가 거리에 나가 놀다 오겠습니다."
　　성종이 이를 허락하였다. 저녁때 세자가 돌아오자, 성종이 물었다.
　　"네가 오늘 거리에 나가서 놀 때 무슨 기이한 일이라도 보았느냐?"

세자가 대답했다.

"구경할 만한 것은 없었습니다. 다만 송아지 한 마리가 어미 소를 따라가는데, 그 어미 소가 소리를 하면 그 송아지도 문득 소리를 내어 응하여 어미와 새끼가 함께 살아 있으니 이것이 가장 부러운 일이었습니다."

성종이 이 말을 듣고 슬피 여겼다.

융의 이런 슬픔은 훗날 어머니가 대신과 가족의 모략으로 억울하게 죽었다는 사실을 알게 되면서 폭력적인 광기로 돌변한다. 하지만 어머니의 죽음에 대한 진실을 알기 전까지 그는 그저 어머니를 그리워하는 불쌍한 소년에 불과했다. 그리고 얼굴도 모르는 그의 어머니는 어느새 소년의 이상형으로 자리 잡게 되었다.

소년에게 그런 이상형이 되어 준 첫 여인은 월산대군 부인인 큰어머니 박씨(승평부대부인)였다. 융은 어린 시절에 자주 아팠던 탓에 월산대군의 집에서 치료를 받곤 했다. 그때 융을 지극 정성으로 돌본 여인이 바로 박씨였다.

승평부대부인 박씨는 인물이 출중했지만, 자식을 낳지 못했다. 그래서 융을 자식처럼 돌봤던 것인데, 어린 융에게는 그녀가 친어머니처럼 여겨졌던 모양이다. 그는 때로 박씨의 처소에서 잠을 자기도 했다. 융은 왕위에 오른 뒤에도 그녀를 어머니처럼 섬겼고 자주 그녀의 집을 방문했다. 이 바람에 연산군과 박씨가 간통했다는 소문이 돌기도 했다. 심지어 그녀가 죽었을 땐 연산군의 아이

14. 광기형 냉혈남_연산군 이융

를 잉태하여 자살한 것이라는 소문이 돌기까지 했다. 이런 소문은 박씨의 동생 박원종이 반정을 일으켜 연산군을 폐위하는 데 중요한 원인이 되기도 한다.

첫사랑 그리고 행복한 결혼 생활

소년 이융이 처음 만난 여인은 신승선의 딸이었다. 신승선은 중모현주 이씨(세종의 아들 임영대군 이구의 딸)의 아들이었다. 그러니 신승선의 딸 신씨는 이융에게는 7촌 아주머니뻘 된다. 일종의 근친혼이었던 셈인데, 조선 왕실은 부계 근친혼은 엄격히 금했지만, 모계 근친혼은 문제 삼지 않았다. 그래서 조선 왕실의 혼인 관계를 면밀히 따져보면 모계 근친혼이 매우 많다. 일례로 명성황후 민씨는 고종의 어머니 민씨의 사촌 동생이다. 그러니 명성황후는 고종의 5촌 아주머니뻘 된다. 이런 모계 근친혼은 조선 왕실 초부터 흔히 발견되는데, 왕실뿐 아니라 일반 민가에서도 흔히 있는 일이었다.

융이 결혼한 때는 1488년, 열세 살 때였다. 세자빈이 된 신씨는 동갑내기였다. 융은 아내 신씨를 마음에 들어 했다. 신씨는 후덕하고 명민한 여인이었다. 또한 처신이 바르고 사려 깊었다. 부부 금실도 좋았다. 덕분에 그들 사이엔 자녀도 많았다. 하지만 자식복은 없었다. 열아홉 살에 첫아들을 얻었는데, 이내 죽고 말았다. 이후로 여러 아이를 더 낳아서 7남 2녀를 얻었지만, 그중에 살아남은 아이는 2남 1녀뿐이었다. 나머지 아이들은 대부분 낳자마자 죽었다. 그 때문에 신씨는 몹시 고통스러워했고, 융은 아내를 안쓰럽게 여기며 위로하곤 했다.

이 무렵의 이융은 명민한 왕으로 불리었다. 정사 처리도 원만하고 개혁적인 정책도 적극적으로 추진하여 조정의 호평을 듣고 있었다. 그는 성종 말기에 나타나기 시작한 퇴폐 풍조와 부패상을 일소하기도 했다. 그래서 등극 6개월 후에는 전국 모든 도에 암행어사를 파견하여 민간의 동정을 살피고 관료의 기강을 바로잡았다. 또한 인재를 확충하기 위해 별시문과를 실시하여 33인을 급제시키고, 변경 지방에 여진족의 침입이 계속되자 귀화한 여진인에게 그들을 회유케 하여 변방 지역의 안정을 꾀하기도 했다.

문화 정책에서도 문신의 사가독서賜暇讀書(유능한 문신들에게 휴가를 주어 독서에 전념하게 하는 제도)를 다시 실시하여 학문의 질을 높이고 조정의 학문 풍토를 새롭게 했으며, 세조 이래 3조의《국조보감》을 편찬해 후대 왕들의 제왕 수업에 귀감이 되도록 했다.

또한 폭군에게서 흔히 보이는 폭력성의 전조 증상도 보이지 않았고, 왕비 신씨와의 관계도 매우 돈독했다. 다른 여인에게 눈길을 주지 않았고, 후궁도 많이 두지 않았다. 첫사랑 신씨와 행복한 결혼생활을 이어가고 있었던 셈이다.

폭력성과 함께 드러난 색마 기질

그런데 무오사화가 발생하면서 그의 숨은 폭력성이 조금씩 드러나기 시작했다. 무오사화는 1498년 무오년, 《성종실록》을 편찬하는 과정에서 일어났다. 1498년 실록청이 설치되고 이극돈(훈구파)이 실록 작업의 당상관으로 임명되었다. 그는 사관 김일손(사림파)이 작성한 사초 점검 과정에서 김종직이 쓴 '조의제문'과 이극돈 자신의 비행을 비판하는 상소문이 기록된 것을 발견했다.

'조의제문'은 진나라 항우가 초의 의제를 폐한 일에 대한 것이었는데, 이 글에서 김종직은 의제를 조의하는 제문 형식을 빌려 의제를 폐위한 항우의 처사를 비판하고 있었다. 이는 세조의 단종 폐위를 빗댄 것으로 은유적으로 세조의 왕위 찬탈을 비판하는 것이었다. 나머지 상소문은 세조비 정희왕후 상중에 전라감사로 있던 이극돈이 근신하지 않고 장흥의 기생과 어울렸다는 불미스러운 사실을 적은 것이었다. 당시 이 상소 사건으로 이극돈은 김종직을 원수 대하듯 했는데, 그것이 사초에 실려 있는 것을 발견하자 그는 분노를 금할 길이 없었다. 그래서 달려간 곳이 유자광의 집이었다. 유자광 역시 함양 관청에 붙어 있던 자신의 글을 불태운 일로 김종직과 극한 대립을 보였었다. 게다가 김종직은 남이를 무고로 죽인 모리배라고 말하면서 유자광을 멸시하곤 했다.

유자광은 '조의제문'을 읽어보고는 세조의 신임을 받았던 노사신, 윤필상 등의 훈신 세력과 모의한 뒤 왕에게 상소를 올렸다. 상소의 내용은 뻔했다. '조의제문'이 세조를 비방한 글이므로 김종직은 대역부도大逆不道한 행위를 했으며, 이를 사초에 실은 김일손역시 마찬가지라는 논리였다.

연산군은 즉시 김일손을 문초하게 하였다. '조의제문'을 사초에실은 것이 김종직의 지시에 의한 것이라는 결론을 얻기 위해서였다. 그리고 의도하던 바대로 진술을 받아내자 연산군은 김일손을위시한 모든 김종직 문하를 제거하기 시작했다. 우선 이미 죽은김종직에게는 무덤을 파서 관을 꺼낸 다음 시신을 다시 한번 죽이는 부관참시형이, 김일손, 권오복, 권경유, 이목, 허반 등은 간악한파당을 이루어 세조를 능멸하였다는 이유로 능지처참형이 내려졌고, 같은 죄목의 강겸은 곤장 100대에 가산을 몰수하고 변경의 관노로 삼았다.

조정에 한바탕 피바람이 지나간 후, 왕권은 한층 강화되었고 조정 대신들은 왕의 눈치를 보기 시작했다. 이에 연산군은 기고만장해졌고, 이후 급속도로 폭력적인 양상을 드러내면서 살인귀로 변해갔다. 그와 동시에 미친 듯이 색욕을 드러냈다.

무오사화를 통해 조정을 완전히 장악한 연산군은 조정 대신들을 모두 자신에게 아부하는 자들로 채웠다. 그리고 전국에 채홍사를 파견하여 지방에서 인물깨나 있다는 여인들을 모두 궁궐로 불러들였다. 그 여인들은 대부분 기생 출신이었으나, 개중에는 여염집 처자도 있었다. 이렇게 뽑혀 온 여인들을 '운평運平'이라고 했는데, 운평 중에서 선발하여 대궐에 머물게 한 여인들을 '흥청'이라고 하였다. 그는 이들 흥청과 돌아가면서 동침하곤 했는데, 그래서 흥청 중에 자기와 동침한 여자는 천과흥청天科興淸, 즉 '하늘의 과거를 통과한 흥청'이라 하고 동침하지 않은 여자는 지과흥청地科興淸, '땅의 과거를 통과한 흥청'이라 불렀다. 또 동침했는데 만족하지 못하면 그들은 반과흥청半科興淸, 즉 '과거에 반만 합격한 흥청'이라 칭했다. 이들 기생들을 모두 합쳐서 삼청三淸이라 하고 관리하며 매일같이 잔치를 베풀며 그들과 놀았다.

팜므파탈 장녹수

연산군이 색광으로 변하기 시작한 것은 당대의 뛰어난 기생이었던 장녹수를 만난 뒤부터였다. 실록에 장녹수가 처음 등장하는 것이 1502년이다. 1502년 당시 장녹수는 이미 후궁이 된 상태였고, 사람들이 그녀에게 줄을 대기 위해 뇌물이 오가곤 하였다. 따라서 연산군과 장녹수의 만남은 아마 무오사화 이후 왕권이 한층 강화된 시점인 1500년 초쯤으로 판단된다.

장녹수는 원래 집안이 몹시 곤궁하여 몸을 팔아 생활하던 여자였다. 그런 탓에 여러 남자와 살았다. 그러던 중에 제안대군(예종의 아들)의 가노家奴와 결혼하였다. 이후 그녀는 아들을 하나 낳았고, 그런 상황에서 춤과 노래를 배워 기생이 되었다. 그녀의 노래와 춤 실력은 탁월했다. 특히 노래를 아주 잘하여 입술을 움직이

지 않고도 맑고 고운 목소리를 낼 정도였다. 거기다 나이에 비해 매우 앳된 얼굴이었다. 나이가 서른 살이 됐는데도 얼굴은 열여섯 살 소녀 같았다. 인물은 그다지 출중하지 않았으나 노래와 춤에 능하고 얼굴이 매우 앳되어 보인다는 소문을 듣고 연산군이 그녀를 불렀다.

연산군은 첫눈에 그녀에게 반했고, 즉시 궁으로 들여 애첩으로 삼았다. 이후 그녀는 연산군의 아이를 낳고, 숙원의 첩지를 받았으며, 계속 벼슬이 올라 숙용에 이르렀다.

그녀는 일반 후궁들처럼 연산군을 대하지 않는데, 특이하게도 연산군은 그녀의 그런 면에 매료되었다. 실록에서는 연산군에 대한 그녀의 태도를 "왕을 조롱하기를 마치 어린아이 다루듯 하고, 왕에게 욕하기를 마치 노예에게 하듯 했다"고 쓰고 있다. 그런데 연산군은 "아무리 화가 나는 일이 있어도 녹수만 보면 기뻐하였다"고 했다. 실록은 또 장녹수에 대해선 "얼굴은 중인中人 정도를 넘지 못했으나, 남모르는 교사와 요사스러운 아양은 견줄 사람이 없었다"고 쓰고 있다.

어쨌든 연산군은 장녹수의 말이라면 어떤 것이든 들어줬고, 장녹수와 함께하는 일이라면 뭐든지 즐거워했다. 그야말로 장녹수는 연산군의 눈과 마음을 완전히 사로잡은 팜므파탈 그 자체였다.

그런 까닭에 장녹수에게 줄을 대는 사람들이 많았다. 제안대군의 장인 김수말도 그중 하나였다. 그는 장녹수에게 뇌물을 써서 벼슬을 얻었다. 또 연산군은 장녹수의 형부 김효손에게도 벼슬을 내렸고, 내수사의 종이었던 언니 장복수를 면천시키기도 했다.

이렇듯 연산군의 총애를 받은 장녹수의 권세는 하늘을 찔렀다. 장녹수는 궁궐 안에 살고 있었지만, 궁궐 바깥에 대궐 같은 집을 지었다. 그래서 장녹수의 집 하인들조차도 웬만한 양반은 눈을 깔고 보기 일쑤였다. 심지어 중추부 동지사 이병정이란 인물은 장녹수의 하인에게 큰 모욕을 당했는데도 아무 말도 못 하고 되레 뇌물을 바치고서 잘못을 빌어야 했다.

기생 옥지화 사건은 당시 장녹수의 권세가 얼마나 대단했는지 단적으로 보여준다. 이 사건은 그저 옥지화라는 기생이 실수로 장녹수의 치마를 밟은 것에 불과한 일이었다. 그런데 연산군은 재위 11년(1505년) 11월 7일 승정원에 이런 명령을 내렸다.

"운평 옥지화가 숙용의 치마를 밟았으니, 이는 만상 불경에 해당하므로 무거운 벌을 주고자 하니 승지 강혼은 밀위청에 데려가 형신하라. 또 이 뜻으로서 의정부·육조·한성부·대간에게 수의하라."

그런데 연산군의 명을 접한 조정 대신들의 태도가 더 가관이었다. 그들은 연산군의 말에 동조하며 이런 말을 올렸다.

"옥지화의 죄는 지극히 만홀하오니, 위의 분부가 지당합니다. 명하여 참하소서."

결국, 옥지화는 참형을 받고 목이 달아났다. 성스러운 장녹수의 치마를 밟은 불경죄는 대역죄 취급을 받은 것이다. 이런 측면에서 보자면 연산군에게 있어서 장녹수는 아무도 범접할 수 없는 성녀나 다름없었다.

황천길로 가는 문

이렇듯 실수로 치마를 밟은 것을 참형으로 다스릴 정도였으니, 장녹수에 대해 질투심을 드러내는 여인이 있다면 어떻게 되었을까?

사실, 연산군은 여인의 질투는 대역죄를 저지르는 것과 같다고 생각했다. 그는 질투하는 여자를 세상에서 제일 싫어했다. 그것은 아마도 자신의 생모 윤씨가 다른 후궁들의 질투 때문에 죽었다고 생각하는 데서 비롯된 듯하다. 그래서 후궁들에게 늘 투기하지 말라고 강조했다. 그러나 여인들 마음이 어디 그런가? 사랑하는 이에게 더 사랑받고 싶어 하는 게 인지상정 아닌가? 연산군의 사랑을 독차지하고 있던 장녹수에 대해 질투심을 드러낸 여인들이 있었는데, 그들은 어떻게 되었을까?

장녹수에게 질투심을 드러낸 두 여인이 있었다. 그들은 최전향과 수근비였다. 전향과 수근비는 원래 연산군이 총애하던 여인들이었다. 전향은 출신이 분명치 않은 후궁이었고, 수근비는 사비 출신 궁녀이자 애첩이었다. 전향이 언제 후궁이 됐는지는 알 수 없으나 수근비는 이 사건이 있던 해인 1504년 3월 7일에 궁녀가 되었다. 그녀는 원래 사노비였으나 연산군이 장례원에 전교하여 수근비를 대궐로 들이고, 대신 관비 옥금을 내주면서 입궁했다.

당시 연산군은 전국에 채홍사를 파견하여 대궐에 엄청난 수의 여인들을 끌어들여 음주와 가무를 즐겼는데, 그런 가운데 눈에 띄는 여인이 있으면 장소를 가리지 않고 취하여 첩으로 삼았다. 전향과 수근비도 역시 그런 과정을 거쳐 후궁이 된 여인들이었다.

하지만 이들 두 사람은 그로부터 한 달쯤 뒤에 궁궐에서 쫓겨났다. 그 이유에 대해서 연산군은 이렇게 밝히고 있다.

"부인의 행실은 투기하지 않는 것을 어질게 여긴다. 그러나 지금 전향과 수근비는 간사하고 흉악하며 교만한 마음으로 투기하여 내정의 교화를 막히게 했으니, 그 죄를 용서할 수 없다."

연산군의 말로 봐서 그들은 질투심을 드러냈다가 쫓겨난 것이다. 궁궐에서 내쫓긴 그들은 서강에 살고 있었다. 하지만 연산군은 그들을 쫓아내는 것으로 사건을 종결짓지 않았다. 두 사람에게 모두 장 80대를 때리게 하고, 전향은 강계에, 수근비는 온성에 유배 보냈다.

연산군이 한때 총애하여 후궁으로 삼았던 그들을 유배 보낸 것은 모두 장녹수 때문이었디. 장녹수에 대한 다른 후궁들의 질투가 심해지자, 연산군은 질투를 금기로 삼고, 만약 질투하다 발각되면 큰 벌을 내리겠다고 공표했다. 전향과 수근비는 그 본보기로 걸린 격이었다.

연산군의 눈 밖에 난 전향과 수근비는 재산을 모두 뺏기고 유배지로 떠났다. 하지만 사건은 그것으로 끝나지 않았다. 그들이 유배지로 떠난 뒤인 그해 6월 8일, 연산군은 소격서의 종 도화를 비롯하여 전향과 수근비의 일족을 모두 잡아들이라고 명한다. 이유인즉, 간밤에 도성의 어느 담벼락에 익명서가 나붙었는데, 그 내용이 연산군을 비하하고 장녹수를 저주하는 것이었다. 연산군은 이것을 전향과 수근비 일족의 짓이라고 생각하고 그들을 잡아들인 것이다.

그들을 국문한 것은 추관으로 선임된 유순과 의금부 당상관들이었다. 하지만 심문 내용은 공개되지 않았다. 궁궐 내부의 비밀스러운 일이라 하여 사관조차 국문장에 가지 못했고, 그 때문에 익명서의 구체적인 내용은 기록되지 않았다.

두 여자의 일족 60여 명을 모두 국문했지만, 아무도 죄를 인정하지 않았다. 그러자 연산군은 그들의 이웃집 여인 40명을 더 잡아들이라고 명한다. 심한 고문을 가하며 두 여자의 족친族親과 이웃들을 다그쳤지만 역시 익명서를 붙였다고 자복하는 사람은 없었다. 그러자 연산군은 전향과 수근비의 부모와 형제에겐 장 100대를 치게 하고, 사촌들에게는 80대를 치게 했다. 이어 전향과 수근비의 사지를 찢고 머리를 뽑아 사람들이 볼 수 있도록 전시하게 했다. 이후 두 사람의 머리는 외딴 섬에 묻혔는데, 그곳에 그들의 죄명을 돌에 새겨 세우게 했다.

결국, 질투심 한번 드러냈다가 능지처참당했으니, 그야말로 질투가 황천길로 가는 문이 된 셈이다.

15
장

야누스형 배신남 — 중종 이역

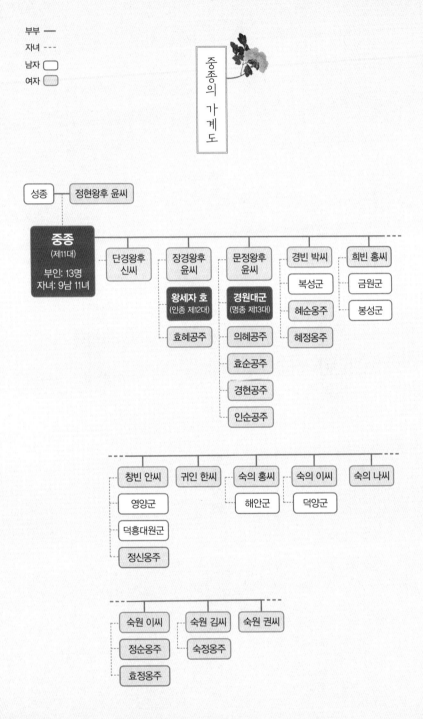

부부 —
자녀 ---
남자 ☐
여자 ☐

중종의 가계도

성종 — 정현왕후 윤씨

중종
(제11대)

부인: 13명
자녀: 9남 11녀

단경왕후
신씨

장경왕후
윤씨

왕세자 호
(인종 제12대)

효혜공주

문정왕후
윤씨

경원대군
(명종 제13대)

의혜공주

효순공주

경현공주

인순공주

경빈 박씨

복성군

혜순옹주

혜정옹주

희빈 홍씨

금원군

봉성군

창빈 안씨

영양군

덕흥대원군

정신옹주

귀인 한씨

숙의 홍씨

해안군

숙의 이씨

덕양군

숙의 나씨

숙원 이씨

정순옹주

효정옹주

숙원 김씨

숙정옹주

숙원 권씨

왕이 된 남편, 버려진 조강지처

연산군의 폭정이 지속되자, 결국 이를 참지 못해 반정이 일어났다. 반정을 일으킨 인물은 연산군이 이상형으로 삼았던 승평부대부인 박씨의 동생 박원종이었다. 연산군을 쫓아낸 박원종은 진성대군을 조선 11대 왕으로 세웠다. 진성대군은 성종의 세 번째 왕비인 정현왕후 소생이었다. 연산군이 정현왕후를 원수처럼 생각했는데, 진성대군 이역이 그녀의 아들이었으니, 연산군이 재위하는 동안 이역은 죽음의 공포에 시달리며 지내야 했다. 그러나 다행히 죽지 않고 생명을 부지한 끝에 용상에 올랐다.

그가 왕이 된 데엔 첫 부인 신씨의 역할이 컸다. 박원종이 반정에 성공하고 용상에 앉히려고 그의 집을 찾았을 때, 그는 되레 대들보에 목을 매려 했다. 그 내막이 《국조기사國朝記事》(조선시대 사대부들의 인적 사항을 항목별로 정리해놓은 책)에 이렇게 전한다.

반정하던 날 먼저 군사를 보내 진성대군의 사저를 에워쌌다. 이것은 해칠 자가 있을 것을 염려해서 호위하기 위해서였다. 그런 줄도 모르고 임금(진성대군)이 놀라서 자결하려고 했다. 그러자 부인 신씨가 말하였다.

"군사의 말 머리가 이 궁(진성대군의 사저)으로 향해 있으면 우리 부부가 죽는 것이 마땅합니다. 하지만 만일 말꼬리가 이 궁으로 향하고 머리가 밖으로 향해 섰다면 반드시 공자를 호위하려는 뜻이오니, 알고 난 뒤에 죽어도 늦지 아니하오리다."

그러면서 소매를 붙잡고 굳이 말리며 사람을 내보내 살피고 오게 하였다. 그랬더니 과연 말머리가 밖을 향해 있었다.

박원종 등이 반정을 일으키던 날, 중종을 보호하기 위해 부하들을 보내 그의 사저를 지키게 했는데, 중종은 연산군이 자신을 죽이려고 군사들을 보낸 줄 알고 자살하려 했던 것이다. 하지만 아내 신씨의 기지로 목숨을 끊지 않은 덕에 왕위에 올랐으니, 신씨가 아니었다면 용상을 얻지 못했을 것이다.

중종 이역은 이 슬기로운 아내를 사랑했다. 하지만 그녀를 버려야 했다. 왜 그는 사랑하는 아내를 버려야만 했을까? 그 속사정을 알려면 그들이 어떤 인연으로 얽혀 있는지 알아야 한다.

이역은 1488년 3월 5일에 태어났다. 성종이 왕비 윤씨를 내쫓은 때로부터 9년이 지난 때였다. 당시 그의 이복형 연산군은 열세 살 소년이었고, 이미 정현왕후가 자신의 생모가 아니라는 사실을 알고 있었다. 그리고 그해 1월에 신승선의 딸을 세자빈으로 맞이하여 막 결혼한 상태였다.

그로부터 11년 후인 1499년에 이역도 열두 살의 나이로 결혼했다. 신부는 신수근의 딸이었다. 신수근은 신승선의 아들이었고, 연산군의 왕비 신씨의 오빠였다. 진성대군 이역과 연산군 모두 신승선의 딸과 손녀에게 장가든 것이다.

신수근은 연산군의 처남으로 조정의 핵심 권력이었다. 박원종의 반정이 일어나던 그때 그는 핵심 실세로 좌의정 자리에 있었다. 그 때문에 박원종 세력은 거사를 감행하면서 그를 격살했다.

이후, 박원종 세력은 진성대군 이역을 새로운 왕으로 추대하였고, 자연스럽게 신수근의 딸 신씨도 왕비가 되었다. 하지만 박원종 세력은 자신들이 척결한 신수근의 딸을 왕비 자리에 그대로 둘 수 없었다. 그래서 그녀는 왕비가 된 지 일주일 만에 폐출되는 처지가 되었다.

중종은 신씨를 출궁시킨 후에도 그녀를 그리워했다. 그래서 모화관으로 명나라 사신을 맞으러 갈 때면 꼭 모화관에서 멀지 않은 신씨의 처소로 말을 보내 먹이게 하였고, 신씨는 흰죽을 직접 만들어 말에게 먹였다고 한다. 또 중종이 신씨를 잊지 못해 날마다 경회루에 올라 신씨가 머물던 인왕산 쪽을 바라본다고 하자, 신씨는 다홍

치마를 인왕산 바위 위에 펼쳐놓았다는 치마바위 전설도 있다.

그런데 이런 애틋한 이야기들과 달리 중종은 정작 신씨(단경왕후)를 복위시킬 기회가 있었는데도 그녀를 다시 맞이하지 않았다.

단경왕후가 쫓겨난 이후, 중종의 비가 된 여인은 장경왕후 윤씨였다. 그런데 그녀는 1515년 원자 호(인종)를 낳고 산욕으로 사망하고 말았다. 이렇게 왕비 자리가 비자, 궁궐 내부에서는 후궁 중에서 중종의 총애를 받고 있던 경빈 박씨가 유력한 왕비 후보로 부상했다. 경빈 박씨는 복성군의 어머니였는데, 복성군은 원자 호보다 여섯 살 위였다. 따라서 경빈 박씨가 왕비가 되면 원자의 처지가 매우 위태로운 상황이 될 게 뻔했다. 이런 상황에서 중종은 새 왕비를 들이는 문제와 관련하여 신하들에게 조언을 구했다. 이에 사림에서 이름이 있던 순창군수 김정과 담양부사 박상이 중종에게 상소하여 폐비 신씨를 복위시킬 것을 주청했다. 그러자 이 일은 소정의 큰 논란거리가 되었다. 대사헌 권민수와 대사간 이행 등의 언관들이 그들 두 사람을 강력하게 비판하며 이런 주장을 하였다.

"박상과 김정의 상소가 감히 간사한 의논을 끄집어내니 이는 극히 해괴한 일입니다. 의금부에 잡아다가 문초하여 그 사유를 캐내야 할 것입니다."

이에 중종도 그들의 의견에 동조하여 이런 말을 하였다.

"나도 상소를 보고 국가 대사를 너무 경솔하게 논의했다고 생각했다. 내 뜻도 그 이유를 추궁하고 싶었으나 내가 조언을 구하여 상소한 것이기 때문에 덮어두었던 것이다."

이후, 중종은 당상관들을 모두 불러 신씨 복위를 건의하는 상소문을 보여줬다. 그러자 유순, 정광필, 김응기 등 삼정승은 임금이 조언한 것에 대한 상소이므로 잡아다 추궁하는 것은 옳지 않다는 의견을 냈다. 그리고 홍문관의 관원들도 그들의 상소 내용이 적절치 않다고 하더라도 왕이 조언을 구해서 올린 상소이기 때문에 죄 주는 것은 옳지 않다고 했다. 하지만 중종은 김정과 박상을 잡아다 의금부에서 심문하라고 명령하고, 이후 그들을 유배 보내버렸다.

이후, 단경왕후 신씨는 궁궐로 돌아오지 못했다. 조강지처로서 반정이 있던 날 자신의 목숨을 살려주고, 자신도 그토록 그리워한다고 했던 그녀를 중종은 냉정하게 외면했다.

무늬만 부부로 지낸 두 번째 아내

중종은 첫 부인 단경왕후 신씨를 폐출한 후, 다시 결혼했다. 두 번째 맞은 아내는 윤여필의 딸이었고, 파평 윤씨 가문의 장경왕후였다. 그녀의 어머니는 순천 박씨로 박원종의 누나였고, 월산대군 부인 박씨와는 자매지간이었다. 어머니 순천부부인 박씨가 일찍 죽는 바람에 윤씨는 이모인 월산대군 부인의 보살핌을 받으며 자랐다.

그녀 집안은 원래부터 왕실과 친인척으로 엮여 있었다. 또한 자매들도 왕실로 시집간 이들이 있었다. 큰언니는 월산대군의 서자

덕풍군 이이에게 시집갔으니, 이종사촌 간의 결혼이었다. 여동생은 광평대군의 증손자인 이억손과 결혼했다. 거기다 그녀가 중종의 왕비가 되었으니, 윤여필은 왕실과 실타래처럼 얽힌 사이였다.

그녀가 왕비로 간택된 것은 물론 외숙부 박원종의 입김이 크게 작용했다. 반정에 성공하여 권력을 장악한 박원종은 영의정에 올랐고, 이어 자신의 조카를 왕비로 앉혀 권력을 독점하려 했다. 거기다 그녀가 파평 윤씨 집안이었으니, 중종의 모후 정현왕후의 혈족이었다. 따라서 중종 이역과 장경왕후의 결혼은 완전한 정략결혼일 수밖에 없었다. 사실, 조선 왕과 왕비 들이 모두 그렇듯이 중종과 장경왕후 사이에 사랑 따위를 논할 것은 못 됐다.

윤씨는 1491년생으로 이역보다는 세 살 연하였다. 단경왕후가 폐위된 직후에 간택되어 1507년 열일곱 살에 왕비가 되었으며, 8년간 이역과 부부로 살았다.

윤씨는 성품이 무난했다. 당시 중종에게는 여러 후궁이 있었으나, 윤씨는 질투하는 일도 별로 없었다. 그래서 이역과의 관계도 원만했다. 하지만 둘 사이에 자녀가 둘뿐인 것을 보면 깊은 애정 관계가 형성되었던 것은 아닌 모양이다. 윤씨가 첫아이 효혜공주를 낳은 것이 결혼 4년 후인 1511년이었고, 둘째 아이 호(인종)를 낳은 것이 1515년이었다. 실록 기록을 살펴봐도 중종이 장경왕후에게 크게 애정을 품고 있었던 것 같지는 않다.

윤씨는 불행히도 인종을 낳고 7일 만에 산욕으로 죽었는데, 당시 실록 기록을 따르면 중종은 그녀의 임종을 지키지 않았다. 심지어 윤씨의 병세가 위급하다고 하자, 혹 전염병인지 염려하여 자신이 피병해야 하는지 물었다. 윤씨가 인종을 낳은 순간부터 임종 때까지의 실록 기록에서 중종의 그런 태도는 명확하게 드러난다.

2월 25일: 밤 초경에 원자가 탄생하였다.

2월 29일: 이른 새벽에 원자를 받들고 교성군 노공필의 집으로 나아가 우거했는데, 중궁이 미령하기 때문이었다.

3월 1일: 중궁의 병세가 위급하여 궁 외에 피병함을 하문하다 전교하였다.

"중궁의 병세가 위급하여 궁 외에 피병하려 하는데, 이어함이 어떠한가?"

승정원에서 아뢰었다.

"이것은 다른 증세가 아니라 산후에 발생한 것이니, 이어함이 불가할 것 같습니다."

3월 2일: 이날 삼경 오점에 중궁 윤씨가 승하하였다. 곧 정원에 전교하였다.

"일이 여기에 이르니 어찌할 바를 모르겠다. 장례에 관한 여러 가지 일을 곧 준비하도록 하라."

이에 도승지 손중돈, 동부승지 허굉이 아뢰었다.

"신들도 또한 어찌할 바를 모르겠습니다. 어찌 이런 일이 있을 수 있겠습니까? 대신과 예조 판서를 부르시어 함께 상사를 의논케 하소서."

이 기록에서 드러나듯, 중종은 아내가 산욕으로 사경을 헤매다 궁궐 바깥으로 나가 노공필의 집에 머물고 있음을 잘 알고 있었다. 그런데도 중전이 위급하다는 전갈을 받자, 병을 피하기 위해 이어해야 하지 않겠느냐는 질문을 했다. 대개 궁궐 안에서 중병 환자가 발생하면 전염성을 염려하여 왕은 궁궐 바깥으로 피병하게 되는데, 혹 그런 상황이 아니냐고 물었던 것이다.

제 손으로 죽인 첫사랑, 경빈 박씨

중종의 첫 부인은 한 살 연상이었던 단경왕후 신씨였지만, 중종이 처음으로 사랑한 여자는 바로 경빈 박씨였다. 신씨는 열두 살 어린 나이에 멋모르고 맞아들인 부인이었다. 하지만 경빈 박씨는 중종이 청년이 되어 직접 보고 반하여 들인 여자였다. 경빈 박씨는 매우 미인이었던 모양인데, 연산군 시절에 홍청으로 뽑혀 들어와 궁에서 지내다가 중종이 보고 반하여 후궁으로 삼은 여인이다.

경빈에 대한 중종의 총애는 대단했다. 그러다 보니 그녀는 매우 거만하고 분수에 넘치는 행동을 일삼았다. 뇌물을 즐겨 받아 청탁하는 사람도 줄을 이었다고 한다. 그녀 덕분에 아버지 박수림과 오라비 박인형, 박인정이 모두 벼슬을 얻어 한껏 권세를 부렸다.

하지만 그녀는 자신을 그토록 총애했던 연인 중종이 내린 사약을 받아야 했다. 그녀를 죽음으로 내몬 것은 이른바 '작서의 변' 사건이었다.

　이 사건의 전말은 이렇다. 1527년 2월 26일에 동궁의 해방亥方(24방위의 하나로 북북서쪽)에 불태운 쥐, 즉 작서灼鼠 한 마리가 걸려 있고, 물통의 나무 조각으로 만든 방서榜書(방술을 적은 글)가 함께 발견되어 조정이 발칵 뒤집혔다. 당시 동궁엔 세자 호(인종)가 기거했다. 인종은 돼지띠로 해亥년생이며, 그 사건 3일 뒤인 2월 29일이 생일이었다. 세자의 생일에 앞서 세자를 저주하는 일이 발생한 것이다. 쥐는 돼지와 비슷한 데가 있어 쥐를 태워 걸어놓은 것은 곧 세자를 저주한 것이기 때문에 중종과 조정 대신들이 매우 민감한 반응을 보일 수밖에 없었다.

　중종은 이 일을 철저히 조사하라고 엄명을 내렸고, 수사가 시작되어 범인으로 지목된 사람은 바로 경빈 박씨였다.

　이 일로 경빈의 시녀 여러 명이 매를 맞아 죽고, 그녀의 사위 홍려도 매를 맞아 죽었다. 또 좌의정 심정이 경빈과 결탁했다고 하여 사사되었으며, 그 외에도 많은 사람이 연루되어 죽었다. 또한 경빈 박씨와 그녀의 아들 복성군도 서인으로 전락하여 유배되었다가 사약을 받고 죽었으며, 박씨의 두 딸도 서인으로 전락하여 유배되었다.

　이로써 중종은 첫 부인을 버린 데 이어 첫사랑을 죽이고 첫아들까지 죽이는 결과를 낳았다. 그것도 모두 중종의 사려 깊지 못한 판단 때문에 벌어진 일이었다.

　그런데 그들이 죽은 뒤인 1533년에 같은 서체의 방서가 발견되었다. 그 글씨를 쓴 자를 조사하는 과정에서 김안로는 지난번 발견된 방서의 글씨와 다르다 하였고, 대사간 상진은 지난번 글씨와 같다고 하였다. 경빈과 심정을 죽일 때 김안로는 방서의 글씨가 경빈의 사위 홍려의 것이라고 주장했고, 홍려는 매질을 이기지 못해 자기 글씨가 맞다고 자백한 뒤 죽었다. 그 때문에 김안로는 글씨가 다르다고 주장할 수밖에 없었다. 하지만 상진은 당시 사건의 방서와 새로 발견된 방서의 글씨가 같다고 함으로써 홍려는 범인이 아니며, 경빈과 복성군이 억울하게 죽었다는 점을 밝히려 했던 것이다. 이 일은 중종이 방서가 적힌 나무를 태우게 함으로써 종결되었는데, 훗날 방서의 글씨는 김안로의 아들 김희의 글씨로 판명되었다. 김안로가 심정에게 원한을 품고 그를 죽이기 위해 작서의 변을 획책하였다는 결론이다. 그 사실이 밝혀지면서 이미 죽고 없던 김안로는 천하에 둘도 없는 사악한 모사꾼이 되었다. 하지만 방서의 글씨가 정말 김희의 글씨라고 단정할 수 있는 명확한 증거도 없었다.

문정왕후와 여인천하

중종은 장경왕후의 삼년상이 끝난 1517년에 세 번째 아내 문정왕후를 맞이했다. 그녀는 윤지임의 딸로, 이번에도 파평 윤씨였다. 윤지임은 세조의 장인이자 정희왕후의 아버지 윤번의 5대손이었다. 또한 장경왕후 윤씨와는 9촌 간이었다. 윤지임의 딸을 왕비로 간택한 것은 장경왕후가 남긴 원자 호를 잘 보호하기 위함이었다. 아무래도 친척 간이니 원자를 아껴주리라고 판단했던 것이다. 그렇게 판단한 인물은 중종의 모후 정현왕후였다. 훗날 문정왕후가 인종을 몹시 미워하며 자기 아들 경원대군(명종)을 용상에 올리기 위해 갖은 모략을 꾸민 것을 볼 때, 정현왕후의 이런 판단은 완전히 빗나갔다.

하지만 중종은 새 왕비에 대해 별다른 생각이 없었다. 어차피 애정과는 무관한 정략결혼이었고, 신부를 선택할 권한도 자신에게 없었다. 다만 새 왕비가 자신의 어린 원자를 잘 보호해주기만을 바랄 뿐이었다.

중종과 정현왕후의 기대대로 문정왕후는 원자를 잘 돌보았다. 적어도 1534년에 아들 환(명종)을 낳을 때까지는 그랬다. 덕분에 중종과의 관계도 원만했고, 시어머니 정현왕후와도 좋은 관계를 유지했다.

그녀가 왕비가 된 이후로 명종을 낳기까지는 무려 17년이 걸렸다. 이 17년 동안 왕실에선 왕위계승권을 두고 치열한 암투가 벌어졌다. 비록 서자이긴 하지만 중종에게는 세자 호보다 여섯 살 많은 장남이 있었다. 바로 경빈 박씨의 아들 복성군 이미였다. 그 역시 파평 윤씨 집안에 장가들어 나름대로 튼튼한 정치적 배경을 확보하고 있었다. 또한 경빈 박씨는 중종이 가장 총애하던 여인이기도 했다. 심지어 그녀는 장경왕후가 죽은 뒤에 중전 물망에 오르기도 했다. 그러니 경빈 박씨가 복성군을 왕위에 앉히려는 것도 허무맹랑한 생각은 아니었다.

문정왕후는 경빈 박씨의 야망을 꺾으며 세자를 보호하는 일에 앞장섰다. 그 과정에서 작서의 변이 일어났고, 결국 경빈 박씨와 복성군은 모략에 걸려 죽고 말았다.

세자 호를 보호하던 문정왕후는 막상 자기 아들을 얻자, 태도가 변했다. 자기 아들을 왕위에 앉히려고 혈안이 된 것이다. 시어머니 정현왕후도 죽고 없으니 눈치 볼 사람도 없었다. 더구나 이미 스무 살이 된 인종에게는 자식이 없었다. 세자빈 박씨와 네 명의 후궁이 있었지만, 아무도 자식을 낳지 못했다. 이는 곧 인종이 생산 능력이 없다는 뜻이기도 했다. 그러니 자기가 낳은 아들을 왕위에 앉히려고 한 것도 무리한 일은 아니었다.

문정왕후가 제 아들이 인종의 뒤를 잇게 하려고 혈안이 되어 있는 동안 중종은 신경 쓰지 않았다. 그녀를 외면하지도 그녀를 몰아세우지도 않았다. 그는 그저 상황을 지켜볼 뿐이었다. 사관은 실록에서 중종의 이런 성정을 비판하며 다음과 같은 평을 남겼다.

> 상(임금)은 인자하고 유순한 면은 남음이 있었으나 결단성이 부족하여 비록 일할 뜻은 있었으나 일을 한 실상이 없었다. 좋아하고 싫어함이 분명하지 않고 어진 사람과 간사한 무리를 뒤섞어 등용했기 때문에 재위 40년 동안에 다스려진 때는 적었고 혼란한 때가 많았다.

인자하고 공검한 것은 천성에서 나왔으나 우유부단하여 아랫사람들에게 이끌리어 진성군을 죽여 형제간의 우애가 이지러졌고, 신비愼妃를 내치고 박빈朴嬪을 죽여 부부의 정이 없어졌으며, 복성군과 당성위를 죽여 부자간의 은의가 어그러졌고 대신을 많이 죽이고 주륙이 잇달아 군신의 은의가 야박해졌으니 애석하다.

무책임한 지아비

중종의 우유부단한 면은 때로는 무책임한 태도로 나타나기도 했다. 이는 숙의 나씨의 죽음을 대하는 그의 태도에서 잘 드러난다.

숙의 나씨는 1507년에 후궁으로 간택되어 입궁한 여인이었다. 하지만 중종은 당시 경빈 박씨에게 빠져 있어서 그녀에 대해서는 별로 신경 쓰지 않았던 모양이다. 숙의 나씨는 1514년에 산욕으로 사망했는데, 경빈 박씨가 그녀를 질투하여 산욕으로 사경을 헤매는데도 치료하지 못하게 방해했다. 그 바람에 숙의 나씨는 물론이고 태어난 아이도 함께 죽었다. 이 일에 대해 실록은 다음과 같은 기록을 남기고 있다.

숙의 나씨가 졸하였다. 사신은 논한다. 이때 경빈 박씨도 해산이 임박하였으므로, 궁중에서는 이미 나씨를 살릴 수 없음을 알고서 나가서 피병하게 했다. 바야흐로 나씨의 병이 위급한데도 의원들은 치료에 진력하지 않았고 내간도 박씨에게 아부하면서 나씨를 전혀 구호하지 않았으며, 또 거짓말로서 선동하기를 숨이 끊어져서 내보냈다고 했지만 신음하는 소리가 길까지 들렸다. 출산에 임했을 때 몸을 흔들어 보니 산모와 태아가 모두 죽었으므로 궁중과 외간에서 불쌍하게 여겼다.

나씨가 산고로 죽은 후, 나씨의 치료에 최선을 다하지 않았다는 이유로 의관을 탄핵하고 엄벌할 것을 청하였으나 중종은 이를 윤허하지 않았다.

애정의 정도를 떠나 한 여자의 남편으로서 그리고 한 아이의 아비로서 중종이 무책임했음을 여실히 보여주는 대목이다. 사관이 그를 우유부단하다고 한 말은 무책임하고 무정하다는 뜻도 포함하고 있었다는 얘기다.

그는 우유부단한 면도 있었지만, 한편으론 전혀 딴사람으로 돌변하는 두 얼굴의 사나이이기도 했다. 자신의 생명의 은인이었던 첫 아내 단경왕후를 내친 것이나 첫사랑인 경빈과 첫아들인 복성군을 죽인 것도 그런 면모였다. 또 스승처럼 떠받들고 좋아했던 조광조를 갑자기 죽인 것이나 자신이 그렇게 신뢰하던 김안로를 죽인 것도 그런 이중적인 태도였다. 이에 대해 실록은 사관의 입을 통해 이런 말도 하였다.

대간이 조광조의 무리를 논하되 마치 물이 더욱 깊어가듯이 아직 드러나지 않았던 일을 날마다 드러내어 사사하기에 이르렀다. 임금이 즉위한 뒤로는 대간이 사람의 죄를 논하여 혹 가혹하게 벌주려 하여도 임금은 반드시 무난하고 평이하게 처리하여 임금의 뜻으로 죽인 자가 없었다. 그런데 이번에는 대간도 조광조를 더 죄주자는 청을 하지 않았는데 문득 이런 분부(죽이라는 명령)를 하였다. 전일에 좌우에서 가까이 모시고 하루에 세 번씩 뵈었으니 정이 부자처럼 아주 가까울 터인데, 하루아침에 변이 일어나자 용서 없이 엄하게 다스렸고 이제 죽인 것도 임금의 결단에서 나왔다. 조금도 가엾고 불쌍히 여기는 마음이 없으니, 전일 도타이 사랑하던 일에 비하면 마치 두 임금에게서 나온 일 같다.

중종의 우유부단함과 이중성은 여인들을 대하는 데도 마찬가지였다. 그는 세 명의 왕비와 첫사랑 경빈 외에도 아홉 명의 후궁이 더 있었다. 그중에는 희빈 홍씨와 같이 반정 공신의 딸도 있었고, 창빈 안씨와 같이 궁녀 출신도 있었다. 그는 그들 누구에게도 애틋하지 않았고, 또 누군가를 특별히 외면하지도 않았다. 그저 물에 물 탄 듯 술에 술 탄 듯 그렇게 그녀들을 대했다. 그러다 누구라도 자신의 왕위를 위협한다 싶으면 갑자기 돌변하여 죽여 버렸다. 그의 첫사랑 경빈 박씨처럼 말이다.

16
장

두 여 자 를 동 시 에 사 랑 한 남 자 —

중종의 부마 조의정

조의정의 가계도

부부 ——
자녀 ----
남자 ⬭
여자 ▭

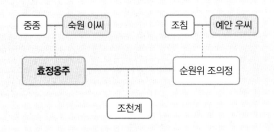

중종 — 숙원 이씨   조침 — 예안 우씨

효정옹주 —————————— 순원위 조의정

조천계

남편을 시녀에게 양보한 효정옹주

조선 양반가의 남성들은 대개 부마가 되는 것을 싫어했다. 부
마가 되면 관직에 나갈 수도 없고, 평생 의빈부(부마부)에 소속되
어 한량으로 살기 일쑤였다. 뭇 남성들처럼 첩을 들이기도 쉽지
않았고, 공주나 옹주가 먼저 죽어도 다시 결혼할 수 없었다. 설사
결혼한다고 해도 여자는 정식 부인이 아니라 첩으로 등재되었다.
거기다 아내인 공주를 상전 모시듯 해야 하고, 작은 잘못만 있어
도 왕에게 불려가 혼이 나기 일쑤였다. 몰래 첩을 들였다가 들키
면 유배를 당하거나 직첩을 빼앗기기도 했다. 그런데도 부마 중
에는 공주나 옹주 외에 다른 여인을 사랑하여 몇 번이나 유배되
는 인물도 있었는데, 대표적인 사람이 중종의 부마였던 순원위

16. 두 여자를 동시에 사랑한 남자_중종의 부마 조의정

조의정이다.

조의정은 열 살을 갓 넘겼을 때 중종의 부마가 되었다. 그의 아내는 숙원 이씨가 낳은 효정옹주였다. 부부는 거대한 저택의 옹주궁에서 생활했다. 당시 왕실의 결혼은 대개 열두 살 이전에 이뤄졌는데, 나이가 어린 탓에 결혼 직후 몇 년간은 다른 방을 썼다. 그러다 부부 중 한 사람이 열다섯 살이 되면 합혼례라는 과정을 거친 뒤에 비로소 합방했다. 조의정과 효정옹주도 같은 과정을 거쳤을 것이다. 그런데 부마 조의정은 효정옹주와 합혼례를 치른 후 성에 눈을 뜨자, 효정옹주가 아닌 다른 여인을 마음에 품게 되었다. 그 여인은 효정옹주의 시녀 풍가이였다.

풍가이는 원래 숙원 이씨의 외가에서 보낸 여종이었다. 효정옹주와 나이가 비슷한 또래로 옹주와 친구처럼 자랐다. 어린 나이에 입궁하여 효정옹주의 시녀로 지냈고, 효정옹주가 시집을 오자 함께 온 것이다.

숙원 이씨의 외가는 대대로 궁녀를 배출한 집안이었다. 숙원 이씨의 이모는 상궁 박씨였고, 이씨의 여동생은 상궁 이은대였다. 숙원 이씨 역시 궁녀로 입궁했다가 중종의 눈에 띄어 승은을 입었다. 그래서 정순옹주와 효정옹주를 낳았다. 하지만 그녀의 명은 길지 않았다. 1517년에 정순옹주를 낳고, 3년 뒤인 1520년에 효정을 낳았는데, 이때 산욕을 이기지 못하고 생을 마감했다.

어머니 숙원 이씨가 죽은 후에 효정옹주는 이모할머니인 상궁 박씨와 이모인 상궁 이은대의 보살핌을 받으며 자랐다. 상궁 박씨는 효정옹주가 외롭게 자라는 것을 불쌍하게 여겨 친정에서 같은 또래 여종을 데려와 함께 지내게 했다. 그 아이가 바로 풍가이였다.

풍가이는 비록 여종이었지만, 효정옹주와 자매처럼 친하게 지냈다. 그래서 효정옹주와 함께 글도 익힐 수 있었다. 풍가이는 인물도 좋았고, 성품도 좋았으며, 충성심도 매우 강한 아이였다. 그러다 보니 효정옹주는 시집을 가면서까지 풍가이를 데리고 간 것이다. 하지만 그것은 비극의 서막이 되고 말았다. 효정옹주와 결혼한 부마 조의정이 풍가이를 사랑하게 된 것이다.

조의정은 스무 살이 되기 전에 풍가이와 사랑에 빠졌다. 그리고 효정옹주도 조의정이 풍가이를 좋아한다는 사실을 알게 되었다. 그런데도 효정옹주는 풍가이를 질투하지 않았다. 오히려 조의정에게 풍가이를 첩으로 들일 것을 권했다. 이에 풍가이도 조의정에게 연정을 드러냈다. 그래서 조의정과 풍가이는 연인 사이로 발전했다. 효정옹주는 두 사람의 사랑을 진심으로 받아들였다. 말하자면 자매 같은 풍가이를 위해 남편을 양보한 셈이었다.

어떻게 이런 일이 있을 수 있을까 싶지만, 조선시대에는 간혹 있는 일이었다. 첩을 두는 것이 합법적인 조선시대의 여인 중에는 자신의 자매 같은 몸종을 남편의 첩으로 삼는 경우가 많았다. 기왕 남편의 첩을 둘 바에는 자신과 친밀한 여인을 들이려고 한 것이다. 당시 결혼은 모두 중매에 의한 것이었고, 사랑보다는 집안과 집안의 결합이었기 때문에 가능한 일이었다. 특히 왕실에서는 더욱더 흔한 일이었다. 남편인 왕의 후궁을 아내인 중전이 골라서 남편의 침실에 밀어 넣는 경우도 많았기 때문이다. 효정옹주 역시 그런 선택을 한 것이다.

세 사람에게 닥친 불행

하지만 부마가 첩을 들이는 것은 금지되어 있었다. 옹주가 죽기 전에는 첩을 들일 수 없는 것이 왕가의 법도였다. 만약 왕실에서 조의정이 풍가이를 첩으로 들인 사실을 알게 되면 그냥 두지 않을 것이 뻔했다. 그래서 효정옹주는 조의정과 풍가이가 사랑에 빠졌다는 사실을 숨기기 위해 자신을 따라온 보모와 시녀를 궁궐로 돌려보냈다. 이후, 세 사람은 별 탈 없이 잘 지냈다. 조의정과 효정옹주의 금실도 나쁘지 않았고, 효정옹주와 풍가이의 관계도 돈독했다. 또한 조의정과 풍가이의 애정도 더욱더 깊어졌다.

그런데 궁궐에 이 사실이 알려지면서 불행이 닥쳤다. 궁궐로 돌아온 옹주의 시녀에게서 조의정이 풍가이를 첩으로 들였단 사실을 전해 들은 이모할머니 박씨와 이모 이씨는 노발대발했다. 결국, 그 사실은 중종에게까지 전해졌다. 중종은 옹주의 이모인 상궁 이은대에게서 이런 말을 전해 듣고 이성을 잃었다.

"풍가이가 본부인인지, 옹주께서 본부인인지 알 수가 없었다고 합니다. 제가 보기엔 풍가이가 본처 행세를 하는 것 같습니다. 불쌍한 우리 옹주마마를 어찌하면 좋겠습니까?"

중종은 효정옹주에 대해 매우 안타까운 마음을 품고 있었다. 생모의 얼굴도 모르고 자란 불쌍한 딸이었다. 그런 딸이 시집가서 소박맞고 살고 있다는 말에 눈이 뒤집힌 것이다.

중종은 당장 조의정을 잡아들인 후, 순천으로 유배 보내라는 명령을 내렸다. 순천은 조의정의 본가가 있는 곳이었다. 말하자면 고향으로 유배 조치한 것인데, 이는 불쌍한 딸 효정옹주를 배려한 조치였다. 그리고 조정에는 이런 말을 전했다.

"순원위 조의정은 성품이 광패하여 여러 해 동안 도에 어긋난 행동을 많이 저질렀으므로 내가 훈계하지 않을 수 없겠다고 여겨서 훈계한 것이 한두 번이 아니었다. 그런데 허물을 고치지 않을 뿐만 아니라 4~5년 전부터는 옹주의 여비인 풍가이를 첩으로 삼아 사랑하면서 옹주의 거처를 비복처럼 대우하고 풍가이의 거처를 옹주처럼 대우하여 가도家道를 문란시켰으니 죄를 다스리지 않을 수 없다."

중종은 또한 풍가이도 잡아들이게 했다. 그녀는 내수사로 끌려가 이은대가 동원한 궁녀들에게 죽도록 맞고 함흥으로 유배되는 처지가 되었다.

그런데 뜻밖에도 효정옹주가 나서서 풍가이를 풀어달라며 하소연했다. 옹주는 풍가이에겐 죄가 없다고 하면서 두 번이나 풍가이를 방면해줄 것을 중종에게 간청했다. 하지만 중종은 옹주의 청을 들어주지 않았다. 중종은 아예 옹주를 합문 안으로 들이지 말라고 명했다.

한편, 순천에서 그 소식을 들은 조의정은 사람을 시켜 풍가이를 빼돌렸다. 다른 여종을 함흥으로 보내고, 그녀를 순천 본가로 데려와 숨겨놓았다. 물론 이는 옹주도 묵인한 일이었다.

조의정은 순천에 있는 동안 본가를 드나들며 풍가이와 밀애를 즐겼다. 하지만 그 사실을 모른 중종은 얼마 뒤에 조의정을 방면했다. 조의정은 옹주궁으로 돌아오면서 풍가이도 함께 데려왔다. 이후, 그들 세 사람은 나름 행복한 나날을 보냈다. 거기다 효정옹주가 임신하게 되면서 조의정에 대한 중종의 분노가 조금 누그러졌다. 하지만 옹주의 이모 이은대는 늘 감시의 시선을 거두지 않았고, 그 때문에 세 사람은 주변을 경계하며 지내야 했다.

죽음으로 끝난 사랑

그런 가운데 어느덧 옹주의 산달이 다가왔다. 중종은 옹주의 산달이 다가오자 의녀를 보내려고 조의정에게 의사를 물었지만, 조의정은 아무 답변도 해오지 않았다. 그때까지 옹주에게 별다른 이상이 발견되지 않았기 때문이다.

그런데 옹주가 아이를 낳고 며칠 만에 사망하면서 사태는 걷잡을 수 없는 상황으로 전개되었다. 공주가 산후증으로 죽었다는 소식을 들은 중종은 모든 것이 조의정이 무심했기 때문이라고 몰아세웠다. 옹주의 죽음을 조의정이 계획적으로 저지른 일이라고 단정하며 재위 39년(1544년) 2월 19일에 이런 교지를 내렸다.

"조의정은 옹주가 죽는다면 첩을 아내로 맞이하겠다는 계획을 세운 지 이미 오래되었다. 이번 달이 옹주의 출산 달이므로 의녀를 보내려고 했더니 의정은 한마디 답도 올리지 않다가 오늘 병이 위독하게 되어서야 비로소 와서 고하였다. 즉시 의녀를 보내 그 집에 당도하니 의정이 또 들어가지 못하게 하였고, 의원이 미처 도착하기도 전에 중로에서 이미 죽었다는 말을 들었다고 한다. 의정의 행위가 매우 수상쩍으니 금부에 내려 추고하라.

그리고 풍가이는 아무리 의정의 사랑을 받았다고 하더라도 이미 옹주와는 종과 주인의 분수가 있는데 의정의 사랑을 믿고 항상 옹주를 능멸하고 거처를 문란케 하여 소박 받게 하고 죽게까지 하였으니, 아울러 금부에 내려 추고하라."

중종의 이런 조치에 당시 양반들은 불만이 많았다. 아무리 부마의 신분이라고 하지만 여느 양반들이 다 거느리고 사는 첩조차 두지 못하게 하는 것은 너무 심하다는 것이었다. 이런 불만을 인식한 중종은 조의정을 더 심하게 다룰 수는 없었다. 그래서 유배 조치하는 것으로 사건을 종결했다. 그리고 풍가이에 대해서도 먼 지방으로 귀양 보내는 것으로 마무리하려 했다.

그런데 의금부 관원들이 풍가이를 체포하기 위해 조의정 집으로 갔더니, 풍가이는 이미 사라지고 없었다. 조의정이 풍가이를 빼돌린 것이다.

이에 대해 의금부 당상은 이렇게 보고했다.

"풍가이를 체포하러 순원위의 집에 갔더니 사람이 없는 듯 조용했습니다. 얼마 있다가 상례를 준비하는 한 늙은 환관이 나와서 풍가이는 지금 여기 없다고 하면서 한 사내종을 내보내어 '풍가이의 거처는 이 종이 안다'고 하기에 물어보니 '풍가이가 처음 함흥으로 유배 갈 때 사실 내가 데리고 길을 떠나 숭인문 밖에 이르렀는데 순원위가 종 송동 등으로 하여금 몰래 데리고 나가게 하고 결국 다른 여종으로 바꾸어 함흥으로 보내게 하여 인계하고 돌아왔었다. 지금 들으니 순천의 큰댁에 숨겨 두고서 근친한다고 핑계대고 예사로 왕래한다'라고 했습니다."

이 말을 듣고 중종이 말했다.

"알았다. 그 종은 그대로 가두어 두라. 순원위는 지금 이미 수금해 놓았으니 풍가이가 있는 곳을 물어보라. 순천에 감추어 두었다는 말 또한 그런 가능성이 없지는 않다. 그러나 조의정이 스스로 말한 뒤에 가서 체포해 오는 것이 좋겠다."

이후 의금부에서 풍가이의 은신처를 물었더니, 순창군 농막에 숨어 있다고 했다. 그래서 의금부 나졸들이 출동하여 그녀를 잡아왔다.

풍가이는 체포된 뒤, 갖은 고문을 당하면서도 당당한 자세로 자신에겐 죄가 없다고 하였다. 조정 신하들 역시 풍가이에겐 큰 죄가 없다고 판단했다. 옹주가 주선하여 그녀를 부마의 첩으로 들였고, 그는 상전이 시키는 대로 했을 뿐이라는 것이다. 하지만 중종은 요지부동이었다. 중종은 어떻게 해서든 풍가이에게 벌을 줄 생각이었다. 그러자 의금부 관원이 풍가이에게 이렇게 말했다.

"조정이 너를 구원하기 위해 애를 쓰고 있고, 상(임금)께서도 네가 죄가 없음을 물론 알고 계실 것이다. 네가 비록 자복하더라도 반드시 참작해서 조처할 것인데 어찌 딱하게도 이처럼 형벌을 받고 있느냐?"

이에 풍가이는 이렇게 말했다.

"조정에서는 비록 그렇게 하여도 상께서 노여움을 풀지 않으시는데, 어찌 감히 자복하겠습니까? 또한 비자婢子로서 상전을 능멸했다는 이름을 얻느니 차라리 죽는 것이 낫습니다."

결국, 풍가이는 죄를 인정하지 않았고, 장 100대를 맞고 초주검이 된 채 일단 방면됐다. 하지만 그것이 끝이 아니었다. 효정옹주의 이모 이은대가 궁녀들을 동원하여 그녀를 다시 잡아들였다. 은대는 풍가이를 가두고, 그녀가 태장을 맞은 곳을 다시 때렸고, 이후 20여 일 방치했다. 그 바람에 풍가이는 결국 죽고 말았다.

당시 상황에 대해 실록을 기록한 한 사관은 이런 글을 남기고 있다.

풍가이는 졸卒한 효정옹주의 여종이다. 옹주가 평소에 사랑으로 보호했기 때문에 부마에게 첩으로 삼게 하였고 질투하는 마음이 있지 않았다. 계묘년(1543년)에 벌을 받아 함흥으로 귀양 갔을 때 옹주가 두 차례나 대궐에 나아가 죄가 없음을 진달했는데, 임금이 "부녀자로서 질투가 없는 것은 진정이 아니다"라고 하며 합문 안으로 들어오지 못하게 하였으므로 물러 나왔다고 했다.

풍가이는 국문을 당하면서도 안색이 변하지 않았고 한마디도 착란한 말이 없었다.

풍가이는 글을 조금 알았다. 그의 손가락이 끊어졌기에 물어보니 "어머니가 아플 때 끓여서 약에 타서 먹였다"고 했다. 아아, 어찌 자기 어버이에게 효도한 사람이 자기 상전에게 그처럼 불공하였겠는가.

한편, 풍가이가 죽은 것을 안 사헌부에서는 은대를 처벌할 것을 요청하며 이런 글을 올렸다.

"풍가이가 죽게 된 일에 그 종의 고발장에 따라 관련자를 문초하였더니, 상궁 은대가 내수사의 종 다섯 명을 시켜 금부가 판결한 뒤 방면한 풍가이를 그 동생의 집 행랑방으로 잡아가서 10여 일 동안 자물쇠를 채워 가두었습니다. 이후 다시 순원위(조의정)의 집으로 잡아가 형장을 맞은 데를 더 때려서 창고 안에 스무날 동안 버려두었으므로 죽게 되었다고 합니다. 당초 풍가이를 추국할 때 위에서 공론에 따라 법에 의해 결방하였는데, 은대는 중간에서 함부로 형장을 써서 뒷날의 검험에 증거가 없게 하려고 꾀하여, 형장을 맞은 데를 마구 때리고 가두어 굶기고 협박하여 죽게 하였으니, 지극히 잔혹합니다. 위에서 모르시는데 감히 이토록 흉패한 짓을 하였다면 마음대로 한 죄를 더욱이 용서할 수 없을 것입니다. 의금부에 내려 끝까지 추고하여 율문에 따라 죄를 정하소서."

조선 왕실 로맨스

하지만 중종은 사헌부의 주장을 받아들이지 않았다. 오히려 은대를 두둔했다.

"풍가이가 방면된 뒤에 내수사의 종이 잡아간 일을 들으니, 은대가 한 일이 아니었다. 그리고 풍가이는 방면된 뒤에 의지할 곳이 없었으므로 본래 주인인 이숙원의 집안에 보냈을 뿐이라고 한다. 그리고 은대는 다른 사람과 같지 않고 주인의 동생이니, 그 동생의 집 종을 때린 일은 국가에 관계되는 것이 아니고 흉패한 일도 아니며, 나인을 임금의 명으로 추국하는 것은 근래에 없던 일이다. 이 때문에 윤허하지 않는다."

하지만 사헌부도 물러서지 않았다. 은대가 풍가이를 죽인 수법이 너무 악의적이라며 형법에 따라 처벌해야 한다고 거듭 주장했다. 그래서 결국, 중종은 은대를 대구로 유배 보내는 것으로 이 사건을 마무리했다.

이렇듯 풍가이는 참혹한 죽임을 당했지만, 연인 조의정은 이때 유배지에 있었기 때문에 그녀가 억울하게 죽은 사실조차 모르고 있었다.

17
장

마마보이형 유약남 — 명종 이환

부부 ──
자녀 ---
남자 ▢
여자 ▢

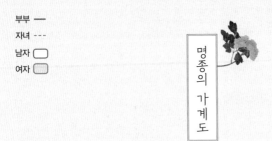

명종의 가계도

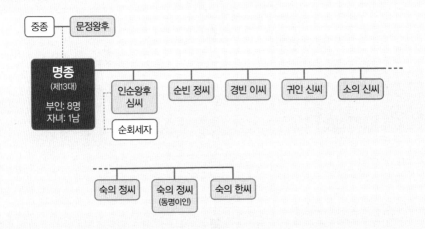

중종 ── 문정왕후

명종
(제13대)

부인: 8명
자녀: 1남

인순왕후
심씨

순회세자

순빈 정씨

경빈 이씨

귀인 신씨

소의 신씨

숙의 정씨

숙의 정씨
(동명이인)

숙의 한씨

무서운 어머니

명종 이환은 문정왕후의 유일한 아들이다. 문정왕후는 왕비가 된 후 연이어 딸 넷을 낳은 후, 서른네 살에 가까스로 이환을 얻었다. 이후 그녀는 환을 왕위에 앉히기 위해 갖은 노력을 하였고, 기어코 그를 왕으로 만들었다.

환이 왕이 되었을 땐 고작 열두 살이었다. 그래서 문정왕후가 섭정했는데, 그녀는 무려 20년 동안 여왕처럼 군림했다. 그녀는 성격이 강하여 아들을 쥐 잡듯이 다루곤 했는데, 환은 성정이 순하고 착하여 문정왕후에게 꼼짝도 하지 못했다. 심지어 궁궐 내부에 자그마한 시설 하나도 모두 모후의 허락을 받고 만들 정도였다. 이에 대해 실록은 이런 기록을 남기고 있다.

윤비(문정왕후)는 천성이 엄하고 강하여 비록 주상을 대하는 때라도 말과 얼굴을 부드럽게 하지 않았고 수렴청정한 이래로 무릇 뭐라도 하나 만드는 것도 모두 상이 마음대로 하지 못하였다.

한 마디로 명종은 모후의 허락 없이는 어떤 것도 결정할 수 없는 마마보이였다. 이러한 그의 성정은 재위 내내 그를 어머니의 손아귀에서 벗어날 수 없게 만들었다.

명종은 친정을 시작한 이후에도 문정왕후의 그늘에서 벗어나지 못했다. 명종이 나름대로 자신의 의지로 정치를 이끌고자 하면 어머니 윤씨는 여지없이 그를 불러 무섭게 다그쳤다.

"너를 왕으로 만든 사람이 바로 나다. 그런데 네가 내 말을 듣지 않으니, 그것이 자식의 도리라 할 수 있느냐?"

명종은 이 말 한마디로 꼼짝없이 무너지곤 했다. 1565년에 어머니 윤씨가 죽을 때까지 그는 모후의 손아귀에서 벗어나지 못했다.

이에 대해 야담집《축수편逐睡篇》은 이런 기록을 남기고 있다.

임금이 이미 나이 장성하였으므로 대비가 비로소 정권을 돌렸다. 따라서 마음대로 권력을 부리지 못하게 되었으므로 만일 하고 싶은 일이 있으면, 곧 국문으로 조목을 나열하여 중관을 시켜 내전에 내보냈다. 임금이 보고 나서 일이 행할 만한 것은 행하고, 행하지 못할 것이면 얼굴에 수심을 드러내며 그 쪽지를 말아서 소매 속에 넣었다. 이로써 매양 문정왕후에게 거슬렸으므로 왕후는 불시에 임금을 불러들여 이렇게 말했다.

"무엇 무엇은 어째서 해주지 않느냐?"

이렇게 따지면 임금은 온순한 태도로 그 합당성 여부를 진술하였다. 그러면 문정왕후는 버럭 화를 내며 말했다.

"네가 임금이 된 것은 모두 우리 오라비와 나의 힘이다. 지금 네가 편히 앉아서 복을 누리면서 도리어 나의 명을 거역한단 말이냐?"

어떤 때는 때리기까지 하여 임금의 얼굴에 기운이 없어지고 눈물 자국까지 보일 적이 있었다.

문정왕후가 살아있는 동안에 명종은 자신의 소신대로 정사를 펼친 적이 단 한 순간도 없었다. 무서운 어머니 밑에서 자란 터라 그저 눈물만 보일 뿐이었다.

짓눌린 정욕

명종은 정치뿐 아니라 사생활에서도 늘 모후 문정왕후의 눈치를 보며 살아야 했다. 그 바람에 사랑도 제대로 못 하고 눌려 지냈고, 그 압박감 때문에 자식도 제대로 낳지 못했다.

명종 이환이 만난 첫 여인은 물론 어머니가 정해준 여자였다. 그녀는 심강의 딸 인순왕후 심씨였다. 심강의 본관은 청송이며, 그는 세종의 왕비 소헌왕후의 아버지 심온의 5대손이었다. 청송 심씨는 이미 여러 차례 왕실과 인척 관계를 맺어온 명문가였고, 문정왕후 집안과도 인척 관계로 묶여 있었다. 따라서 인순왕후가 환의 신부가 된 것은 문정왕후의 의중이 반영된 것이었다.

비록 모후가 정해준 배필이었지만, 아내 심씨는 성격이 순하고 부드러운 여자였다. 문정왕후는 그녀에게 빨리 자식을 낳을 것을 요구했다. 또한 아들 이환에게도 빨리 자식을 보아야 한다고 성화였다. 하지만 그들은 결혼할 당시 열한 살, 열세 살 어린아이였다. 이환이 열다섯 살, 심씨가 열일곱 살이 되어서도 아이가 생기지 않자, 문정왕후는 급한 마음에 후궁을 들이기 시작했다. 그렇게 해서 들인 후궁이 신언숙의 딸 신씨와 정귀붕의 딸 정씨였다.

이환은 그들과 합방했지만, 그들 역시 자식을 낳지 못했다. 그래서 문정왕후는 또 다른 후궁들을 들였는데, 역시 그들도 임신하지 못했다. 그래서 문정왕후가 발을 동동 구르고 있는데, 천운으로 인순왕후 심씨가 결혼 7년 만에 임신했다. 왕실에 큰 경사가 난 것이다. 그리고 1551년 5월에 마침내 왕자가 태어났다. 그가 바로 명종의 유일한 아들인 순회세자 이부였다.

하지만 그것이 끝이었다. 이후로 인순왕후나 후궁들에게서 임신 소식은 들리지 않았다. 명종 또한 다른 여인을 가까이하지도 않았다. 어머니가 정해주지 않은 여인에게는 눈길조차 주지 않았다.

그런 가운데 불행이 닥쳤다. 1563년에 열세 살이 된 순회세자 이부에게 갑자기 중병이 찾아든 것이다. 그는 바로 한 해 전에 세자빈을 맞아 결혼까지 한 상태였다. 그런데 급작스럽게 병마가 찾아들었고, 명종은 아들을 살리기 위해 명의란 명의는 다 동원하고, 대사면령까지 내리면서 하늘에 빌어보았지만, 소용이 없었다. 결국, 순회세자는 열세 살 아까운 나이에 죽고 말았다. 조선 왕실은 침통한 분위기에 휩싸였다.

이렇게 되자 모후 문정왕후는 자신의 시녀 이씨를 후궁으로 만들어 명종과 합방시켰다. 하지만 역시 소용없었다. 그리고 이후로 또 후궁을 더 들였지만, 역시 아무 소식도 없었다. 그런 식으로 들인 후궁 일곱 명에게서는 이후로도 임신 소식을 들을 수 없었다.

명종은 심열증으로 죽었는데, 이는 심한 스트레스가 원인이었다. 이에 대해 실록은 이런 기록을 남기고 있다.

> 문정왕후는 스스로 명종을 세운 공이 있다 하여 때로 주상에게 "너는 내가 아니면 어떻게 이 자리를 소유할 수 있었으랴" 하고, 조금만 여의치 않으면 곧 꾸짖고 호통을 쳐서 마치 민가의 어머니가 어린 아들을 대하듯 함이 있었다. 상의 천성이 지극히 효성스러워서 어김없이 받들었으나 때로 후원의 외진 곳에서 눈물을 흘리었고 더욱더 목 놓아 울기까지 하였으니, 상이 심열증을 얻은 것이 또한 이 때문이다.

심열증이란, 곧 화병을 의미하는 것이니 명종은 가혹한 모후 탓에 마음의 병을 얻어 후사를 만들지도 못했고, 심지어 죽음에 이

17. 마마보이형 유약남 _ 명종 이환

르게 된 것이다. 이런 사실을 고려할 때, 그의 이복형 인종이 자식을 생산하지 못한 것도 문정왕후로 인한 압박감이 일부 원인이었을 듯싶다.

18
장

순애보형 집착남 — **선조 이연**

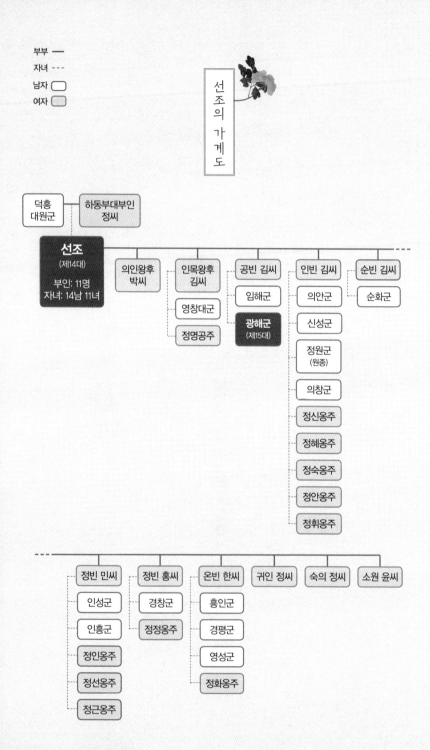

부부 —
자녀 ----
남자 ▢
여자 ▨

선조의 가계도

덕흥
대원군 — 하동부대부인
정씨

선조
(제14대)

부인: 11명
자녀: 14남 11녀

의인왕후
박씨

인목왕후
김씨

영창대군

정명공주

공빈 김씨

임해군

광해군
(제15대)

인빈 김씨

의안군

신성군

정원군
(원종)

의창군

정신옹주

정혜옹주

정숙옹주

정안옹주

정휘옹주

순빈 김씨

순화군

정빈 민씨

인성군

인흥군

정인옹주

정선옹주

정근옹주

정빈 홍씨

경창군

정정옹주

온빈 한씨

흥인군

경평군

영성군

정화옹주

귀인 정씨

숙의 정씨

소원 윤씨

시뜻한 관계로 지낸 아내 의인왕후 박씨

선조 이연은 임진왜란 때 도성을 버리고 북쪽으로 달아났다는 이유로 비겁한 왕으로 인식되곤 한다. 그런 까닭에 그가 매우 정열적인 사람이라는 사실을 간과하기 쉽다. 특히 사랑에 대한 그의 열정은 조선 왕 중 단연 으뜸일 것이다.

그의 첫사랑은 매우 격정적이고 애달팠다. 첫사랑이라고 해서 처음으로 인연을 맺은 여인은 아니었다. 그가 처음 만난 여인은 여느 왕들처럼 왕비였다. 하지만 그는 의인왕후 박씨에 대한 애정이 별로 없었다. 그래서인지 의인왕후는 아이를 낳지 못했다.

이연이 왕비 박씨와 결혼한 때는 1569년이었다. 당시 박씨는 열다섯 살, 이연은 열여덟 살이었다. 왕자들의 결혼이 대개 열두 살에 이뤄지는 것을 고려할 때, 이연은 아주 늦게 결혼한 셈이다. 또 대개는 신랑보다 신부가 나이가 많은 것이 일반적이었는데, 박씨는 이연보다 세 살 아래였다.

이연의 결혼이 늦었던 데엔 사정이 있었다. 이연은 직계 왕통이 아니었고, 왕자로 태어난 것도 아니었다. 더구나 결혼 적령기인 열여섯 살 때 아픈 일을 겪었다.

이연은 1552년에 덕흥대원군 이초와 하동부대부인의 셋째 아들로 태어났으며, 이름은 균, 군호는 하성군이었다. 덕흥군 이초는 중종의 후궁 창빈 안씨 소생으로 명종보다 네 살 많은 이복형이다. 그리고 하동부대부인 정씨는 세조 때 영의정을 지낸 정인지의 손자 정세호의 딸이다. 덕흥군과 정씨는 3남 1녀를 뒀는데, 균이 막내였다. 1552년에 균이 태어났을 때, 큰형 하원군 이정은 여덟 살, 둘째 형 하릉군 이인은 일곱 살이었다. 그리고 누나 이명순은 다섯 살이었다.

균은 이렇듯 두 형과 누나 사이에서 비교적 다복하게 자랐다. 하지만 균이 여덟 살 되던 1559년에 덕흥군이 병으로 죽는 바람에 아버지 없이 소년 시절을 보냈다. 그리고 어머니 정씨마저도 균이 열여섯 살 되던 1567년에 생을 마감했다. 이렇듯 부모가 모두 없는 상황이라 제때 장가들 수 없었다. 또한 어머니 삼년상을 치러야 했기 때문에 어쩔 수 없이 열여덟 살이 되어서야 결혼할 수 있었다.

어머니를 잃고 큰 슬픔에 빠진 균에게 뜻하지 않은 행운이 찾아왔다. 병마에 시달리던 명종이 타계하자 왕위를 계승하게 된 것이다. 명종은 순회세자를 잃고 왕위 계승을 위해 조카 중에 양자를 선택하고자 했는데, 이 일을 매듭짓지 못하고 죽었다. 하지만 죽기 전에 미리 인순왕후 심씨에게 양자의 이름을 쓴 봉함 편지를 맡겨 뒀는데, 그 편지 속에 하성군 이균을 왕위계승권자로 지목하는 내용이 들어 있었다.

열여섯 살에 왕위에 오른 균은 이름을 연으로 바꿨다. 그리고 어머니와 명종의 삼년상이 끝난 뒤인 1569년에 박응순의 딸을 맞아들여 결혼했다.

의인왕후 박씨는 유순한 여자였다. 선조 이연도 그녀에 대해 "투기하는 마음, 의도적인 행동, 수식하는 말 같은 것은 마음에 두지도 않았을 뿐 아니라 권하여도 하지 않았다"라고 평할 정도였다.

그렇다고 선조가 그녀를 아주 사랑했다는 것은 아니다. 의인왕후 박씨는 사려 깊고 좋은 여인이었으나 선조가 좋아하는 스타일은 아니었다. 거기다 자식까지 생기지 않아 관계가 시뜻했다. 그런 상황에서 이연의 눈을 사로잡는 여인이 나타났다.

첫사랑 공빈 김씨와의 애절한 이별

선조가 첫눈에 반하여 사랑에 빠진 여인은 임해군과 광해군을 낳은 공빈 김씨였다. 실록에는 두 사람의 만남에 대해 자세한 기록이 없다. 다만 공빈 김씨가 임해군을 낳은 시점이 1574년 1월임을 고려할 때, 두 사람은 적어도 1573년 3월 이전에 사랑을 나눴음을 알 수 있다. 1573년이면 선조는 스물두 살, 김씨는 스물한 살 때였다. 당시 스물한 살 여인이라면 시집을 가서 아이를 몇 명 낳았을 나이다. 그런데 그때까지 시집을 가지 않았다는 것은 그녀가 평범한 신분이 아니었음을 짐작케 한다. 또 왕인 선조를 만날 수 있는 신분이라면, 그녀는 분명히 궁궐 안에 있어야 한다. 따라서 결론은 하나, 그녀는 궁녀 신분일 수밖에 없다.

그녀가 궁녀였다는 것은 그녀의 아버지 김희철의 신분에서도 잘 드러난다. 김희철은 1592년 임진왜란 중에 의병장으로 활약하다가 죽었는데, 벼슬이 사포서의 사포로 기록되어 있다. 사포서는 궁궐에 채소를 공급하는 관청이다. 그리고 사포는 사포서의 수장으로 정6품 벼슬이다. 딸이 왕이 가장 총애하는 후궁이었고, 또 벼슬이 정1품 빈이었음을 고려할 때, 보잘것없는 관청인 사포서의 정6품 벼슬을 얻었다는 것은 김희철의 집안이 명문가는 아니었음을 의미한다.

또 딸이 선조를 만나 사랑할 당시 벼슬을 얻지 못한 상황임을 짐작할 수 있다. 실록에서도 그 이전에 그의 이름이 전혀 발견되지 않는 것도 이를 증명한다. 말하자면 김희철은 한미한 집안 출신이었고, 그녀의 딸은 궁녀 신분이었음을 짐작할 수 있다는 뜻이다. 실록에 이런 기록들이 없는 것은 아마도 광해군의 영향력 때문이 아니었을까 싶다. 광해군은 훗날 왕위에 올라 공빈 김씨를 왕후로 격상해 공성왕후로 칭하였고, 그녀의 묘를 능으로 격상했으며, 김희철을 영의정 해령부원군으로 추증하였다.

어쨌든 선조는 궁녀로 있던 김씨를 만나 사랑에 빠졌다. 그것도 아주 정열적인 사랑에 빠졌다. 선조는 곧 그녀를 후궁으로 삼아 숙의로 책봉했다. 그는 그녀와 사랑에 빠져 있는 동안 다른 여자는 거들떠보지도 않았다. 그리고 두 사람은 사랑의 결실로 두 아들을 얻었다. 임해군과 광해군이다. 그들 두 아들은 연년생으로 태어났고, 덕분에 김씨는 정1품 빈의 첩지를 받고 공빈으로 불리게 되었다.

그런데 그들의 불같은 사랑을 하늘이 시기했는지 공빈이 그만 병이 들고 말았다. 그녀의 병은 산후병에서 비롯되었다. 광해군을 낳고 몸을 추스르지 못하더니, 기어코 발병 2년 만에 숨을 거두었다.

그녀는 숨을 거두기 전에 선조에게 자신을 시기하고 질투하는 여인들 때문에 병들게 되었노라고 하소연했다. 그리고 그녀가 죽자, 선조는 그녀의 말을 사실로 믿고, 다른 후궁들을 가까이하지 않았다. 심지어 다른 여인들이 다가올까 봐 미리 궁녀와 후궁들에게 매우 차갑고 난폭하게 굴기까지 했다. 이 내용을 실록은 이렇게 기록하고 있다.

> 김씨는 본디 상의 총애를 입어 후궁들이 감히 사랑에 끼어들지 못하였다. 병이 위독해지자 상에게 하소연하기를, "궁중에 나를 원수로 여기는 자가 있어 나의 신발을 가져다가 내가 병들기를 저주

하였는데도 상이 조사하여 밝히지 않았으니, 오늘 죽더라도 이는 상이 그렇게 시킨 것이다. 죽어도 감히 원망하거나 미워하지 않겠습니다" 하였는데, 상이 심히 애도하여 궁인을 만날 적에 사납게 구는 일이 많았다.

사랑의 상처를 사랑으로 치유하다

그렇게 선조가 연인을 잃은 슬픔에 빠져 고통스러워하고 있을 때, 또 한 명의 여인이 그에게 다가왔다. 그녀는 선조 이연이 박절하게 굴어도 개의치 않고 그의 마음을 위로하며 따뜻하게 품어주었다. 사랑의 상처는 사랑으로 치유한다고 했던가. 선조는 지극정성으로 다가서는 그녀에게 마음을 열었다. 그렇게 선조의 상처 입은 마음을 어루만지고 그의 연인이 된 두 번째 사랑 역시 김씨였다. 당시 소용의 벼슬에 있던 그녀는 훗날 인빈으로 불리는 김한우의 딸이었다.

인빈 김씨는 명종의 후궁이었던 경빈 이씨의 외사촌 동생이었다. 경빈 이씨는 문정왕후의 시녀 출신이었는데, 외사촌인 김씨를 궁으로 들여 궁녀로 키웠다. 김씨는 궁녀가 된 뒤에 명종의 왕비인 인순왕후의 눈에 들어 중궁전의 시녀로 있었고, 인순왕후의 추천에 힘입어 선조의 후궁이 되었다.

그녀가 선조의 후궁이 된 것은 1573년이었다. 당시 선조는 그녀에게 숙원의 첩지를 내렸지만, 마음은 딴 데 가 있었다. 바로 공빈 김씨였다. 선조는 공빈에게 마음을 송두리째 빼앗긴 상태였다. 그 바람에 김씨는 찬밥 신세였다. 그런 상황에서 공빈이 산욕으로 죽자, 인빈은 저돌적으로 선조에게 다가갔다. 마침 첫사랑을 잃어 상심하고 있던 선조에게 그녀의 저돌적인 수법이 통했다.

선조의 마음을 차지한 그녀는 어떻게 해서든 선조가 공빈을 잊게 해야 한다고 생각했다. 그래서 공빈의 잘못들을 들춰내며 비난했는데, 이것이 먹혔다. 급기야 선조는 공빈을 원망하는 마음마저 품게 되었다. 덕분에 인빈을 향한 선조의 사랑은 공빈을 능가하게 되었다. 이에 대해 실록은 이런 기록을 남기고 있다.

> 소용 김씨(인빈)가 곡진히 보호하면서 공빈의 묵은 잘못을 들춰내자, 상이 다시는 슬픈 생각을 하지 않으면서 "제가 나를 저버린 것이 많다"고 하였다. 이로부터 김소용이 특별한 은총을 입어 방을 독차지하니 이는 전에 비할 바가 아니었다.

선조의 사랑으로 인빈은 4남 5녀를 낳았고, 왕비에 버금가는 권세를 누렸다. 심지어 임진왜란 당시 선조는 몽진蒙塵하면서 의인왕후를 제쳐두고 인빈만 대동하고 한양을 떠났다.

그렇다고 선조가 인빈 외에 다른 여인을 가까이하지 않았다는 것은 아니다. 인빈이 선조 주변에 후궁들의 접근을 철저히 막았지만, 그 와중에 선조는 다른 여인을 가까이했다.

선조가 인빈 몰래 좋아한 또 다른 여인도 궁녀였다. 선조는 그녀와 동침한 다음 후궁으로 들이고, 첩지를 내렸다. 또한 그녀가 아들 순화군을 낳자, 빈으로 올렸다. 그녀는 선조의 세 번째 사랑 순빈 김씨였다.

원래 조선 왕실에서는 김씨 여인을 배필로 삼지 않는 전통이 있었다. 하지만 사랑에 눈먼 선조가 그런 전통을 챙길 겨를이 있었겠는가? 이에 대해 실록은 이런 기록을 남기고 있다.

> 애초 궁중에는 조종조로부터 금성金姓은 목성木姓에 해롭다는 말이 있었기 때문에 여자를 고를 때 언제나 제외하였는데, 상이 왕좌에 올라 뽑은 세 명의 빈이 모두 김씨인데다가, 인목왕후가 중전의 자리를 잇게 되자 식자들은 불길하지 않을까 하고 의심했다.

선조가 순빈과 첫 밤을 보낸 시기는 1577년 봄으로 추정된다. 당시 인빈 김씨는 첫아들 의안군을 낳고 산후 조리 중이었다. 인빈이 아이를 낳고 경계를 늦춘 사이에 순빈이 눈에 든 것이다. 이는 인빈에 대한 일종의 배신이었지만, 인빈은 선조에게 이를 따져 묻지 않았다. 그녀는 대신 순빈에 대한 경계를 강화했다. 그런데도 순빈은 용케 선조의 아이를 잉태하여 순화군을 낳았다. 하지만 그것이 끝이었다. 순화군을 임신한 뒤로 선조는 다시 인빈만 찾았다. 인빈의 철저한 경계 탓에 순빈에게 눈을 돌릴 여지가 없었던 것이다.

19
장

어장 관리형 현실남 — 광해군 이혼

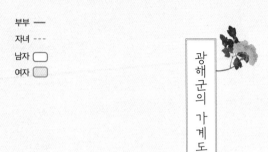

광해군의 가계도

선조 — 공빈 김씨

광해군
(제15대)

부인: 14명
자녀: 1남 1녀

문성군부인 유씨

폐세자 질

소의 윤씨

옹주

소의 홍씨

소의 권씨

숙의 원씨

숙의 허씨

소용 임씨

소용 정씨

소원 신씨

숙원 한씨

상궁 이씨

상궁 최씨

궁인 조씨

궁인 변씨

기교에 능했던 김가희

광해군을 흔히 중립 외교 노선을 펼친 명민한 혁신 군주로 이해하는 경우가 많다. 하지만 광해군의 폐위 과정을 보면 반드시 그런 것 같진 않다. 특히 권력이 여인들의 손안에서 놀아난 점은 더욱더 이해가 안 되는 부분이다.

사실, 광해군 이혼의 여성 편력에 대해서는 자세히 알려진 것이 별로 없다. 이는 광해군이 폐위되었기 때문인 것 같다. 광해군에게는 우리가 알고 있는 것보다 훨씬 많은 여인이 있었다. 후궁의 수만 해도 십여 명이나 되었다. 그 후궁 중에서 그가 특별히 총애하던 세 여인이 있었다.

광해군 하면 떠오르는 대표적인 여인인 김개시도 그중 하나다.

개시介屎라는 이름을 한자 그대로 풀이하면 '된똥'이다. 그런데 흔히 우리는 그 이름을 '개똥'이라고 해석하여 그녀의 이름이 '개똥이'였다고 알고 있다. 하지만 이는 잘못된 해석 같다.

광해군이 사랑한 여인 김 상궁의 이름을 '개시'라고 적시하고 있는 것은 실록이다. 하지만 '개시'라는 이 이름은 그녀를 낮춰 부르기 위한 것이었거나 일종의 별호였을 것으로 보인다. 영창대군의 죽음에 대한 비화를 그린 《계축일기癸丑日記》에는 그녀의 이름을 개시가 아닌 '가히'로 쓰고 있다. 《계축일기》를 쓴 저자가 당시 궁녀였던 것을 고려할 때, '가히'라는 이 이름이 김 상궁의 본명일 것이다. 훈민정음으로 '가히'라고 표기되어 있지만, 실제로는 '가희'였을 것이다.

그렇다면 광해군은 김가희를 언제 만났으며, 어떤 이유로 그토록 총애했을까? 이와 관련하여 실록은 다음과 같은 기록을 남기고 있다.

> 김 상궁은 이름이 개시介屎로 나이가 차서도 용모가 피지 않았는데, 흉악하고 약았으며 계교가 많았다. 춘궁(광해군)의 옛 시녀로서 왕비를 통하여 나아가 잠자리를 모실 수 있었는데, 비방秘方으로 갑자기 사랑을 얻었으므로 후궁들도 더불어 무리가 되는 이가 없었으며, 드디어 왕비와 틈이 생겼다.

이 기록을 통해 알 수 있는 것은 김가희가 원래 동궁의 시녀, 즉 궁녀였다는 것이다. 그리고 그녀가 광해군의 사랑을 받게 된 데에는 왕비의 도움이 있었음을 알 수 있다. 왕비라고 하면 광해군의 부인 폐비 유씨를 뜻한다. 즉, 정실부인의 도움을 받아 측실이 된 셈이다.

그녀의 용모에 대해서는 '나이가 차서도 용모가 피지 않았다'고 표현하고 있는데, 이는 그녀가 나이에 비해 매우 동안이었다는 뜻이다. 이를 뒤집어 말하면 그녀는 나이가 들어서 광해군의 사랑을 얻었다는 뜻이 된다.

광해군이 왕위에 오른 것은 1608년이었고, 이때 광해군의 나이 서른네 살이었다. 김가희가 광해군의 사랑을 얻게 된 것은 광해군이 왕위에 오른 이후였다. 이때 김가희는 나이가 제법 많았다.

그렇다면 당시 김가희의 나이는 얼마나 되었을까? 김가희는 광해군과 동침했지만, 후궁의 첩지를 받지 못하고 계속 김 상궁으로 불리었다. 이는 당시 그녀의 신분이 상궁이었음을 말해준다. 상궁은 승은을 입어도 후궁이 되지 못하고 그저 특별상궁이라고 하여 상궁의 업무만 면제받았다. 그렇지만 사실상 후궁 신분이었다.

당시 김가희가 상궁 신분이었다면 그녀의 나이는 어느 정도 가늠할 수 있다. 대개 상궁이 되기 위해서는 입궁하고 30년이 지나야 한다. 궁녀는 어릴 때 입궁하여 아기나인이 되고, 그로부터 15년이 지나면 정식 나인이 된다. 그리고 다시 15년이 지나야 상궁이 될 수 있었다. 김가희가 당시 지밀상궁의 위치에 있었던 것을 고려할 때, 그녀는 너덧 살에 입궁했을 것이다. 그렇게 본다면 광해군이 왕위에 오를 당시 그녀의 나이는 적어도 서른네 살이었을 것이다. 조선시대 당시 서른네 살이면 손자를 얻을 나이다. 즉, 할머니가 될 나이에 그녀는 후궁이 된 것이다.

광해군은 이 나이 많은 여인의 어떤 면에 끌렸을까? 그녀가 나이보다 훨씬 어려 보이는 동안이었기 때문일까? 하지만 김가희에 대해 인물이 뛰어났다는 기록이 없는 것으로 봐서 외모 때문에 그녀를 좋아한 것은 아닐 듯싶다. 그렇다면 광해군을 사로잡은 그녀의 매력은 무엇이었을까? 이에 대해 실록은 "김 상궁은 기교로서 사랑을 받았다"고 쓰고 있다.

그러면 실록이 말한 '기교'란 무엇일까? 기교라는 단어의 사전적 의미는 '재간 있게 부리는 기술이나 솜씨'이다. 도대체 그녀가 부리는 기술이나 솜씨는 무엇이었을까? 여인이 남자에게 부릴 수 있는 기교라면 방중술이 아닌가 싶다.

광해군은 그녀의 방중술에만 취했던 것이 아니었다. 그녀는 정치 기교에도 능했다. 그녀는 요즘 말로 정치 9단의 경지에 있었다. 당대 조정을 쥐고 흔들었던 권력자치고 그녀의 손아귀에 놀아나지 않은 인물이 없었다. 정인홍, 이이첨 같은 권신들은 물론, 박홍도와 같은 간신들이나 유희분 같은 외척까지 그녀와 결탁했을 정도였다. 물론 이는 모두 광해군의 총애와 신뢰 덕분이었다. 광해군은 대신들의 말보다 그녀의 말을 더 신뢰했다. 심지어 인조반정에 대한 정보를 일찍 접하고도 그녀의 만류 때문에 적시에 조처하지 못하여 폐위되었을 정도다. 여인에 대한 지나친 사랑과 신뢰가 독이 되었다. 물론 김가희도 광해군이 내쫓긴 뒤, 가장 먼저 처형되었으니 지나친 기교가 죽음을 부른 셈이다.

인물 좋고 애교 많은 소용 임씨

광해군이 총애했던 세 여인 중 두 번째는 소용 임씨였다. 광해군이 그녀를 좋아한 이유에 대해 실록은 "자색이 있고 아첨을 잘 부려 총애를 받았다"고 쓰고 있다. 말하자면 인물 좋고 애교 많은 여인이었다는 뜻이다. 이는 대개 남성들이 좋아하는 대표적인 여인상이기도 하다. 그녀의 출신에 대해 《연려실기술燃藜室記述》(조선 후기 학자 이긍익이 지은 사서)은 이렇게 기록하고 있다.

임소용은 부제학 임몽정 첩의 딸이며, 판서 임취정의 질녀이다. 일찍이 부모를 잃고 외가에서 자랐기 때문에 임씨 집과는 인연이 끊어져서 서로 알지 못했는데, 경술년(광해군 2년, 1610년) 나이 열세 살에 그 외조모가 연줄을 타서 궁중에 바쳤다.

임취정이 이때 원주 목사가 되어 이 말을 듣고 매우 놀라 글을 부쳐서 중지시켰으나 이미 하는 수 없게 되었다. 이 때문에 임취정이 광해에게 미움을 받고 여러 해 벼슬자리를 옮기지 못하였고, 얼마 후에 승진되었으나 가문의 화가 되었다.

《연려실기술》은 이렇게 서술하고 있지만, 실록에서는 내용이 조금 다르다. 실록에서는 임취정에 대해 다음과 같이 쓰고 있다.

> 임취정은 여러 차례 외직에만 보임되었다. 이때 이르러 이이첨의 세력이 융성하자, 드디어 조존세와 아울러 현직에 등용되었다. 조존세는 여러 차례 삼사의 장관에 의망되었으나 왕이 임명하지 않았다. 임취정은 자기 형 임수정과 첩 사이에서 난 딸을 후궁으로 들여보냈는데 소용이 되었다.
>
> 소용은 용모가 뛰어나고 약아서 일에 익숙했으므로 왕이 총애하였다. 이로써 임취정이 오래지 않아 승지가 되었다. 왕이 여악과 나희를 좋아하는 것을 알고는 매번 큰 거둥이 있을 때면 반드시 그것을 거행할 것을 청하였다. 이 때문에 총애가 나날이 높아가 10년 안에 이이첨과 거의 비슷하게 귀해져서, 심지어는 서로 알력이 있기까지 했다.

《연려실기술》과 《광해군일기》의 기록이 다소 차이가 있는데, 실록의 내용을 면밀히 분석해보면 《광해군일기》의 내용이 더 신빙성이 있다. 따라서 임씨가 후궁이 된 것은 숙부 임취정의 출세 수단의 일환이었던 셈이다.

그런데 열세 살 어린 소녀는 궁중 생활에 잘 적응했고, 광해군의 마음을 사로잡는 데도 성공했다. 이후 그녀는 광해군이 죽을 때까지 함께 지냈다.

그녀는 광해군이 폐위되어 유배지로 갈 때, 함께 간 유일한 후궁이었다. 물론 김가희를 비롯한 광해군의 총희들은 목이 달아났고, 나머지 후궁들은 모두 따로 유배되거나 사가로 쫓겨났다. 하지만 반정 세력은 임씨를 죽이지 않고 광해군의 배소에 함께 머물게 했다. 그 이유에 대해 실록은 다음과 같이 기록하고 있다.

> 임씨는 일찍이 이귀, 김자점이 고변당할 당시 두둔해 준 공이 꽤 있었기 때문에 용서받아 죽지 않았으므로 위리에서 폐주를 모시게 되었다.

이귀, 김자점 등은 인조반정에 참여한 인물들이었다. 그런데 후궁으로 있던 임씨가 그들을 변호하여 목숨을 살린 공이 있으므로 죽이지 않고 광해군의 유배지에 함께 따라가 살게 해준 것이다. 덕분에 광해군은 인물 좋고 애교 많은 연인과 여생을 보낼 수 있었다.

말 잘하고 업무 처리에 뛰어났던 소용 정씨

광해군이 총애한 세 번째 여인은 소용 정씨였다. 그녀에 대해 실록은 "교태를 잘 부리고 일에 익숙하여 출입하는 문서를 관리하였고, 임금을 대신하여 계하啓下(임금의 재가)하였으므로 왕이 배로

믿었다"고 쓰고 있다. 교태란, 아양을 떠는 것을 의미하는데, 이는 그녀가 임기응변에 능하고 말을 조리 있게 하는 것을 비아냥거린 표현으로 보인다. 그녀는 대전의 문서를 관리하고 왕을 대신하여 교서를 내리는 일까지 했던 모양이다.

그렇다면 소용 정씨는 어떤 여인이었을까? 그녀는 명종 때 대제학을 지낸 정사룡의 증손녀이며 서출이었다. 아버지는 정상헌이고, 오빠는 동지사를 지낸 정지산이었다. 그녀가 언제 입궁하여 후궁이 되었는지는 정확하게 알 수 없다. 다만 광해군 9년(1617년)에 정지산이 죽자, 광해군이 그를 계축옥사의 공신이라며 장례를 후하게 치러줘야 한다고 말하는 것으로 봐서 계축년(1608년) 이후에 후궁이 된 것이 아닌가 싶다. 하지만 후궁이 된 이후 그녀의 삶에 대한 자세한 기록은 없다. 다만 놀라운 것은 인조반정이 있던 날, 그녀는 스스로 목숨을 끊었다는 사실이다.

인조반정 후 광해군의 후궁들은 대부분 척살되거나 유배되었다. 그런데 유일하게 정소용만 자살했다. 이에 대해 실록은 인조 1년 3월 14일 기사에 이런 기록을 남겼다.

> 광해군의 궁인들이 법에 따라 주살되었다. 반정이 일어난 날, 정소용은 자살했고, 윤씨는 음행을 저질렀으므로 사형을 내렸으며, 그 외의 궁인들에 대해서는 어떤 사람은 유배시키고 어떤 사람은 방면시켰다.

후궁들은 모두 궁궐에서 체포되었는데, 정소용은 당시 궁궐에 있지 않았다. 그래서 체포되지 않았지만, 어차피 죽임을 당할 것이 뻔했으므로 사가에서 목을 맨 것으로 보인다.

광해군의 또 다른 여인들

광해군에게는 이들 외에도 왕비 유씨를 비롯하여 소의 윤씨, 소의 홍씨, 소의 권씨, 숙의 원씨, 숙의 허씨, 소원 신씨, 숙원 한씨, 상궁 이씨, 상궁 최씨, 궁인 조씨, 궁인 변씨 등 십여 명의 여인들이 더 있었다.

왕비 유씨는 광해군이 왕자로 있던 시절에 시집온 본처다. 그녀는 광해군보다 한 살 적은 1576년생으로, 열두 살에 시집와 문성군부인으로 불리었다. 이후 광해군이 왕세자로 책봉되자, 세자빈이 되었고, 다시 광해군이 즉위하자 왕비가 되었다. 그녀는 광해군의 여러 여인 중에 유일하게 아들을 낳았다. 광해군과 그녀 관계는 원만한 편이었고, 덕분에 오빠 유희분은 이이첨, 박승종과 함께 조정의 3대 권신으로 불리며 권세를 누렸다.

하지만 광해군이 폐위된 뒤, 그녀는 강화도에 유배되었다. 연산군의 폐비 신씨가 사가로 방출된 것을 고려할 때, 매우 가혹한 조치였다. 그녀가 유배된 뒤, 아들인 세자 질과 세자빈 박씨도 위리안치圍籬安置(유배된 죄인이 거처하는 집 둘레에 가시로 울타리를 치고 그 안에 가두어 둠)되었는데, 그들은 배소를 탈출하려다 실패하여 죽었다. 이 소식을 듣고 그녀는 유배지에서 사망했다. 일설에는 사인을 화병으로 규정하고 있지만, 그 내막은 자세히 알 수 없다.

소의 윤씨는 후궁 중 유일하게 아이를 낳은 여인이다. 옹주를 낳은 덕에 소의로 진봉했다. 그녀가 낳은 아이는 박징원에게 시집 갔다. 소의 윤씨의 아버지는 파평 윤씨 홍업이고, 어머니는 창원 유씨 필영의 딸이다. 그녀는 김개시와 함께 이름이 밝혀진 후궁인데, 이름은 영신이다. 그녀가 후궁으로 간택되어 숙의에 책봉된 것은 광해군 9년(1617년)이었다. 그녀는 인조반정이 있던 날 반군에 체포되었고, 이튿날 처형되었다. 그녀의 죄목은 음행을 저질렀다는 것인데, 구체적인 내용은 기록되지 않았다.

나머지 후궁들은 대부분 유배되거나 사가로 방면되었는데, 소의 홍씨, 소의 권씨, 수이 원씨, 숙의 허씨 등은 유배되었고, 나머지는 방면되었다.

의
심
형
찌
질
남 —

인조 이종

부부 —
자녀 ---
남자 ▢
여자 ▢

인조의 가계도

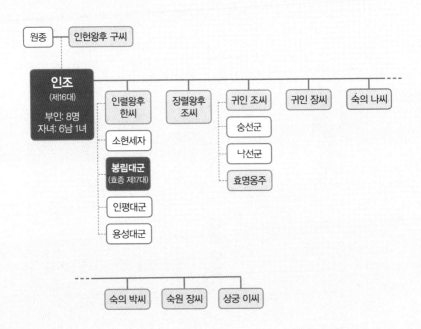

원종 ── 인헌왕후 구씨

인조
(제16대)

부인: 8명
자녀: 6남 1녀

인렬왕후 한씨
  소현세자
  봉림대군
  (효종 제17대)
  인평대군
  용성대군

장렬왕후 조씨

귀인 조씨
  숭선군
  낙선군
  효명옹주

귀인 장씨

숙의 나씨

숙의 박씨   숙원 장씨   상궁 이씨

의심 많은 남자

인조 이종은 특이한 구석이 있는 왕이다. 능양군 시절부터 죽음의 공포에 시달린 터라 사람을 잘 믿지 않았고, 조심성이 많았다. 혹 누군가가 자신의 글씨를 모방하여 모략을 꾸밀까 봐 친필로 교지를 내리는 일도 없었고, 자식들에게도 친필 편지를 쓰는 일이 없었다. 그는 항상 교지를 환관에게 베껴 쓰게 하여 조정에 전달했고, 서찰을 보낼 때도 대필하게 했다. 그는 의심이 많았다. 심지어 자기 자리를 노린다고 생각하여 아들인 소현세자를 미워하다 죽음으로 내몰았고, 소현세자가 죽은 뒤에는 세자빈 강씨를 의심하여 역적으로 몰아 죽였다. 또한 소현세자의 세 아들을 모두 유배 보내 그중 둘을 죽게 했다.

그의 이런 성격은 여자 문제에도 그대로 드러난다. 자신이 신뢰하는 여자 외에는 가까이하지 않았다. 그는 왕위에 오르기 전에는 당시 왕실 사람들이 흔하게 거느리던 첩조차 두지 않았고, 왕이 된 후에도 극히 제한적으로 후궁을 뒀다.

이종의 첫 여인은 조강지처인 인열왕후 한씨였다. 이종이 한씨와 결혼한 것은 1610년이었는데, 이때 그의 나이는 열여섯 살, 한씨는 열일곱 살이었다. 당시 이종(능양군)은 죽음의 공포에 시달리며 숨죽이고 살고 있었다. 자신을 감시하는 광해군이 언제 역적으로 몰아 죽일지 알 수 없는 시절이었다.

이종이 광해군에게 심한 감시를 받은 것은 그가 정원군의 장남이었기 때문이다. 정원군은 광해군의 어머니 공빈 김씨의 연적이었던 인빈의 아들이다.

정원군은 구사맹의 딸과 결혼하여 1595년 11월 7일에 아들 이종을 얻었다. 선조는 종이 태어나자, 무척 기뻐하였는데, 종이 첫손자였기 때문이다. 선조는 종을 총애하여 궁궐에서 생활하게 했고, 직접 글을 가르치기도 했다. 그러다 선조가 죽고 광해군이 왕위에 오른 뒤에 종은 경희궁으로 나와서 살았다.

광해군은 인빈의 자식들을 무척 싫어하고 경계했는데, 그 때문에 정원군과 그의 아들들은 광해군 즉위 후엔 살얼음판을 걷듯 살아야 했다. 그런 와중에 정원군의 셋째아들이자 능양군 이종의 동생인 능창군이 신경희 사건에 연루되어 죽는 사태가 벌어졌다 (1615년 신경희 등 서인계 인사가 선조의 서손 능창군을 왕으로 추대하려다 발

각된 사건. 이 일로 주동자 신경희 등은 사형 당했고, 능창군은 강화도로 귀양 갔다가 후에 사형 당했다)

이후, 정원군은 정신 나간 사람처럼 술에 취해 살았고, 심한 절 망감과 슬픔으로 병을 얻었다.《월사집月沙集》(조선 중기의 문신 이정 구의 문집)에 따르면 당시 정원군은 이런 말을 했다고 한다.

"나는 해가 뜨면 그제야 지난밤에 아무 일이 없었던 줄 알게 되 고, 해가 지면 비로소 오늘이 편안하게 간 것을 다행스럽게 여긴 다. 지금은 다만 일찍 죽어서 선왕을 저승에서 모시기를 원할 뿐 이다."

이렇듯 두려움 속에 살던 정원군은 결국 화병을 이기지 못하고 1619년에 마흔의 나이로 생을 마감했다.

정원군이 사망할 무렵엔 인목대비가 서궁에 유폐된 상황이었 고, 대북파가 권력을 장악하고 있었다. 당시 대북파는 왕족 중에 조금만 이상한 낌새가 있거나 세간의 칭송을 받는 자가 있으면 여 지없이 역모로 몰곤 했다. 특히 인빈의 자손들에 대한 경계가 매 우 심했는데, 정원군의 장자 능양군 종(인조)도 예외는 아니었다.

동생 능창군이 역모죄로 죽을 때, 종은 스물한 살이었다. 광해군 이 즉위한 후로 그는 함부로 웃지도 찡그리지도 않았으며, 감정을 겉으로 드러내는 법도 없었다. 문장이 좋고 시도 잘 지었으나 시 한 구절도 지어서 내보이는 일이 없었다. 심지어 주변 사람들에게 편지를 보내는 일도 없었고, 아예 자신의 글씨 자체를 밖으로 내 보내지 않았다. 그 때문에 종의 글씨를 아는 사람이 없었다.

아버지 정원군이 사망하고 장례를 치를 땐 남몰래 치르듯 해야 했다. 무덤은 할머니 인빈 무덤 근처에 마련할 엄두도 내지 못했고, 가까스로 양주 군장리에 묏자리를 마련하여 임시로 장례를 치렀다. 그때도 능양군은 아무 말도 하지 않고 그야말로 말 못 하는 사람처럼 입을 닫고 살았다.

이런 상황인지라 그에게 여자란 아내 한씨뿐이었다. 남편 이종이 숨죽이며 살았으니, 아내 한씨 역시 그럴 수밖에 없었다. 부부는 그저 둘이 오롯이 서로를 믿고 정을 나누며 누구의 눈에도 띄지 않고 살고자 했다. 하지만 세상이 그들을 가만두지 않았다. 집권 세력인 대북파는 늘 이종을 주시했다. 그 때문에 이종은 그 숨막히는 상황에서 벗어나기 위해서라도 뭔가 하지 않았으면 안 되었다. 그는 은밀히 반정을 준비했고, 동조 세력을 규합했으며, 결국 군대를 일으켜 광해군을 폐위시키고 왕위에 올랐다.

아내가 고른 여인

그는 왕위에 오른 뒤에도 한동안 왕비 한씨 외에는 어떤 여인도 가까이하지 않았다. 그러나 왕이 후궁을 두지 않으려 한다고 해서 그리될 수 있는 일이 아니었다. 왕비가 있어도 후궁을 두는 것은 왕의 의무였다. 왕비 한씨도 그 사실을 잘 알고 있었다. 그래서 한씨는 자신이 직접 후궁을 물색했다. 가급적 대단한 가문 출신이 아닌 여자여야 했다. 그래야 자신의 자리를 넘보지 않는다고 생각한 것이다.

한씨는 언니에게 후궁으로 적당한 여인을 물색해달라고 부탁했고, 형부 정백창이 여인 둘을 골라 궁궐 안으로 들였다. 물론 정식 절차를 거친 것은 아니었다.

정백창이 입궁시킨 여인은 조씨와 김씨였다. 조씨는 조기의 서녀였고, 김씨는 김두남의 서녀였다. 둘 다 첩의 딸이었다. 그런 신분이라면 왕비가 될 가능성은 없었고, 그것은 곧 자기 자리를 위협하는 일도 없다는 의미였다.

왕비 한씨는 두 여인을 인조에게 선보였고, 인조는 둘 중에 조기의 서녀를 마음에 들어 했다. 그런데 두 여인이 정식 절차도 거치지 않고 왕에게 바쳐졌다는 사실이 알려지자, 신하들 사이에 논란이 일었다. 그리고 행부호군 이명준이 1630년(인조 8년) 7월 2일에 이를 문제 삼아 상소를 올렸다.

"궁중에 새로 나온 여시女侍가 있으니 바로 조기와 김두남의 첩의 딸이라고 합니다. 그것이 사실인지는 모르겠습니다만 성상의 뜻이 있다고 하니 부실하다고 할 수는 없습니다. 김두남과 조기의 딸은 예를 갖춰 선발한 것이 아닌 이상 반드시 부정한 길을 인연하여 나왔을 것입니다. 부정한 길이 한 번 열리면 이는 국가가 망할 조짐이니 신은 밥을 먹다가도 수저를 놓고 세도에 대해 깊이 우려하고 있습니다."

이 상소를 듣고 대신들도 이런 말을 했다.

"삼가 바라건대 성상께서는 속히 양가兩家의 딸을 내치라고 명하고 대궐에 들이는 것을 중개한 사람을 죄줌으로써 온 나라의 신민들이 모두 허물을 고치는 데 인색하지 않다는 대성인의 성심을 우러르게 하여 국가가 만세토록 영장靈長의 복을 누릴 수 있는 기반을 다지소서."

이 말을 듣고 인조는 격노하며 말했다.

"내가 실로 변변하지 못하여 이런 어렵고 걱정스러운 때 상신相臣에게 큰 근심을 끼쳤으니, 나의 과실이 중하다. 누구를 원망하고 누구를 탓하겠는가. 얼자와 천인이 복역하는 하찮은 일에 조정 신하들이 간여할 것이 아닌데 한번 이런 말이 들리자 연소배가 떠들고 묘당이 분노하고 있으니, 이는 실로 천하에 괴이한 일이다. 궁중에서는 본디 빈첩으로 대한 적이 없는데도 억지로 죄를 만들고 있으니, 이는 필시 국가를 위망하는 간흉이 말을 날조하고 선동하여 그럴 것이다. 그렇기는 하지만 회계한 내용은 매우 엄정하였다. 법부가 이런 말이 퍼진 근거를 조사해 엄히 국문한 다음 처치하게 하라."

이 말은 인조는 궁녀 둘을 들였을 뿐인데, 이것이 마치 후궁을 들인 것처럼 와전되었으니 그 말을 퍼뜨린 자를 잡아내서 처단하라는 것이었다. 이는 두 여인을 내보낼 생각이 없다는 말이기도 했다.

이와 관련하여 실록은 당시 상황을 이렇게 묘사하고 있다.

이때 외간에 전파된 말에 의하면 궁중에서 조기와 김두남의 딸을 들여왔는데 조기의 딸이 제일 총애를 받는다고 했다. 조기의 딸은 정백창이 진납했다는 것을 사람들이 모두 알고 있었다.

정백창은 개인적으론 인조의 손위 동서였다. 그가 여인들을 시녀로 만들어 인조에게 들어보냈다는 것은 왕비 한씨가 그녀들을 뽑았다는 뜻이기도 했다. 이 사실을 잘 알고 있던 인조는 조정에서 이 문제를 거론한 것 자체를 문제 삼았다. 이에 대해 당시 사관은 이런 말을 남기고 있다.

사신은 논한다. 심하도다, 여융女戎의 화禍여! 예로부터 국가의 난망은 모두 여기에서 연유되었다. 옛날 당 현종은 당나라의 영명한 임금으로 일컬어졌지만, 양귀비가 한번 들어오자 드디어 나라를 뒤엎는 지경에 이르렀으니 두려워하고 경계하지 않을 수 있겠는가. 지금 김두남과 조기의 딸이 궁중에 들어온 것이 이미 예선禮選이 아니었으며, 이명준의 소장과 대신의 진언은 모두 임금을 사랑하는 정성과 잘못을 바로잡는 의리에서 나온 것이었다. 만일 마음에 두려움을 느껴 그 말을 아름답게 여겨서 받아들였다면 지난 잘못은 그저 조각구름이 하늘을 지나간 것과 같을 뿐이었을 것이다. 그런데 도리어 벽력같은 위엄으로 언근을 조사해 내어 죄주려고 있으니, 맹자가 이른바 말 한마디가 나라를 망칠 수 있다고 한 것에 가깝지 않겠는가.

하지만 인조는 사관들의 통탄은 귓등으로도 듣지 않았다. 아내 한씨가 데려온 여인 중에 조씨가 아주 마음에 들었던 것이다. 하지만 이때만 하더라도 인조는 이 여인이 훗날 자신과 아들 소현세자를 이간질하여 부자지간을 원수지간으로 만들 줄은 꿈에도 몰랐으리라.

권세를 독차지한 후궁 조씨

인조는 조기의 딸과 동침하여 후궁으로 삼았다. 하지만 조씨는 쉽게 임신하지 못했다. 그래서 인조는 1635년 3월에 갑자기 후궁 간택령을 내렸다. 그리고 그해 8월에 정식 후궁 한 명을 뽑았다. 조정에서 요구한 일도 아니었는데, 인조가 갑자기 후궁을 뽑은 이유는 정확하게 알려지지 않았다. 어쨌든 삼간택을 거쳐 뽑힌 여인은 장류의 딸 장씨(귀인 장씨)였다. 그녀는 입궁 후 숙의 첩지를 받고 궁 생활을 시작했지만, 인조는 그녀를 썩 마음에 들어 하지는 않았다.

두 명의 후궁을 두고 있었지만, 인조와 아내 한씨의 관계는 나빠지지 않았던 모양이다. 왕비 한씨는 마흔이 넘은 나이에 임신했고, 다섯 번째 왕자를 낳았다. 하지만 노산이었고, 예후도 좋지 않았다. 태어난 아이도 건강하지 못했고, 왕비 한씨도 사경을 헤맸다. 그리고 아이를 낳은 지 나흘 뒤인 1635년 12월 9일, 그녀는 영영 일어나지 못하고 세상을 뜨고 말았다.

갑작스러운 한씨의 죽음 이후 인조가 가장 의지한 여인은 후궁 조씨였다. 그래서 인조는 새로운 왕비를 간택하지 않겠다고 선언했다. 이후 조씨는 아이를 잉태하고, 숙원의 첩지를 받았다. 아내의 상중에 동침하여 아이를 얻은 것이었다. 그녀가 낳은 첫아이는 효명옹주였다. 효명은 인조에게는 첫 번째 딸이자, 유일한 딸이었다. 인조는 효명을 매우 사랑했다.

이 무렵, 조정에서는 새 왕비를 간택하는 문제가 대두되었다. 비록 인조는 새 왕비를 들이지 않겠다고 했지만, 조정에서는 받아들이지 않았던 것이다. 그래서 인열왕후의 삼년상이 끝나자, 새 왕비 간택령이 떨어졌다.

새로운 왕비로 간택된 여인은 조창원의 둘째 딸이었다. 조창원은 양주가 본관으로, 조선 태종 때의 권신 조말생의 후손이었다. 그의 아버지 조존성은 호조판서를 지냈고, 딸이 왕비로 간택될 당시 인천부사로 있었다.

인조의 두 번째 왕비가 된 조창원의 둘째 딸은 바로 장렬왕후인데, 그녀는 왕비로 책봉될 당시 열다섯 살 소녀였다. 그녀가 혼인한 1638년에 인조가 마흔네 살이었으니, 남편과 스물아홉 살 차이가 나는 셈이었다.

그런데 이 열다섯 살 소녀는 중년의 인조에게 사랑받지 못했고, 아이도 잉태하지 못했다. 그때 인조는 숙원 조씨에게 마음을 빼앗긴 상태였고, 숙원 조씨 또한 새 왕비를 극도로 경계했다. 설상가상으로 숙원 조씨는 다시 임신하여 왕자를 두 명이나 낳았고, 덕분에 그녀의 품계는 종1품 귀인으로 뛰어올랐다. 이후로 조 귀인의 권세는 하늘을 찔렀다.

조 귀인의 야망에 놀아난 인조

인조의 사랑을 독차지하게 된 조 귀인의 욕심은 끝이 없었다. 그녀의 목표는 자기 아들을 왕위에 올리는 것이었다. 조 귀인에게는 숭선군과 낙선군 두 아들이 있었는데, 그녀는 세자 왕(소현세자)을 제거하고 그들 중 하나를 왕으로 만들 욕심이었다. 그래서 세자 왕을 제거하기에 혈안이 되었다.

당시 소현세자는 청나라에 볼모로 가 있었다. 소현세자는 볼모생활 중에도 뛰어난 외교력을 발휘하여 청나라 조정의 신뢰를 얻고 있었는데, 조 귀인은 이런 상황을 이용하여 소현세자가 왕위를 찬탈하려 한다며 인조와 세자 사이를 이간질했다. 인조는 그 사실을 믿고, 소현세자를 몹시 미워했다. 그리고 1645년에 청나라에서 돌아온 소현세자는 귀국하자마자 의문사한다.

소현세자가 죽자, 조 귀인은 세자빈 강씨를 역적으로 내몰았다. 강씨가 소현세자를 독살하고, 인조마저 죽이려 했다고 누명을 씌웠다. 인조는 그 말을 믿고 강씨를 역모로 몰아 죽이고, 그 아들 셋도 모두 귀양 보냈다. 귀양 보낸 세 손자 중에 둘이 또 의문사한다.

하지만 왕위 계승은 조 귀인의 뜻대로 되지 않았다. 인조는 소현세자가 죽자, 둘째 아들 봉림대군(효종)을 불러들여 세자로 삼았다. 그런데도 조 귀인은 야망을 버리지 못하고, 딸 효명옹주를 권신 김자점의 손자와 결혼시켜 훗날을 도모한다. 이 결혼을 성사시키는 과정에서 김자점과 모의하여 손자 김세룡의 사주팔자까지 조작했다.

이렇게 조 귀인이 야욕을 드러내고 있는 사이 인조는 병들어 누웠다. 그 바람에 세자(효종)가 대리청정하게 되었고, 그것은 곧 조 귀인의 계획에 차질이 생겼음을 의미했다. 설상가상으로 인조는 병상에서 일어나지 못하고 죽음을 맞이하는데, 이로써 자기 아들을 왕으로 만들겠다는 조 귀인의 야욕도 실패로 끝나고 말았다.

21
장

공처가형 청순남 — **현종 이연**

부부 —
자녀 - - -
남자 ⬭
여자 ▭

현종의 가계도

효종 —— 인선왕후

현종
(제18대)

부인: 1명
사녀: 1남 3녀

명성왕후
김씨

왕세자 순
(숙종 제19대)

명선공주

명혜공주

명안공주

후궁을 두지 않은 왕

조선 왕 중에 후궁을 두지 않은 왕은 단종, 예종, 현종, 경종, 순종 등 다섯 명이다. 단종은 너무 어려서 후궁을 둘 수 없었고, 예종과 경종은 건강이 나빠 후궁을 둘 수 없었으며, 순종은 정치 상황이 나빠 둘 수 없었다. 하지만 현종은 그런 상황이 아니었다. 아들도 한 명밖에 얻지 못했고, 재위 기간도 15년이나 되는데 후궁을 두지 않았다는 것은 선뜻 납득할 수 없는 일이다.

원래 왕이 후궁을 두는 것은 여색을 탐해서가 아니라 후사 때문이었다. 혹 왕비에게서 아들을 얻지 못했을 때, 후궁에게서라도 아들을 얻어 왕위를 이으려 한 것이다. 왕조 국가에서 왕위 계승권자를 선정하지 못하면 혼란이 일어나기 때문에 왕위 계승을 위해 아들을 여럿 두는 일은 매우 중요한 일이었다.

현종 이전에 왕위계승권자가 없어 양자에게 왕위를 잇게 한 경우는 명종이 유일했다. 하지만 명종이 원래부터 세자가 없었던 것은 아니다. 그에게도 왕위를 계승할 순회세자가 있었는데, 일찍 죽는 바람에 어쩔 수 없이 양자가 후사를 이은 것이다. 또한 명종은 세자가 있었음에도 왕비 이외에도 다섯 명의 후궁을 얻어 후사를 안정시키려고 했다. 그런데 현종은 아들이라곤 재위 2년에 얻은 순(숙종) 하나뿐이었는데, 후궁을 한 명도 들이지 않은 것은 당시 왕가에선 드문 일이었다.

그렇다면 혹 현종은 왕비 명성왕후 김씨를 너무 사랑해서 후궁을 들이지 않은 것은 아닐까?

현종과 명성왕후가 금실이 좋았던 것은 사실이다. 현종이 명성왕후 김씨와 결혼한 것은 1651년이었다. 당시 세자였고 나이는 열한 살, 김씨는 열 살이었다. 꼬마 신랑 각시였다. 소꿉친구라고 해도 좋을 나이였다. 이후로 두 사람은 동궁에서 쭉 같이 살았고, 첫아이는 김씨가 열일곱 살 되던 1658년에 얻었다. 흔히 부부 금실이 좋으면 딸이 많다고 하는데, 현종과 명성왕후 사이에도 딸이 여럿 있었다. 명성왕후는 1남 5녀를 낳았는데, 첫 딸은 1658년에 얻었으나 이내 죽었고, 이듬해 다시 딸을 하나 더 낳았으나 역시 요절했다. 그리고 다음 해 다시 셋째 딸 명선공주를 얻었고, 이듬해인 1661년에 마침내 아들 순(숙종)을 낳았다. 순 이후로 4년 뒤인 1665년에는 명혜공주를 낳았고, 1667년에 막내딸 명안공주를 낳았다.

〈현종실록〉 어디를 살펴봐도 임금이 중전과 사이가 나빴다는 기록은 없다. 또한 현종이 후궁을 두지 않았으니, 여자 문제로 다툰 일이나 김씨가 질투를 한 일도 없다. 대신 두 사람이 나란히 충청도 온양까지 온천을 다녀온 기록은 여러 번 있다. 거기다 현종 시절 내내 명성왕후 김씨의 아버지 김우명과 그 일가가 권력을 좌지우지했다. 외척의 힘이 강했다는 것은 그만큼 중전의 위상이 안정적이었다는 뜻이다. 이는 왕과 왕비의 관계가 매우 좋았다는 의미이기도 하다.

하지만 현종이 명성왕후와 금실이 좋은 것과 후궁을 두는 것은 별개의 문제였다. 세종도 소헌왕후와 금실이 매우 좋았지만, 후궁을 여럿 두었다. 또한 신하들도 세종에게 적정한 수의 후궁을 두길 권했다. 하지만 현종에게는 신하들도 후궁 간택을 권유하지 않았다. 왜일까? 외척으로 강력한 권력을 가졌던 김우명 일가의 눈치를 본 것일까? 아니면 건강 문제였을까?

사실, 현종은 어릴 때부터 지병이 있었다. 그 지병으로 인해 자주 눈병이 생기고 몸에 종기가 났다. 그것도 얼굴이나 목에 종기가 났다. 종기가 얼굴이나 목에 나는 것은 매우 위험한 일이었다. 이 때문에 현종은 자주 침을 맞았고, 때론 종기를 터뜨려 고름을 긁어내기도 했다.

하지만 단순히 몸이 허약해서 후궁을 두지 않았다고 단정하는 것은 무리가 있다. 현종은 15년이나 왕위에 있었고, 그렇다고 경종처럼 늘 병상에 있었던 것도 아니다. 자주 종기나 눈병으로 고통스러워했지만, 성생활을 못 할 정도는 아니었다. 이는 왕비 명성왕후가 지속해서 자녀를 생산했던 사실을 통해서도 확인된다.

그렇다면 현종이 후궁을 두지 않은 진짜 이유는 무엇이었을까? 짐작건대, 현종이 다른 여자를 가까이하지 않았던 진짜 이유는 명성왕후 김씨 때문이었을 것이다. 명성왕후는 질투심이 매우 강하고, 성질이 드센 여자였다. 고집도 세고 권력욕도 강했다. 그 때문에 너그럽고 온화한 성품의 현종이 그녀가 싫어하는 일을 하지 않았을 가능성이 크다. 또한 신하들이 현종에게 후궁 간택을 권하지 않은 것도 명성왕후와 김우명의 눈치 때문이었을 것이다.

숨겨진 여인 김상업과 홍수의 변

그렇다면 정말 현종은 왕비 김씨 외에 어떤 여인도 가까이하지 않았던 것일까? 비록 정식으로 후궁이 되지는 못했지만, 현종도 딱 한 번 왕비 외에 다른 여인을 취한 일이 있었다. 그녀는 군기시 서리 김이선의 딸 김상업이었다.

상업은 현종의 승은을 입은 유일한 궁녀였다. 하지만 그녀는 후궁이 되지는 못했다. 원래 궁녀가 승은을 입어 아이를 낳으면 후궁이 된다. 그러나 승은을 입고도 아이를 낳지 못하면 후궁의 첩지는 받지 못하고 특별상궁이 된다. 말하자면 소임이 없고 상궁의 벼슬을 얻어 후궁 대접을 받게 된다는 것이다. 그런데 이상하게도 상업은 후궁도 특별상궁도 되지 못하고 그냥 궁녀 신분으로 남았다. 〈숙종실록〉엔 분명히 그녀가 현종의 승은을 입은 여인이라고 기록되어 있는데, 왜 그녀는 궁녀 신분을 벗어나지 못했을까?

추론컨대 상업이 후궁이 되지 못한 이유는 그녀가 승은을 입은 사실을 현종이 공표하지 못했기 때문이었을 것이다. 현종이 상업과 동침한 시기는 현종 말년이다. 현종은 눈병이나 종기를 달고 살아 병약한 이미지가 있지만, 그렇다 해도 다소 급작스럽게 사망한다.

현종이 사망에 이르게 된 경위를 살펴보면, 1674년 8월 1일에 복통이 시작되었고, 8월 7일에 이르러서는 몸을 가눌 수 없는 처지가 되었으며, 8월 8일엔 몸이 불덩이처럼 뜨거워져 위급한 상황이 되었다. 그리고 10일가량 사경을 헤매다 8월 18일에 사망했다.

복통이 원인인 것으로 봐서 내장 기관에 문제가 있었던 것이 분명하고, 몸에 열이 났다는 것으로 봐서 심한 염증이나 출혈이 있었던 것으로 보인다. 말하자면 장 천공으로 인한 복막염으로 사망한 것으로 보이는데, 그 원인에 대해서는 불분명하다. 현종이 평소에 눈병을 자주 앓았다는 것, 침을 맞으면 그 부위에 염증이 생겼다는 것, 종기가 자주 생겼다는 것 그리고 장 천공이 일어났다는 것 등을 종합해볼 때, 동양인에게 흔히 발견되는 자가면역성 질환인 베체병을 의심할 수도 있다.

상업은 현종이 발병하기 얼마 전에 승은을 입고 임신했다. 그녀

'월야밀회' 《혜원전신첩》. 신윤복 그림. 간송미술관 소장. 출처 문화재청 홈페이지

가 승은을 입은 사실은 궁궐 내부에 알려졌고, 왕비 김씨도 알고 있었다. 하지만 상업은 후궁 첩지는커녕 궁궐에서 내쫓기는 신세가 된다.

그녀를 쫓아낸 장본인은 명성왕후였을 것이다. 이에 현종은 상업에게 궁궐로 돌아오라고 했지만, 상업이 궁궐로 돌아오지 못한 상황에서 현종이 급작스럽게 죽은 것이다.

현종이 죽고, 상업이 아이를 낳자 명성왕후는 상업의 아이를 현종이 아닌 다른 남자의 아이라고 주장한다. 그 다른 남자란 곧 효종의 동생인 인평대군의 아들 복창군이었다. 복창군은 현종의 사촌이었지만 형제가 없었던 현종은 인평대군의 세 아들인 복창군, 복선군, 복평군 등과 친형제처럼 지냈다. 그래서 복창군은 현종을 대신하여 상업을 보살펴주고 있었는데, 명성왕후는 이를 복창군과 상업이 간통하여 아이를 낳았다고 몰아간 것이다.

이 사건을 흔히 '홍수의 변'이라고 한다. 홍수紅袖란 '붉은 옷소매'라는 뜻인데, 궁녀를 의미한다. 궁녀 중에 나인은 옷소매의 끝동에 자주색 물을 들이고, 상궁은 남색 물을 들이는 것에서 연유한 말이다. 즉, 홍수라고 하면 아직 상궁이 되지 못한 젊은 궁녀를 지칭한다.

이 사건은 얼핏 보면, 왕족인 복창군이 궁녀를 건드린 치정 사건으로 보이지만, 그 내막을 자세히 살펴보면, 명성왕후가 상업을 죽이기 위해 꾸민 음모임을 알 수 있다.

이는 사건의 전말을 분석해보면 명백하게 드러난다. 전말은 이

21. 공처가형 청순남_현종 이연

렇다. 명성왕후의 아버지 김우명이 숙종에게 올린 상소를 요약해 보면 복창군과 그의 동생 복평군이 궁녀 김상업과 내수사의 비자 귀례와 간통하여 각각 아이를 배게 했다는 것이다. 그런데 의금부에서 네 사람을 심문해도 그들은 한결같이 이를 부인했다. 그러자 의금부에서는 고문을 가하여 자복을 받아야 한다고 주장했지만, 숙종은 내용이 모호하다며 모두 석방하라고 명령했다. 당시 실록의 기록을 보면 숙종이 뭔가 감출 것이 있어 이런 조처를 했다고 한다.

그런데 그들이 풀려난 뒤에 명성왕후가 나서서 자신이 그들의 간통 사실을 잘 안다면서 악다구니를 쓰며 그들을 벌줄 것을 주장했다. 그 때문에 복창군 형제와 상업, 귀례 등은 다시 의금부 옥에 갇혔다. 그리고 명성왕후의 주장에 따라 사형을 결정한다.

하지만 숙종의 환관 김현과 조희맹, 상궁 윤씨 등은 복창군 형제와 상업, 귀례 등은 죄가 없다며 죽여서는 안 된다고 주장했다. 그래서 숙종은 다시 복창군 형제를 풀어줬는데, 명성왕후가 다시 나서서 울고불고하면서 그들을 죽여야 한다고 주장하자, 마지못해 그들을 유배 보내는 것으로 사건을 무마시켰다.

서인과 남인의 치열한 싸움

하지만 사건은 이것으로 끝나지 않았다. 사실, 이 사건을 통해 명성왕후가 노린 것은 상업을 죽이는 것이었지만, 그녀의 아버지 김우명은 다른 목적이 있었다. 당시 김우명은 서인의 거두였는데, 복창군 형제는 남인들과 친했다. 그래서 김우명은 복창군 형제들을 제거하여 남인의 힘을 약화하려고 했는데, 숙종이 동조하지 않아 뜻을 관철하지 못했다. 그래서 이후에도 복창군 형제들을 제거하고 동시에 남인들을 숙청할 기회를 노렸다. 그리고 5년이 지난 1680년, 마침내 그 일은 성사되기에 이른다.

1680년 4월, 김우명의 조카 김석주가 앞장서서 남인의 영수 허적의 서자 허견이 복창군 형제와 함께 역모를 꾀하고 있다고 고변한 것이다. 이 사건으로 허견은 능지처참형에 처하고, 복창군과 복선군은 교수형 되었다. 또한 복평군은 유배되었으며, 허적은 평민 신분으로 전락했고, 환관 조희맹도 유배 보내졌다.

이 사건을 일러 '경신환국'이라고 하는데, 명성왕후의 질투심에서 비롯된 홍수의 변이 결국은 엄청난 정치 사건으로 비화하여 남인 세력이 대거 몰락하는 사태로 이어졌다.

서인으로선 '홍수의 변'으로 시작한 남인들에 대한 공격을 '경신환국'을 통해 대승으로 이끈 셈이다. 그러나 이런 상황 속에서도 환관 김현과 윤 상궁은 무사했다. 서인들은 이후에도 끊임없이 그들을 공격했고, 결국 그로부터 8년 후인 1688년에 김현을 비리와 연루시켜 유배 보내고, 이듬해에 다시 상소하여 참형에 처했다. 이로써 '홍수의 변'으로부터 비롯된 남인과 서인의 치열한 싸움은 서인의 완전한 승리로 종결됐다.

하지만 남인은 김현이 죽던 바로 그해에 재기의 디딤돌을 마련하여 서인 공략을 준비하고 있었으니, 남인의 디딤돌이 된 인물은 궁녀 출신 후궁 장옥정이었다.

22
장

승부사형 열혈남 ─ **숙종 이순**

숙
종
의
가
계
도

부부 —
자녀 - - -
남자 ▢
여자 ▨

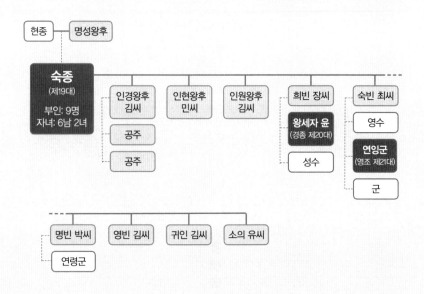

| 현종 — 명성왕후 |

숙종
(제19대)

부인: 9명
자녀: 6남 2녀

- 인경왕후 김씨
  - 공주
  - 공주
- 인현왕후 민씨
- 인원왕후 김씨
- 희빈 장씨
  - **왕세자 윤**
    (경종 제20대)
  - 성수
- 숙빈 최씨
  - 영수
  - **연잉군**
    (영조 제21대)
  - 군

- 명빈 박씨
  - 연령군
- 영빈 김씨
- 귀인 김씨
- 소의 유씨

첫 여인 인경왕후

우리 방송 역사상 사극에 가장 많이 등장한 왕은 단연 숙종이다. 특히 여자 문제와 관련해서는 다른 왕들의 추종을 불허한다. 그렇다고 엄청나게 많은 여인과 사랑을 나눈 것은 아니었다. 그가 사극에 많이 등장한 이유는 그가 남긴 로맨스가 너무 강렬하기 때문이다. 특히 그와 장희빈 그리고 인현왕후의 삼각관계는 그 어떤 왕의 사랑 이야기보다 진한 감동을 남긴다. 대다수의 사극은 이들의 삼각관계를 선과 악의 대립 관계로 그렸고, 본처인 인현왕후는 선인, 첩인 장희빈은 악녀로 묘사되었다. 그리고 숙종 이순은 그들 선과 악을 판단하는 존재였다. 그러나 사극과 달리 실제 역사에서 악인은 오히려 숙종이었다. 숙종은 여인들을 자신의 정치적 행보를 위한 도구로 삼았기 때문이다.

숙종이 처음부터 여자들을 정치적 희생양으로 삼은 것은 아니었다. 그도 첫 여인을 만났을 땐 그저 세상 물정 모르는 소년에 불과했다.

그가 만난 첫 여인은 김만기의 딸 진옥(인경왕후)이었다. 그녀는 그가 열한 살 나이에 동갑내기 부부로 만난 여인이었다. 열한 살이면 사랑이 뭔지도 모를 때였고, 이성에 눈도 제대로 뜨지 못한 나이 아닌가. 그런 나이에 왕실에서 맺어준 인연이었기에 부부로서 살 비비며 살아가는 것이 당시 왕족의 운명이었다.

진옥의 아버지 김만기는 당시 서인 산당의 뿌리 김장생의 증손자 김집의 아들, 김익훈의 조카였다. 말하자면 진옥은 서인 내부의 정략으로 얻은 아내였다. 어머니 명성왕후는 서인 한당 출신이었고, 아내 진옥은 서인 산당 출신이었으니 어머니와 아내 모두 왕실과 서인의 정치적 결탁의 결과물이라 할 수 있겠다.

소년 왕 숙종은 청년으로 성장하면서 이 정략결혼에 신물이 난다. 특히 서인으로 구성된 외가와 처가, 그 와중에도 파가 달라 서로 잡아먹지 못해 으르렁대는 그들, 그 치열한 전쟁터에서 어떻게 사랑이 싹트겠는가? 하지만 사랑이 없어도 아이는 태어났다. 인경왕후는 열일곱 살 되던 해에 첫아이를 낳았다. 딸이었다. 하지만 아이는 이내 죽고 만다. 그리고 열아홉 살 때 또 한 아이를 낳았다. 또 딸이었다. 그리고 이 아이도 이내 죽고 말았다. 두 아이를 연달아 잃은 그녀는 이듬해인 1680년 스무 살 나이로 생을 마감했다.

그녀의 목숨을 앗아간 것은 천연두였다.

아내가 천연두로 죽은 상황에서 남편 이순은 슬퍼할 겨를도 없이 궁궐을 옮겼다. 혹 그에게 천연두가 옮겨붙을까 봐 급히 취한 조치였다. 그 바람에 그는 아내의 초상도 제대로 치르지 못했다.

사실, 그가 동경하던 여인상은 인경왕후 같은 왕비는 아니었다. 그에게 왕비는 억압적이고 독선적인 이미지로 새겨져 있었다. 모두 모후 명성왕후에게서 비롯된 선입견이었다.

그는 무슨 일을 하려고 해도 항상 어머니라는 벽에 가로막히곤 했다. 명성왕후 김씨는 부왕 현종이 죽은 뒤에 수렴청정으로 왕권을 행사하려 했다. 숙종이 왕위에 오를 당시 나이가 불과 열네 살이었으니, 당연한 일인지도 몰랐다. 하지만 숙종은 나이보다 어른스러웠고 정치적 감각도 뛰어났다. 어쩌면 그는 타고난 정치꾼이었는지도 모른다. 열네 살의 어린 왕 앞에서 노회한 정승들이 벌벌 떨 정도였으니 말이다. 덕분에 그는 그 어린 나이에 모후의 섭정을 받지 않고 친정을 할 수 있었다.

하지만 모후 명성왕후 김씨는 그 점을 불만스러워했다. 그녀는 툭하면 편전에 나와 자기 뜻을 전하였고, 자기 의견이 관철되지 않으면 괴성을 지르며 한바탕 난리를 쳤다. 그런데도 숙종은 그녀에게 끌려다니지 않았다. 그는 모후의 사견보다 대의를 중시했고, 외척의 이익보다는 국가의 이익을 중시했다. 그 때문에 자주 모후와 부딪쳤지만, 그는 그때마다 이겨냈다.

그러나 모후의 뜻을 꺾을 수 없는 일이 있었다. 바로 여자 문제였다. 중전을 간택하는 문제부터 후궁을 택하는 문제까지 모두 모후가 관장했다. 숙종은 고집을 피울 수도 없었고, 자신의 의견을 개진할 수도 없었다.

숙종은 그런 어머니가 너무 싫고 부담스러웠다. 그런 감정은 왕비라는 존재에 대한 선입견으로 남았다. 왕비는 모두 어머니처럼 자신의 집안과 파벌만을 생각하고, 오로지 정치적 도구로 살아가는 존재라는 인식이 강했다. 그런 까닭에 그는 자신의 첫 여인이었던 인경왕후에게 애정을 느낄 수 없었다.

옥정과의 생이별

사랑이 깊지는 않았지만, 그래도 인경왕후는 자신의 아이를 둘이나 낳은 여인이었다. 그녀의 죽음은 숙종에게 외로움과 쓸쓸함을 안겨다 줬다. 바로 그때, 그의 눈을 사로잡는 여인이 있었다. 그는 한눈에 반했고, 순식간에 빠져들었다. 그녀는 바로 장옥정이라는 궁녀였다.

장옥정은 인조의 계비 장렬왕후 조씨 처소의 궁녀였다. 나이는 숙종보다 두 살 많았다. 옥정의 아버지는 사역원에서 종8품 봉사 벼슬을 지낸 장경이었다. 장경은 숙종이 왕위에 오르기 5년 전에 죽었다. 장경의 부인은 제주 고씨였는데, 그녀는 시집와서 아들 장희식을 낳고 죽었다. 이후 역관 윤성립의 딸 파평 윤씨를 부인으로 맞아들였는데, 옥정은 그녀 소생이었다. 윤씨는 옥정 위로 아들 희재와 딸 하나를 더 두었다.

장옥정은 인물이 수려하고 매력적인 여인이었다. 그래서 조사석에 의해 의도적으로 장렬왕후 조씨 처소의 궁녀로 배치되었다.

조사석은 장렬왕후 조씨의 육촌 동생이었다. 또한 장옥정의 당숙 장현과 친밀했다. 장현은 역관 출신으로 종1품 벼슬까지 오른 인물이었는데, 한양의 거부였다. 그는 재력을 기반으로 남인들을 후원했다. 하지만 삼복 사건(남인의 영수이던 허적의 서자 허견이 복선군과 역모를 꾀했다는 혐의로 벌어진 옥사. 숙종의 당숙인 복창군, 복선군, 복평군 세 형제가 연루된 옥사라고 하여 '삼복三福의 옥', '삼복의 변'이라고도 부른다)으로 남인들이 몰락하는 과정에서 그도 유배되는 신세가 되었다.

하지만 서인 산당과 결탁한 서인 한당의 핵심 세력인 김석주는 거기에 만족하지 않았다. 장현의 동생 장찬까지 함께 탄핵하여 장현 집안을 완전히 몰락시키려 했다. 이를 위해 그는 이런 상소를 올렸다.

"장현의 동생 장찬의 평소 행실은 잘 모르지만, 이남(복선군)과 친밀했으니 장현도 다를 것이 없습니다. 장현의 아들 장천익 역시 정(복창군)과 남(복선군) 형제와 함께 활을 쏘는 친구로서 형벌을 받고 유배되있습니다. 그런데 장찬만 홀로 면하는 것은 불가합니다. 멀리 유배해야 합니다."

김석주가 장현의 집안을 철저히 무너뜨리려 한 것은 장현이 남인의 돈줄이었기 때문이다. 그러나 그 이유로 그를 탄핵한다는 것

22. 승부사형 열혈남 _ 숙종 이순

은 명분이 없는 일이므로 복창군 형제와 친하다는 이유를 들어 탄핵한 것이다.

그런데 장현은 탄핵당하기 전에 나름대로 방책을 마련해두고 있었다. 바로 오촌 조카 장옥정을 궁녀로 입궐시켜 조 대비전에 배치한 것이다. 말하자면 장옥정의 출중한 미모로 왕의 마음을 사로잡겠다는 계획을 꾸몄던 것인데, 조사석은 장현을 도와 그 일을 실천한 인물이었다. 그런 의미에서 보자면 장옥정은 조사석과 장현이 의도를 가지고 조 대비전에 배치한 정치적 비밀병기였던 셈이다. 하지만 그런 내막을 알 리 없는 숙종은 장옥정의 미모에 반해 한순간에 그녀에게 매료되었다.

하지만 숙종의 모후 명성왕후 김씨는 이를 그대로 두고 보지 않았다. 옥정이 덜컥 아이라도 임신하는 날엔 엄청난 정치적 격변이 생길 것을 알고 있었기 때문이다. 장옥정을 남인 세력으로 인식한 김 대비(명성왕후)는 자신이 직접 명을 내려 그녀를 사가로 내쫓았다. 이 때문에 숙종은 사랑하는 여인과 생이별해야만 했다. 궁궐에서 내쫓긴 장옥정은 명성왕후가 죽지 않는 한 다시는 궁궐에 발을 들일 수 없는 처지가 되었다.

다시 찾은 사랑

장옥정과 이별한 숙종은 이내 다시 결혼했다. 결혼 상대는 서인 민유중의 딸 인현왕후였다. 인현왕후는 첫 왕비였던 인경왕후와도 인척이었고, 송시열과도 인척 관계였다. 그야말로 뼛속까지 서인 산당 출신이었다. 그녀를 추천한 인물은 서인의 영수 송시열과 모후 명성왕후였다. 산당을 대표하는 송시열과 한당의 중심 명성왕후가 손잡은 것이다. 숙종은 이런 정략결혼을 좋아하지 않았지만, 그렇다고 국혼을 거부할 수는 없었다. 외가인 서인 한당과 조선 유림의 최대 세력인 서인 산당이 결탁하여 만든 국혼이었으니 어쩔 수 없이 받아들여야 했다.

인현왕후가 숙종에게 시집온 때는 1681년으로 인경왕후가 죽은 지 1년쯤 지난 때였다. 당시 그녀는 열다섯 살 소녀였고, 숙종은 스물한 살 청년이었다. 당시 숙종은 대궐 밖으로 쫓겨난 옥정에 대한 그리움으로 소녀티를 채 벗지 못한 인현왕후에겐 관심이 없었다. 숙종은 어떻게 해서든 옥정을 다시 불러들일 기회만 엿보았다.

하지만 모후 명성왕후가 눈을 시퍼렇게 뜨고 지키고 있는 한, 옥정을 다시 궁궐로 들일 방도는 없었다. 당시 장옥정은 포도청 부장으로 있던 오빠 장희재 집에서 어머니 윤씨와 함께 지내고 있었다. 또한 조 대비의 부탁을 받은 숭선군부인 신씨의 도움을 받고 있었다. 신씨는 조 대비의 외종질녀였다.

그 상황에서 숙종은 장옥정에게 도움이 되는 일을 찾고 있었다. 우선 유배 보냈던 옥정의 당숙 장현과 장찬 형제를 석방했다. 하지만 모후 명성왕후 때문에 그 이상의 조치는 취할 수 없었다.

그로부터 얼마 뒤인 1683년 10월, 숙종은 그만 천연두에 걸리고 말았다. 그러자 명성왕후는 아들의 쾌차를 빌기 위해 굿을 하기도 하고 무당이 시키는 대로 음식을 끊고 매일 속옷 차림으로 냉수욕을 한 뒤 치성을 드리는 일에 전념했다. 원손도 두지 못한 아들이 죽을 경우 왕실은 크나큰 위기에 처할 것이고, 그녀의 처지도 끈 떨어진 갓 신세가 될 것이 뻔했기 때문이다. 그런데 아들을 살리겠다는 그녀의 정성이 너무 지나쳤던 모양이다. 추운 겨울에도 빠지지 않고 냉수욕을 하며 치성을 드리다 그만 감기에 걸리고 말았다. 그래도 천연두에 걸려 있던 숙종에겐 알리지 않고 계속 치성을 드리다가 병이 위중해졌다. 열이 들끓었다는 것으로 봐서 아마도 폐렴에 걸렸던 모양이다. 그리고 그녀는 폐렴을 이기지 못하고 그해 12월 5일 사망하기에 이른다.

모후 명성왕후가 죽고 삼년상이 끝나자 숙종은 기어코 장옥정을 대궐로 다시 데리고 왔다. 대왕대비 조씨가 숙종의 마음을 읽고 인현왕후를 설득하여 재입궁을 성사시킨 것이다.

장옥정이 궁으로 돌아오자, 숙종은 인현왕후는 뒷전이고 늘 장옥정 처소만 찾았다. 이에 서인들은 숙종에게 새로운 후궁을 간택할 것을 요청했다. 장옥정을 견제하기 위한 인현왕후의 고육지책이었다. 숙종은 후궁 간택 요청을 받아들여 정식으로 후궁을 맞아들였다. 이때 후궁으로 들어온 이는 송시열의 최측근이자 서인의 영수였던 김수항의 종손녀 영빈 김씨였다. 김수항은 김상헌의 손자이며, 김수항의 이모할머니가 인목대비이니, 영빈 김씨는 인현왕후와 마찬가지로 역시 뼛속까지 서인 집안 여인이었다.

영빈 김씨가 숙의의 첩지를 받고 입궐한 것은 1686년이었다. 이때 그녀의 나이는 열여덟 살이었으니 조선시대로서는 꽃다운 나이였다. 인현왕후와 서인은 어떻게 해서든 그녀가 숙종의 마음을 사로잡아 아들 낳기를 바랐다. 하지만 숙종의 마음은 온통 스물여덟 살의 성숙한 여인 장옥정에게 가 있어서 영빈 김씨는 거들떠보지도 않았다.

숙종은 혹 인현왕후와 영빈이 장옥정을 해칠 수도 있다는 생각으로 장옥정의 처소를 중전과 후궁들의 처소가 있던 창덕궁에서 멀리 떨어진 창경궁에 따로 마련했다. 그것도 아주 비밀리에 공사를 진행했다. 그리고 장옥정에게도 마침내 종4품 숙원의 첩지를 내려 정식으로 후궁의 지위를 주었다. 후궁 첩지가 내려지면 더는 그들이 장옥정에 대한 출궁 요구를 할 수 없기 때문이었다. 이는 서인과 인현왕후 세력에게서 장옥정을 보호하려는 조처였다. 당시 인현왕후는 장옥정이 남인들의 후원으로 궁으로 돌아왔기 때문에 다시 내보내야 한다고 주장했고, 숙종은 다시는 이런 요청을 하지 못하도록 못을 박는 의미에서 장옥정에게 후궁 첩지를 내린 것이었다.

사랑밖에 모르는 남자

후궁 첩지를 받은 장옥정은 그에 대한 보답이라도 하듯 임신했다. 그리고 1688년 10월, 아이를 낳았는데, 숙종이 그토록 기다리던 아들이었다. 비록 서자이지만 첫아들이었기에 숙종의 기쁨은 컸다. 하지만 인현왕후와 서인들의 반응은 싸늘했다. 당시 대왕대비 조씨의 상중이라는 핑계로 득남을 축하하는 인사조차 올리지 않았다. 심지어 사헌부 지평 이익수는 산후조리를 돕기 위해 입궁하려던 장옥정의 어머니 윤씨의 가마를 가로막고, 가마꾼들을 매질하는 사태를 벌이기까지 했다.

이 사건은 숙종의 심기를 크게 건드렸다. 숙종은 곧 장옥정이 낳은 아들 윤을 원자로 지정하겠다는 뜻을 조정에 알렸다. 윤을 원자로 삼겠다는 것은 훗날 세자로 책봉하여 왕위를 계승하겠다는 의미였다.

이에 서인들이 강하게 반발했다. 하지만 숙종은 조금도 멈출 생각이 없었다. 한 번 마음먹으면 무슨 일이 있어도 밀어붙이는 게 그의 성격이었다. 어머니도 없는 마당에 그를 말릴 사람은 아무도 없었다.

숙종은 곧 정승과 6판서, 삼사의 요직들을 모두 불러 모아놓고 선언했다.

"지금 원자의 호를 정하고자 하는데, 따르지 않을 자는 벼슬을 버리고 물러가라."

자신과 뜻을 같이하지 않는 자는 모두 내쫓겠다는 의미였다. 이 말을 듣고 이조판서 남용익이 제일 먼저 나와 거부 의사를 피력했다.

"신이 물러가기는 하겠으나 중전의 춘추가 한창이시니, 이번에 하시는 일은 너무 이른 것입니다."

사실, 틀린 말은 아니었다. 남인 목창명 이외의 모든 신하가 남용익의 말에 동조했다. 하지만 숙종은 그들을 모두 물리치고 전격적으로 옥정의 아들 윤에게 원자의 명호를 내렸다. 또한 이내 원자정호元子定號를 종묘사직에 고해버렸다.

당시 원자 윤은 태어난 지 갓 100일 된 아기였다. 더구나 후궁이 낳은 서자였다. 그리고 정비 인현왕후는 아직 스물세 살 한창 나이였다. 서른 살의 장옥정이 아이를 생산한 것을 고려할 때 인현왕후가 아이를 생산할 가능성은 충분했다. 그런데도 숙종은 후궁 옥정의 아이를 원자로 정해버렸다. 거기다 옥정에게 정1품 빈의 첩지까지 내렸다. 이는 서인 세력에 대한 전면적인 선전포고나 다름없었다. 서인 역시 그 의미를 모르지 않았다.

숙종이 아들 윤을 원자로 정하고 종묘사직에 고한 지 보름쯤 지난 1889년 2월 초하루, 마침내 서인들도 전면전을 선포했다. 서인의 영수 송시열이 종묘에 고한 원자정호를 철회하라는 상소를 올린 것이다. 이미 종묘에 고한 일을 철회하라는 것은 숙종에게 무릎을 꿇으라는 의미였다. 종묘에 고했다는 것은 이미 선조들의 허락을 얻었다는 뜻이다. 그런데 이를 철회하라는 것은 이 허락을 모두 무효로 하라는 것이고, 이는 곧 숙종에게 항복을 요구하는 일이었다.

송시열의 항복요구서를 접한 숙종은 무섭게 분노하며 송시열을 끌고 와 치죄하라는 명령을 내렸다. 그러자 승정원을 장악하고 있던 서인들이 숙종의 명을 받들지 않았다. 이에 숙종은 승정원은 물론이고 삼사의 요직에 있던 서인들을 모두 내쫓았다. 그리고 그 자리를 남인으로 채웠다. 또한 송시열은 물론이고 서인을 이끌고 있던 김수항, 김익훈, 이사명, 홍치상 등을 유배 보내고 급기야 죽이기까지 했다.

이 사건을 '기사환국'이라고 한다. 숙종이 기사환국을 일으킨 목적은 단 하나, 사랑하는 여인 장옥정을 지키기 위해서였다. 마치 어느 유행가 가사처럼 '사랑밖에 난 몰라'를 외쳤던 것이다.

그런데 이것이 먹혔다. 당시 조정은 어차피 당파로 나뉘어 극단적인 대립을 일삼았고, 왕의 신임을 얻은 당이 조정의 권력을 장악하던 시대였다. 그 때문에 왕이 어떤 이유로든 한 당을 내쫓고 다른 당을 선택하면 조정은 무난하게 돌아갔다. 그것이 한낱 왕의 사랑놀음에 의한 것이라도 말이다.

왕비가 된 장옥정

서인들을 대거 내친 숙종은 그들 서인과 한통속인 비·빈도 두고 보지 않았다. 작은 빌미라도 찾기 위해 눈에 불을 켜고 있는 숙종에게 먼저 걸린 사람은 김수항의 종손녀 영빈 김씨였다.

영빈 김씨는 서인 권력의 회복을 돕기 위해 은밀히 왕의 동정을 친정에 알리고 있었다. 또한 그녀는 장옥정의 어머니와 조사석이 불륜 관계라는 유언비어를 유포하기도 했다. 하지만 그녀를 예의 주시하고 있던 숙종은 그런 사실들을 파악하고 그녀를 폐출시켜버렸다. 또한 그녀와 내통한 김수항도 사약을 내려 죽였다.

숙종은 영빈 김씨의 배후가 인현왕후라고 의심했다. 그 때문에 인현왕후를 맹렬히 비난하며 폐출하려는 뜻을 드러냈다. 당시 인현왕후와 숙종은 자주 말다툼을 했다. 1689년 4월 23일은 인현왕후의 생일이었는데, 숙종은 조 대비의 국상 기간이라는 이유로 탄일 하례를 못 하게 했다. 하지만 인현왕후는 국모가 탄일에 하례를 받는 것은 당연한 권리라며 어명을 무시하고 하례를 받았다. 이 일로 숙종과 인현왕후는 심하게 다투었는데, 부부싸움 중에 인현왕후는 "나를 폐출할 테면 폐출하라"라고 고함을 질렀다. 숙종은 곧 이 내용을 조정에 알려 왕비 폐출 의사를 밝혔다. 이에 86명의 신하가 왕비 폐출에 반대하는 의견을 올렸고, 숙종은 그들과 대치하며 왕비 폐출을 결행했다. 그 과정에서 반대 의견을 낸 수십 명의 신하를 국문하기도 했다. 그리고 결국, 인현왕후 민씨를 내쫓았다.

숙종이 인현왕후를 내쫓은 목적은 단 하나였다. 장옥정을 왕비로 삼아 그녀와 아들 윤을 보호하기 위해서였다. 비록 서인들이 대거 쫓겨났지만, 인현왕후가 그대로 있는 한 서인의 세력은 다시 일어날 것이 뻔했고, 장옥정이 왕비가 되지 않는 한 원자 윤은 여전히 서자 신분을 면할 수 없었다. 그런 상황에서 인현왕후나 다른 후궁 중에 누가 아들이라도 낳으면 장옥정과 원자의 신세가 어찌 될지 알 수 없었던 것이다.

숙종은 인현왕후를 내쫓은 직후에 바로 장옥정을 왕비로 확정했다. 마침내 자신의 연인 옥정을 정부인 자리에 앉힌 것이다. 그뿐만 아니라 원자 윤을 세자로 책봉했다. 대개 세자 책봉은 여덟 살에 하는 것이 관례인데, 혹 또 다른 시빗거리가 생길까 불안했던 숙종은 두 돌도 되지 않은 아이를 세자로 삼은 것이다.

숙종이 인현왕후를 내쫓고 급히 장옥정을 왕비로 확정한 또 다른 이유가 있었다. 인현왕후를 내쫓을 당시 장옥정은 임신 중이었다. 만약 장옥정이 후궁의 몸으로 아이를 낳게 되면 태어날 아이는 서자나 서녀가 될 상황이었고, 숙종은 이런 사태를 막기 위해 서둘러 인현왕후를 내쫓았다.

인현왕후가 쫓겨나고 두 달쯤 뒤에 장옥정은 출산했다. 이번에도 아들이었다. 하지만 아이의 명은 길지 않았다. 숙종은 오래 살라는 뜻으로 '성수盛壽'라는 이름을 내렸지만, 아이는 이내 죽고 말았다. 숙종은 둘째 아들을 잃고 눈물까지 흘리며 몹시 고통스러워했다. 게다가 장옥정도 아이를 낳은 후유증으로 건강이 크게 악화하였다. 아이가 태어난 것은 1690년 7월이었고, 죽은 것은 9월이었다. 아이는 태어난 지 두 달 만에 죽은 것이다. 아이를 잃은 장옥정은 시름시름 앓고 있었지만, 숙종은 그녀에게 선물을 하나 안겼다. 이미 그녀를 왕비로 확정해뒀지만, 임신 중이라 책봉식을 거행하지 않은 터였다. 그래서 아들을 잃은 그녀를 위로할 겸 그해 10

월에 왕비 책봉식을 거행했다. 이렇게 숙종은 기어코 사랑하는 여인을 왕비 자리에 앉히는 데 성공했다.

배신

왕비 자리에 오른 후에도 장옥정은 여전히 건강을 회복하지 못했다. 신체 곳곳에 종기가 나고, 머리에도 자주 부스럼이 생겼다. 흔히 긴병에 효자 없다는 말이 있지만, 긴병에 열부는 더 없는 법이다. 연인 옥정이 병치레로 자주 드러누워 있게 되자 숙종은 다른 여자에게 눈이 팔렸다.

숙종의 눈을 사로잡은 여인은 궁궐에서 물을 길어 나르는 무수리 출신 최씨(숙빈 최씨)였다. 어떤 경로로 왕의 눈에 들었는지는 자세하게 기록되어 있지 않다. 아버지 최효원, 어머니 남양 홍씨에게서 1670년에 태어났으나 어린 시절 기록도 정확하지 않다.《정읍군지》에 의하면 그녀는 전라도 정읍현 태인면에서 태어났으며, 아주 어릴 때 부모를 여의었다. 그리고 인현왕후의 아버지 민유중이 영광 군수로 부임하다 태인의 대각교라는 다리에서 남루한 차림으로 버려져 있는 그녀를 발견하고 데려다 키웠다고 한다. 이후, 인현왕후가 왕비로 간택되어 입궁할 때 함께 궁으로 들어온 것으로 기록되어 있다.

그러나 이 이야기 외에도 숙빈의 성장에 대한 다른 설이 전하는 것으로 봐서 《정읍군지》의 내용은 신빙성이 떨어진다. 또한 숙빈이 인현왕후가 궁으로 데려온 몸종이라면 인현왕후가 궁에서 쫓겨날 때 함께 출궁되었어야 하는데, 궁궐에 남아 무수리로 살다가 숙종을 만났다는 것은 앞뒤가 맞지 않는 면이 있다.

그녀의 출신에 대해서는 침방의 궁녀였다는 설도 있다. 이 이야기는 고종의 후궁 삼축당 김씨와 광화당 이씨가 고종에게 직접 전해 들은 것이라고 한다. 고종은 최씨가 일곱 살에 궁궐에 들어왔다는 말도 했다고 한다. 하지만 역시 뚜렷한 증거가 없어 신빙성이 떨어진다.

이렇듯 숙빈 최씨의 입궁 과정에 대한 여러 이설이 존재하는 것은 그녀가 무수리 출신이 아니라는 주장을 펼치기 위함이다. 말하자면 이런 이설들은 모두 그녀의 아들 영조가 왕위에 오른 뒤에 어떻게 해서든 생모가 무수리 출신이라는 것을 숨기기 위해 만들어진 이야기라는 것이다.

어쨌든 숙종은 무수리 출신의 이 새로운 여자를 만나면서 장옥정에 대한 사랑이 식어버렸다. 더구나 최씨는 아이까지 잉태하였고, 마침내 1693년 10월에 아이를 출산했다. 그것도 아들이었다. 숙종은 이 아들에게 길게 살라는 뜻으로 '영수永壽'라는 이름을 내렸다. 하지만 숙종의 기대와는 달리 영수는 태어난 지 두 달 만에 죽었다. 최씨는 첫아이를 잃은 슬픔이 채 가시기도 전에 둘째를 임신했다. 그리고 1694년 10월에 출산했다. 다행히 이번에 태어난 아이는 건강했다.

최씨가 연이어 아이를 낳자, 숙종은 최씨를 몹시 총애했다. 숙종의 마음이 최씨에게 쏠리자, 서인들은 그 기회를 이용하여 장옥정을 왕비 자리에서 끌어내릴 계획을 짠다. 서인 노론계의 김춘택과 소론계의 한중혁이 손을 잡고 은밀히 폐출된 인현왕후 민씨의 복위운동을 전개했다.

한편, 서인 측에서 폐비 민씨의 복위운동을 꾀하고 있다는 사실을 파악한 남인 측에서는 이를 계기로 서인들을 완전히 조정에서 몰아낼 계획을 세웠다. 그래서 복위운동 주모자들을 심문하여 그 내막을 파악한 다음에 숙종에게 보고했다.

그런데 숙종은 의외의 반응을 보였다. 오히려 남인을 궁지로 몰아세웠다. 민씨 복위운동을 빌미로 서인을 일거에 쫓아내려고 한 것 아니냐며 질책한 것이다. 숙종이 이런 태도를 보인 배경엔 숙빈 최씨가 있었다. 숙종이 최씨를 총애한다는 사실을 확인한 서인들은 최씨와 결탁하였고, 최씨가 숙종의 마음을 움직인 것이다.

숙빈 최씨는 왕비 장씨가 질투심으로 자신을 괴롭힌다며 숙종에게 하소연하였고, 왕비의 배후에 남인들이 도사리고 있다고 비난했다. 숙종은 그 말을 듣고 남인에게 등을 돌렸고, 결국 폐비 민씨 복위운동 사건으로 서인을 몰아내고자 했던 남인은 오히려 철퇴를 맞아 모두 쫓겨나는 사태가 벌어졌다.

남인을 대거 내쫓은 숙종은 서인이 추진하던 폐비 복위 요구를 받아들여 인현왕후를 환궁시켰다. 또한 장옥정을 빈으로 강등시켜 왕비전에서 취선당으로 쫓아냈다. 이 사건이 1694년에 벌어진

'갑술환국'이다.

한편, 취선당으로 밀려난 장옥정은 분을 이기지 못하고 울화증에 시달렸다. 그토록 자신을 사랑하던 남자가 다른 여인에게 마음을 주고 돌변하여 자신을 헌신짝 버리듯 내쫓았으니, 분하고 서러울 수밖에 없었을 것이다. 하지만 그녀는 그래도 여전히 믿는 구석이 있었다. 환궁한 인현왕후 민씨가 시름시름 앓고 있었는데, 그녀가 병상에서 일어나지 못하고 죽는다면 중전 자리를 되찾을 수 있다는 희망이었다.

자결 명령

하지만 중전 민씨는 쉽게 죽지 않았다. 병상에 누운 채 무려 7년을 버텼다. 그러다 1701년에 생을 마감했다. 민씨의 죽음은 장옥정에겐 중궁으로 돌아갈 다시없는 기회였다. 그래서 들뜬 마음으로 그녀는 중궁으로 돌아갈 날만 기다렸다.

한편, 숙빈은 인현왕후가 죽자 몹시 불안했다. 인현왕후가 죽었으니 장옥정이 다시 중전으로 복위하게 될 것이고, 그렇게 되면 자신의 처지가 어찌 될지 알 수 없었기 때문이다. 그래서 그녀는 장옥정에 대해 선제공격을 감행한다.

당시 장옥정은 세자 윤의 건강을 빌기 위해 취선당에 신전을 차려놓고 무당을 불러 굿을 하기도 했다. 물론 이것은 숙종도 이미 알고 있었다. 하지만 숙빈 최씨는 장옥정이 신전을 차린 것은 인현왕후를 저주하여 죽일 목적이었다고 숙종에게 고변했다.

숙빈의 고변을 들은 숙종은 인현왕후가 죽은 지 40일 만인 재위 27년(1701년) 9월 25일에 분노에 찬 얼굴로 비망기를 내려 이렇게 하교했다.

"내수사에 갇힌 죄인 축생, 설향, 시영, 숙영, 철생 등을 모두 금부의 도사를 보내 잡아오라. 내일 인정문 밖에서 내가 친국할 것이다."

왕이 궁녀를 친국하는 일은 극히 드문 일이다. 역모와 관련한 일이라 해도 왕이 궁녀를 직접 국문하는 일은 거의 없었고, 종친과 관련된 일이라도 그 처리를 내명부에 일임하거나 의금부에서 다루게 하는 것이 상례였다.

숙종의 궁녀에 대한 친국 하교는 그날 밤늦게 이뤄졌다. 승지 서종헌과 윤지인, 부응교 이징구, 부수찬 이관명 등이 그 소식을 듣고 급히 임금을 찾아와 아뢨다.

먼저 서종헌이 말했다.

"엎드려 비망기의 내용을 보고 놀랍고 두려워 벌벌 떨립니다. 설령 그 죄상이 모두 하교하신 바와 같다고 하더라도 전하께서는 어찌 밝은 성심으로 후일의 난제를 생각하시지 않으십니까? 갑술년 초에 장희재의 죽음을 용서한 것은 오로지 동궁을 위한 것이었는데, 금일의 처분은 되려 동궁에 대한 염려를 간과한 것이니, 바라건대 명을 도로 거둬주십시오."

서종헌에 이어 윤지인이 덧붙였다.

"신 등은 장씨가 범한 죄가 무엇인지 정확하게 알지 못합니다만, 장씨는 세자를 낳은 사람인데 전하께서 장씨를 생각하지 않더라도 세자를 생각하여 차마 이렇게 하실 순 없습니다."

윤지인이 말한 장씨는 바로 장옥정이다. 즉, 궁녀들을 친국하는 것은 장옥정의 죄를 밝히겠다는 뜻이었다.

윤지인의 말이 끝나자 이징구가 아뢰었다.

"장씨의 죄상은 외부 사람은 알 수 없는 것입니다. 그리고 장씨는 세자에게는 낳아준 사람인데, 후일의 염려를 어찌 다 말할 수 있겠습니까?"

이렇듯 신하들은 여러 말로 비망기를 거둬들일 것을 청했지만, 숙종은 끝내 자기 뜻을 관철했다. 그리고 마침내 이튿날 궁녀들에 대한 친국이 시작되었다. 궁녀에 이어 무당과 무당의 아들, 딸까지 모두 친국했다.

친국이 끝난 뒤, 숙종은 숙빈의 고변이 모두 사실이라는 결론을 내리고 장옥정을 죽일 결심을 한다. 그리고 기어코 그녀에게 자진 명령을 내렸다.

이 사건을 두고 대개 사극에서는 장옥정을 대단한 악녀로 설정하는 반면 인현왕후는 천하에 둘도 없는 마음씨 고운 왕비로 설정하곤 한다. 그러나 이 사건의 실상을 살펴보면 전혀 다른 내용을 발견할 수 있다. 장옥정이 악녀도 아니고 인현왕후도 마음씨 고운 왕비가 아니었다. 오히려 숙종과 말다툼 하며 힘겨루기를 한 쪽은 인현왕후였다. 장옥정이 신당을 차려 놓고 인현왕후를 저주했다는 것도 숙빈 최씨의 주장일 뿐이고, 장옥정이 악녀처럼 묘사된 것도 《인현왕후전》 같은 소설 속의 허구일 뿐이다.

역사적 사실은 오히려 장옥정이 숙종이라는 남자에게 배신당하고 이용당한 정치적 희생양이었다는 것이다. 하지만 정권을 장악한 서인들은 장옥정을 철저하게 악녀로 묘사했고, 서인 출신의 인현왕후는 천하에 둘도 없는 천사로 만들어놓았다. 물론 서인들이 이렇게 하도록 방치한 인물은 숙종이었다.

한편, 장옥정에게 자진 명령이 떨어지자, 그녀의 아들인 세자 윤은 궁문 밖에 거적을 깔고 정승들에게 하소연했다.

"나의 어머니를 살려주시오."

그 말을 듣고 좌의정 이세백은 옷을 털며 자리를 피했고, 영의정 최석정은 울면서 이렇게 대답했다.

"신이 감히 죽을 각오를 하고 저하의 은혜를 갚겠습니다."

하지만 최석정은 오히려 탄핵 당해 유배 길에 올랐고, 장옥정을 죽이지 말 것을 청하는 모든 신하가 벼슬에서 쫓겨났다. 그리고 숙종은 기어코 한때 그토록 사랑했던 여인에게 자살을 명령했고, 장옥정은 목을 매고 생을 마감했다.

23
장

외골수형 비련남 ― **영조 이금**

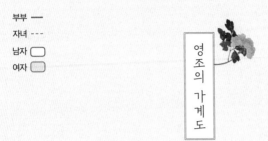

영조의 가계도

부부 ——
자녀 - - -
남자 ☐
여자 ☐

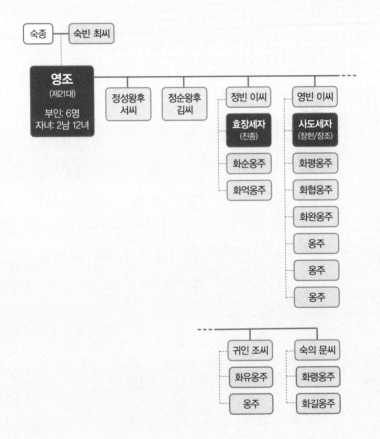

숙종 — 숙빈 최씨

영조
(제21대)
부인: 6명
자녀: 2남 12녀

정성왕후 서씨

정순왕후 김씨

정빈 이씨
- **효장세자** (진종)
- 화순옹주
- 화억옹주

영빈 이씨
- **사도세자** (장헌/장조)
- 화평옹주
- 화협옹주
- 화완옹주
- 옹주
- 옹주
- 옹주

귀인 조씨
- 화유옹주
- 옹주

숙의 문씨
- 화령옹주
- 화길옹주

평생 차갑게 대한 아내 정성왕후

영조 이금은 재위 기간이 무려 52년이나 되었다. 이 기간에 그가 가까이한 여인은 왕비 둘과 후궁 둘이었다. 그 여인들 중에서 정처였던 두 왕비에겐 아예 정을 주지도 않았다. 그러고 보면 그가 사랑했던 여인은 단둘이었던 셈이다.

이금은 연잉군 시절이던 1704년에 서종제의 딸과 혼인하였다. 당시 그는 열한 살이었고, 부인 서씨(정성왕후)는 두 살 연상이었다. 그는 잘 알려져 있듯이 무수리 출신의 숙빈 최씨 소생이다. 그런 까닭에 힘 있는 집안과 혼인할 처지가 아니었다.

서종제는 세조 때 정승을 지내고 문명으로 이름을 떨친 서거정의 형 서거광의 후손이며, 서문도의 아들이다. 서문도는 사평 벼슬을 지낸 인물인데, 사평은 장례원(노비의 부적과 소송에 관한 일을 관장하던 관청)의 정6품 관직으로 실무 담당관이었다. 사평의 원래 명칭은 장례원 좌랑이었으나 육조 좌랑과 차별을 두기 위해 사평이란 명칭으로 바뀌었다. 요직도 고위직도 아닌 소소한 벼슬이었다.

서종제는 딸이 연잉군과 결혼할 당시 아직 관직에도 오르지 못하고 있었다. 생원시와 진사시에 모두 합격하긴 했으나 대과에는 합격하지 못했다. 그는 딸이 연잉군과 결혼한 덕분에 왕실의 사돈으로서 특별히 사릉 참봉에 임명되어 처음으로 벼슬을 얻었다. 이후로 몇몇 벼슬을 거쳤고, 1719년에 사망할 당시 신천 군수였다.

어쨌든 연잉군은 정치적으로 별 영향력이 없는 집안의 사위가 되었다. 하지만 이금은 아내의 집안을 그다지 중시하지는 않았다. 왕자 신분이긴 했으나 어머니가 천비 출신이다 보니 오히려 처가가 권세 있는 집안이 아닌 것을 다행으로 여겼다. 당시만 하더라도 그는 왕이 될 수 있다는 생각조차 할 수 없는 처지였고, 그러니 처가의 권세나 도움은 더더욱 필요 없는 상황이었다.

어쨌든 열한 살 나이에 두 살 연상의 서씨와 결혼하여 첫날밤을 맞이했는데, 이날 이후로 그는 아내 서씨를 냉랭하게 대했다고 한다. 이와 관련한 이야기가 전한다.

혼인 첫날밤에 연잉군이 서씨의 손을 보고 물었다.

"어째서 손이 이리도 곱습니까?"

서씨가 대답했다.

"고생한 적이 없어 손에 물을 묻히지 않아서 그렇습니다."

이 말을 듣고 연잉군은 그녀가 무수리 출신인 자신의 생모를 업신여긴 것으로 생각하여 다시는 그녀를 찾지 않았다고 한다. 이 일화가 사실인지 아닌지는 알 수 없지만, 정성왕후 서씨는 자녀를 두지 못했고, 영조로부터 사랑도 받지 못했다.

1724년에 영조가 왕위에 오름에 따라 그녀도 왕비가 되었지만, 두 사람 관계는 냉랭했다. 서씨는 중궁을 차지하고 있었지만, 영조가 잘 찾지 않았으므로 뒷방으로 밀려난 듯이 살았다.

그녀는 왕비에 오른 뒤 33년 동안 중궁을 지켰지만, 왕비로서 영향력을 행사한 적이 별로 없었다. 성품이 어질고 온화했던 그녀는 영조가 다른 여인들과 사랑에 빠져도 그다지 질투하는 기색도 없었다. 오히려 후궁들이 낳은 아들들을 친아들처럼 대했다. 그래서인지 영조는 그녀에게 냉랭하긴 했지만, 미워하지는 않았다. 심지어 그녀가 1757년 예순여섯의 나이로 죽었을 때, 그녀의 능을 조성하면서 그 옆에 자신의 가묘를 만들기까지 했다. 자기가 죽으면 그녀 옆에 나란히 묻히겠다는 뜻이었다.

하지만 그런 영조의 뜻은 이루어지지 못했다. 영조는 그녀의 삼년상이 끝나자 열다섯 살 어린 왕비 정순왕후를 새로 맞이하였고, 영조가 죽은 뒤에 정조는 정순왕후를 의식하여 정성왕후 서씨의 능(홍릉)에 영조의 능을 조성하지 못했다. 살아서 남편에게 냉대받던 그녀는 죽어서도 홀로 있어야 했다.

마침내 만난 첫사랑

이금이 첫사랑을 만난 것은 연잉군 시절이었다. 그때 그는 스물셋 청년이었다. 그의 마음을 사로잡은 여인은 이준철의 딸로, 훗날 정빈 이씨로 불렸다.

그녀의 신분과 집안 내력은 분명치 않다. 대개 궁녀 출신으로 알려졌는데, 그것도 정확한 근거는 없다. 그녀가 언제 어떤 경로로 이금을 만났는지도 자세히 알 수 없다. 이금을 만날 당시 그녀가 몇 살이었는지도 불분명하다. 영조와 동갑이었다고 알려졌지만 정확하지 않다. 다만 그녀가 이금의 첫아이를 낳은 것이 1717년이었다는 사실에 근거할 때, 이금과 그녀는 적어도 1716년 이전에 만난 것은 분명하다.

1716년 당시 이금의 신분은 그저 숙종의 서자 연잉군이었다. 또한 어머니 숙빈이 비천한 신분이었고, 장희빈의 아들 윤이 세자로 있었기 때문에 왕위를 노릴 입장도 아니었다. 하지만 당시 세자 윤의 건강이 좋지 않았던 터라 숙종은 내심 연잉군을 후계자로 생각하고 있었다. 실제로 이듬해인 1717년에 숙종은 노론 영수 이이명과 독대하고 이금을 후계자로 정해달라고 부탁한다. 그런 점에서 보면 이금이 이준철의 딸 이씨를 만났던 시점은 정치적으로 매우 민감한 시기였다.

그런데 이런 상황에서 연잉군은 사랑에 빠진 것이다. 스물셋 혈기왕성한 시절이었고, 그녀는 아이까지 잉태했다. 구체적인 내용은 전해지지 않지만 이금은 그녀를 첩으로 들였다. 일설에는 궁녀 출신이라고 하지만 왕자가 궁녀를 건드리는 것은 있을 수 없는 일이었다. 궁녀는 모두 왕의 여자였기 때문이다. 혹 그가 세자였다면 동궁의 궁녀는 취할 수 있었겠지만, 당시 세자는 장희빈의 아들 이윤이었다. 따라서 이금이 궁녀를 첩으로 들일 가능성은 별로 없다.

당시 이금은 결혼한 지 12년이나 되었지만, 자식이 없었다. 또한 부인 서씨도 스물다섯 살이나 되었지만, 한 번도 태기가 없었다. 그러니 이금이 첩을 들인 것은 당시로서는 당연한 처사로 이해된다.

이금과 그녀 사이에 태어난 첫아이는 딸이었다. 훗날 화억옹주로 불리는 이 딸은 불행하게도 돌도 되지 않아 죽었다. 화억옹주가 죽고 이듬해인 1719년에 둘째를 낳았는데, 그 아이가 영조의 장남 행(효장세자)이다. 행의 아명은 만복이었다. 만복은 영조의 장남이기도 했지만 숙종의 첫 손자이기도 했다. 당시 숙종은 와병 중이었는데, 만복이 태어났다는 소식을 듣고 매우 기뻐했다고 한다.

이씨는 만복을 낳고 연년생으로 딸 하나를 더 낳았는데, 화순옹주였다. 화순옹주를 낳을 당시 조정은 긴박한 상황을 맞이하고 있었다. 숙종은 병마가 깊어 죽음을 앞두고 있었고, 세자 이윤 또한 병이 깊었다. 그래서 숙종은 연잉군이 세자를 대신하게 하려 했다. 하지만 세자 이윤을 지지하던 소론 세력은 이를 용납하지 않았고, 이금은 정치적 소용돌이 속으로 빨려 들어갔다. 조정의 구도는 어느덧 세자 이윤을 지지하는 소론 세력과 연잉군 이금을 지지하는 노론 세력으로 갈려 팽팽한 힘겨루기를 하고 있었다.

그렇게 두 세력이 한 치도 양보할 기미가 없는 가운데 숙종이 죽고 세자 이윤(경종)이 용상에 올랐다. 이어 연잉군 이금은 세제에 책봉되었다. 그러자 만복의 생모 이씨도 후궁이 되어 종5품 소훈의 첩지를 받았다. 만약 훗날 이금이 왕위에 오르면 그녀의 아들이 세자가 될 것은 자명했다.

의문의 독살

하지만 후궁 첩지를 받고, 훗날 왕의 어머니가 되리라는 포부를 품자마자 그녀에겐 예상치 못한 불행이 닥쳤다. 1721년 겨울, 아침밥을 먹은 그녀가 갑자기 배를 움켜쥐고 쓰러졌고, 이어 눈을 까뒤집고 정신을 놓았다. 어의들이 동원되어 그녀를 살리기 위해 안간힘을 썼지만, 이미 늦었다. 하지만 사인도 분명하지 않았다. 정황상 독살이 분명해 보였지만 범인은 오리무중이었다.

그녀의 죽음에 대한 진실은 몇 개월이 지난 뒤에 윤곽을 드러냈다. 경종 2년(1722년) 3월 27일에 남인의 서얼 출신인 목호룡이 노론 측에서 경종을 시해하고자 모의했다는 이른바 삼급수설(대급수大急手: 칼로 살해/ 소급수小急手: 약으로 살해/ 평지수平地手: 모해하여 폐출함)을 주장하며 역모를 고변했는데, 이 고변 중에 정빈 이씨의 죽음이 거론되었다.

목호룡의 고변에 따르면 경종을 시해하려 한 인물들은 정인중,

김용택, 이기지, 이희지, 심상길, 홍의인, 김민택, 백망, 김성행 등이었는데 이들은 모두 노론 4대신의 아들 또는 조카이거나 아니면 추종자들이었다.

목호룡은 이들 세력이 숙종의 죽음 전후에 당시 세자였던 경종을 해치려고 모의하였고 주장했다. 목호룡은 남인 서얼로서 풍수를 공부하여 지관이 된 사람이다. 정치적 야심을 품고 있던 그는 풍수설을 이용하여 노론에 접근하여 처음에는 왕세제 편(영조)에 섰으나, 정국이 소론의 우세로 돌아서자 배반하여 이 같은 음모 사실을 고변하였다.

목호룡의 고변 당시 정국은 소론이 노론을 공격한 후, 노론 핵심 세력이 모두 유배된 때였다. 그 내막은 이렇다.

숙종이 죽고, 경종이 즉위한 초년에는 여전히 노론이 정권을 잡고 있었다. 그들은 경종의 건강이 점차 악화하는 데다, 후사마저 없다는 이유를 내세워 건저(세자를 세우는 일)할 것을 주장한다. 즉, 경종이 너무 병약하여 언제 죽을지 모르니 연잉군을 세제로 삼아 왕위가 흔들리지 않게 해야 한다는 것이었다.

경종은 소론의 반대에도 불구하고 1721년 노론의 주장에 따라 연잉군을 세제에 책봉했다. 그런데 노론은 두 달 뒤인 그해 10월 경종이 병약하여 정사를 주관할 수 없다며 이번에는 연잉군이 대리청정해야 한다고 주장했다. 이는 곧 경종에게 정사에서 손을 떼라는 말이었다.

노론이 대리청정을 주장하자 소론이 왕을 보호한다는 명분을 내세우며 거세게 반발하였다. 하지만 경종은 와병 중이어서 세제청정을 받아들였다가, 소론의 반대로 다시 거둬들였다. 이후 경종은 세제청정을 명했다가 다시 거둬들이기를 반복한다.

이 바람에 노론, 소론 간에 당쟁만 격화되었다. 그리고 1721년 12월 경종의 지지를 받은 소론은 과격파인 김일경을 우두머리로 일곱 명이 앞장서서 세제대리청정을 요구한 집의 조성복과 청정 명령을 받들고자 한 노론 4대신(영의정 김창집, 좌의정 이건명, 영중추부사 이이명, 판중추부사 조태채)을 '왕권 교체를 기도한 역모자'라고 공격하는 소를 올렸다.

이 상소로 인하여 1716년 병신처분(소론을 배척한 처분) 이래 지속되던 노론의 권력 기반이 무너지고 대신 소론 정권으로 교체되는 환국이 단행되었다. 이 결과 노론 4대신은 파직되어 김창집은 거제부에, 이이명은 남해현에, 조태채는 진도군에, 이건명은 나로도에 각각 안치되었고, 그 밖의 노론 대신들도 삭직, 문외출송 또는 정배되었다. 그리고 소론파에서 영의정에 조태구, 좌의정에 최규서, 우의정에 최석항 등이 임명됨으로써 소론 정권의 기반을 굳혔다. 이 사건을 일러 '신축옥사'라고 한다.

이렇게 신축옥사를 통해 조정을 장악한 소론은 이참에 아예 노론을 무너뜨릴 계획을 세웠는데, 그것이 바로 목호룡의 역모고변이었다. 목호룡은 고변을 통해 노론 세력이 은을 모아 궁녀들을 매수하여 경종을 독살하려 했다고 주장했다. 하지만 목호룡 자신이 나서서 이를 저지하는 바람에 실행되지 못했다는 것이다.

목호룡은 또 자신의 저지로 경종의 독살에 실패한 노론 세력은 소론을 궁지에 몰기 위해 세제(영조)의 후궁인 소훈 이씨(정빈 이씨)를 독살했다고 주장했다. 말하자면 노론 무리가 이씨를 독살하고 소론의 소행이라고 뒤집어씌워 소론을 몰아내려고 했다는 것이었다. 또한 그 이후에 경종을 독살하려 했다고도 주장하며 소훈 이씨를 독살한 것은 약을 시험한 것에 지나지 않는다고 말했다.

목호룡은 노론의 사주를 받고 소훈 이씨가 먹던 음식에 독을 탄 인물은 환관 장세상이라고 했다. 목호룡의 말에 따르면 정빈 이씨 독살을 주도한 인물은 서덕수인데, 그가 1721년 6월에 은자 300냥을 환관 장세상에게 보내 독약을 사게 했고, 이후 그해 11월에 장세상이 동궁의 주방 나인 이씨를 시켜 음식에 타서 정빈 이씨를 독살했다는 것이다.

목호룡이 정빈 이씨를 죽인 주범으로 지목한 환관 장세상은 세제 이금의 최측근이었다. 그런데 그가 이금의 연인을 정치적 희생양으로 삼아 독살했다는 것을 이금은 도저히 받아들일 수 없었다. 이금은 연인이자 자식들의 어미를 잃고 동시에 가장 신뢰하고 믿던 최측근마저 잃어야 할 상황이었다.

설상가상으로 현실은 더욱더 참혹했다. 목호룡의 고변이 있자 국청이 설치되어 역모 관련자들을 잡아 와 처단하였고, 유배 가 있던 노론 4대신도 다시 한성으로 압송되어 사사되었다.

국청에서 처단된 사람 중에 법에 따라 사형당한 사람이 20여 명, 맞아서 죽은 이가 30여 명, 그 밖에 그들의 가족이라는 이유로 체포되어 교살된 자가 13명, 유배 114명, 스스로 목숨을 끊은 부녀자가 9명, 연좌된 사람이 173명에 달하였다.

반면에 권력을 잡은 소론파는 윤선거와 윤증을 복관하고 남구만, 박세채, 윤지완, 최석정 등을 숙종묘에 배향하였으며, 목호룡에게는 동지중추부사 벼슬을 내리고 공로를 인정하여 동성군에 봉하였다. 이 대대적인 옥사가 신축년과 임인년에 연이어 일어났다고 해서 '신임사화'라고 한다.

신임사화 후, 세제 이금의 처지는 한 치 앞을 바라볼 수 없는 안갯속이었다. 목호룡의 고변 속엔 노론이 추대하려던 임금이 세제 이금이었고, 전례로 봐서 모역에 가담한 왕자가 살아남은 경우는 없었다. 하지만 연잉군 외에는 왕통을 이을 왕자가 없었기 때문에 그는 목숨을 부지할 수 있었다.

그러나 이 사건 때문에 연잉군은 갖가지 고초를 겪게 된다. 자신이 수족처럼 부리던 장세상이 소론 측 사주를 받은 내관 박상검, 문유도 등의 모함으로 쫓겨나고, 소론 측 대신들에 의해 경종을 문안하러 가는 것도 금지당했다. 동궁에 유폐된 것이다. 거기다 신변의 위협마저 느끼게 되자 대비 인원왕후 김씨를 찾아가 왕세제 자리를 내놓는 것도 불사하겠다며 자신의 결백을 호소했다.

김 대비는 평소 노론 입장에 서서 왕세제를 감싸왔던 터라 왕세제의 간절한 호소를 담은 언교를 몇 차례 내려 소론의 전횡을 누그러뜨렸다. 그 덕택으로 이금은 간신히 목숨을 부지할 수 있었다.

하지만 연인의 죽음에 대한 진실은 밝혀낼 엄두도 내지 못했다.

아직 기저귀도 떼지 못한 아이들의 어미가 독살당해 혼백이 구천을 떠돌고 있는데도 슬퍼하지도 못하고 목숨 구걸에 매달리고 있었으니, 그야말로 비련이 아닐 수 없었다.

오직 그녀뿐

이금이 대비 인원왕후 김씨에 의존하여 가까스로 목숨을 보전하던 중에 병상에 누워 있던 경종이 죽었다. 덕분에 이금은 1724년 8월에 조선 제21대 왕으로 등극했다. 왕위에 오른 뒤에도 그는 한동안 죽은 정빈 이씨를 잊지 못했다. 그래서 다른 여인에게 눈길을 주지 못하다가 2년이 지난 1726년에야 비로소 한 여인이 눈에 들어왔다.

이금의 마음을 사로잡은 여인은 나이 서른을 넘긴 궁녀였다. 서른한 살이라는 나이는 당시 처녀에겐 환갑, 진갑 다 지난 나이였다. 그런 나이에 왕의 사랑을 받아 승은을 입었으니, 그야말로 천재일우가 아닐 수 없었다. 심지어 승은을 입은 뒤, 아이까지 잉태했으니, 운이 좋아도 너무 좋은 여인이었다.

이유번의 딸로 태어난 그녀는 여섯 살에 입궁하여 25년간 궁녀 생활을 했지만, 그동안 한 번도 왕의 눈에 든 적이 없었다. 그런데 뜻밖에도 서른세 살의 영조 눈에 든 것이다.

그들이 처음에 어떻게 만났는지는 알 수 없다. 또한 그녀의 외모에 대한 기록도 남아 있지 않다. 어쨌든 그녀는 승은을 입은 후, 영조 이금의 사랑을 독차지했다. 이금은 다른 후궁을 들이지도 않았고, 다른 여인에게 눈길도 주지 않았다. 그녀를 만난 뒤로 이금에게 여자는 오직 그녀뿐이었다.

두 사람은 금실이 좋았고, 계속해서 아이가 태어났다. 아이를 낳을 때마다 그녀의 품계는 올라 어느덧 정1품이 되었고, 영빈으로 불리었다. 하지만 그녀는 계속해서 딸만 낳았다. 그런 상황에서 영조에게 크나큰 고통을 안긴 사건이 일어났다. 첫 연인 정빈 이씨가 남긴 아들 만복이 요절한 것이다.

1719년에 태어난 만복은 1724년에 경의군에 책봉되었고, 영조가 왕위에 오르자, 1725년에 세자에 책봉되었다. 하지만 만복의 삶은 이름처럼 복이 많지는 않았다.

만복은 여덟 살이 되던 1726년에 조문명의 딸(효순왕후)과 혼인하였고, 이듬해엔 성균관 입학례와 관례를 올리기도 했다. 이제 막 아홉 살 된 아이에게 서둘러 성인식을 해준 셈이었는데, 그 무렵 세자빈 조씨가 홍역을 앓았다. 그래서 만복은 급히 경춘전으로 거처를 옮겼고, 이후 세자빈의 병세는 안정되었다. 하지만 이듬해에 세자 만복이 시름시름 앓기 시작했다. 처음에는 머리에 미열이 있는 정도였는데, 연이어 안질이 동반되고 고열 증세를 보이더니 결국, 일어나지 못하고 1728년에 열 살 나이로 죽고 말았다.

만복이 죽을 당시 영조는 서른다섯 살이었다. 영조는 죽어가는 장남을 안타까워하면서 수일을 눈물로 지새웠는데, 그 때문에 건강이 악화하기도 했다.

만복이 죽은 뒤, 영조는 영빈이 아들을 낳길 학수고대했다. 하지만 영빈은 내리 딸만 다섯을 낳았다. 그 때문에 영조는 후계자를 얻지 못할까 봐 노심초사했다. 그런데도 그는 새로운 후궁을 들이지 않았다. 사랑하는 여인 영빈 이씨가 자신의 후사를 낳아줘야 한다고 생각했다. 오직 그녀에게서 태어난 아들만이 자신의 후계자가 되어야 한다는 것이었다. 그만큼 영빈 이씨에 대한 그의 사랑은 지극했다.

영빈 이씨가 계속 딸만 낳자, 시어머니 격인 숙종의 세 번째 비 인원왕후는 그녀에게 거처를 옮겨보라고 권한다. 인원왕후가 점쟁이에게 점을 쳐보니, 거처를 옮기면 왕자를 낳을 수 있다고 했다는 것이다. 이씨는 인원왕후의 명에 따라 거처를 창경궁 집복헌으로 옮겼다. 그런데 정말 점쟁이의 말처럼 1735년에 마흔의 나이로 아들을 낳은 것이다. 영조로서는 장남을 잃은 후에 가까스로 얻은 아들이었기 때문에 귀하디 귀한 핏줄이 아닐 수 없었다.

영조는 둘째 아들의 이름을 '선'이라고 하였다. 그리고 백일이 되자, 선을 왕비 정성왕후 서씨의 양자로 삼았고, 돌이 지나자 원자로 삼았다. 이후 원자 선은 다시 세자로 책봉되었다. 불과 두 살밖에 안 된 아이를, 그것도 서자로 태어난 아이를 세자로 삼았다는 것은 당시 영조가 왕위계승자의 탄생을 얼마나 학수고대하고 있었는지 잘 보여주는 대목이다. 더구나 자신이 그토록 총애하는 여인의 아들이었으니 온갖 애정을 쏟아부었다.

아들을 죽여야만 했던 그들

애정이 깊으면 기대도 큰 법이라 했던가? 영조는 오래 기다린 만큼 세자 선이 총명하고 뛰어난 아이이길 바랐다. 그래서 두 살에 세자에 책봉하고, 그때부터 제왕 교육에 돌입했다.

하지만 그것이 문제였다. 선은 두 살 때부터 세자전인 창경궁 저승전儲承殿에서 생활했다. 저승전은 '왕위를 계승할 세자가 머무는 집,' 즉 동궁전을 말한다. 이곳은 경종이 세자 시절에 거처하던 곳이었다. 또한 경종의 비 선의왕후 어씨가 경종 사후에 생활하게 되는 곳이기도 하다.

저승전 바로 옆에는 경종의 생모 희빈 장씨가 머물던 취선당이 있었다. 그러다 보니 저승전과 그 주변에서 근무하는 궁녀와 환관 중에는 선의왕후와 경종, 희빈 장씨를 모셨던 이들이 많았다. 이들은 모시던 상전이 죽은 후에도 충성심을 가지고 있었다. 그 덕분에 세자 선은 자연스럽게 경종과 선의왕후, 희빈 장씨에 관한 이야기를 듣게 되었다. 그런 가운데 암암리에 경종 독살설이나 노론에 대한 부정적인 시각을 접하게 되었고, 이는 노론과 대립하고 있던 소론에 대한 호감으로 이어졌다. 하지만 영조는 그런 낌새를 전혀 알아채지 못했다.

영조는 그저 세자 선이 영특하고 뛰어난 제왕감으로 성장하기만을 고대했다. 그래서 늘 공부하는 세자의 모습을 보길 원했다. 하지만 선이 아무리 뛰어나도 뛰어놀기 좋아하는 아이임을 영조는 간과했다. 세자는 가끔 상궁들과 칼싸움 놀이를 하기도 했는데, 어느 날 생모 영빈 이씨가 무엇을 했느냐고 묻자, 칼싸움 놀이를 하고는 《소학》을 공부했다고 거짓말하는 일이 벌어졌다. 혹 칼싸움 놀이를 했다고 하면 혼날까 두려워 거짓말을 한 것이다. 이후로도 칼싸움 놀이를 한 뒤에 영빈이 물으면 역시 공부를 했다고 거짓말했다. 하지만 여느 아이들의 거짓말이 그렇듯이 이내 들통이 났다. 영조는 영빈으로부터 세자가 거짓말한다는 말을 듣고는 분을 참지 못하고 당장 창경궁 저승전으로 달려가 세자를 무섭게 꾸짖었다. 그뿐 아니라 세자에게 전쟁놀이를 가르친 상궁 한씨와 이씨에게 형벌을 가하고 궁에서 내쫓아버렸다.

이 사건이 발생한 이후, 세자는 극도의 공포감에 사로잡혀 일종의 공황장애를 겪기 시작했다. 또한 아버지 영조 앞에만 서면 공포와 두려움에 떨며 아무 말도 하지 못했다. 세자 선은 부왕 앞에 설 때면 꼭 청심환을 먹어야 했고, 때로는 영조가 무슨 말을 하려고 하면 자신을 질책하는 것으로 생각하고 기절하기도 했다.

세자의 병증은 시간이 흘러도 개선되지 않았다. 그런 가운데 열다섯 살 되던 1749년에 영조를 대신하여 섭정을 시작했다. 승명대리로 대리청정을 시작한 것인데, 이는 왕을 대신하여 왕명을 내리는 일로써 제왕 수업의 일환이었다.

당시 영조는 쉰여섯 살이었는데, 건강에 문제가 있어 서무 처결에 어려움이 있었다. 그래서 세자에게 대리청정하게 했는데, 막상 시켜보니 세자의 자질이 썩 마음에 들지 않았다. 이후로 영조는 격려나 칭찬은 하지 않고 걸핏하면 불러다 호통치고 질책했다. 이에 세자는 갈수록 부왕을 두려워했고, 영조도 이를 알아차리고 더욱더 미운 감정을 드러냈다. 심지어 세자에게 질문하고 대답이 마음에 들지 않으면 보는 데서 물로 귀를 씻기도 했다.

영조는 사람에 대한 호불호가 분명한 사람이었다. 자신이 좋아하는 자식과 싫어하는 자식은 한곳에 머물지도 못하게 했고, 싫어하는 사람의 말을 들으면 귀를 씻거나 이를 닦곤 하였다. 세자 선의 말을 들은 후에는 대부분 귀를 씻었다. 영조는 딸이 여럿이었지만 그들에 대한 차별이 심했다. 싫어한 딸은 세자 선의 누나 화협옹주였고, 좋아한 딸은 화평옹주와 화완옹주였다. 이들은 모두 영빈 이씨가 낳은 딸인데, 영조가 그들을 차별하는 바람에 영빈 이씨가 불안해하고 서러워할 정도였다.

세자 선에 대한 영조의 적대감은 대리청정 이후 더욱더 심해졌다. 영조는 노골적으로 사사건건 세자의 정무 처리를 불만스러워했다. 당시 세자는 기껏해야 열다섯 살이었다. 그런 소년에게 육십을 바라보는 영조는 별별 트집을 다 잡으며, 정신적인 부담을 가중시켰다. 이후로 세자 선은 부왕을 점점 두려워하고 무서워하는 병이 들었다. 화가 나면 풀 곳이 없어 내관과 내인에게 풀고, 세자빈인 혜경궁 홍씨나 생모 영빈 이씨에게도 불같이 화를 내기도 했다.

세자 선의 광기를 현대의학의 측면에서 바라보면 부왕 영조에 대한 공포와 두려움에서 시작된 공황장애, 조울증, 피해망상증, 조현병, 가학증 등이 복합된 것이었다. 이런 광기는 시간이 흐르면서 더욱더 심화하였다. 그리고 마침내 이것은 선의 생모 영빈 이씨의 고발로 돌이킬 수 없는 상황에 이르게 된다. 그의 광기로 인해 수많은 궁인과 환관이 목숨을 잃었고, 그 과정에서 그는 그들에게 혹독한 고문을 가하기도 했다. 또한 스스로 창덕궁 우물에 빠져 죽으려고 자살을 시도하기도 하고, 자신이 가장 사랑하던 후궁 빙애(경빈 박씨)를 때려죽이기도 했으며, 심지어 자기 아들을 칼로 내리친 후 연못에 집어 던졌으며, 생모 영빈 이씨마저 죽이려고 하였다.

그런 상황에서 1762년 5월 22일 나경언이라는 인물이 형조에 세자를 역모 혐의로 고발하는 사태가 벌어졌다. 세자가 내시들과 결탁하여 왕을 밀어내고 왕위를 찬탈하려 한다는 내용이었다.

이 사건으로 조정이 발칵 뒤집힌 가운데, 그해 윤오월 13일에 세자의 생모 영빈 이씨가 세자를 죽여야 한다고 요청했다. 생모인 영빈 이씨마저 자기 아들을 죽여야 한다고 주장하자, 영조는 곧 세자를 불러 뒤주에 가뒀다. 세자는 살려달라고 애원했지만, 영조는 세자를 뒤주에 들어가게 한 뒤, 직접 뚜껑을 닫고 자물쇠로 잠갔다. 그리고 널빤지를 가져오라고 한 뒤, 그 위에 대못을 쳤다. 세자는 그 속에 갇혀 있다가 7일 만에 굶어서 죽었다.

사랑하는 연인으로 만나 부부가 된 뒤, 그토록 기다리던 아들을 얻었지만, 광인이 되어 칼을 휘두르는 아들을 자신들의 손으로 죽여야만 했으니, 그들 두 사람의 비통한 심성을 누가 헤아릴 수 있겠는가?

24
장

광기에 눌려 사랑한 여인을 죽인 남자 —

사도세자 이선

부부 ——
자녀 - - -
남자 ⬭
여자 ⬭

사
도
세
자
의
가
계
도

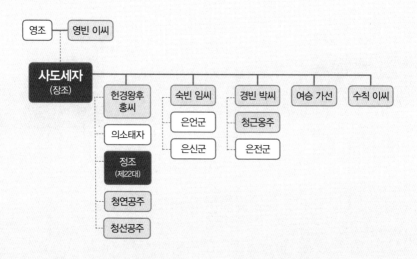

영조 —— 영빈 이씨

사도세자
(장조)

헌경왕후
홍씨

의소태자

정조
(제22대)

청연공주

청선공주

숙빈 임씨

은언군

은신군

경빈 박씨

청근옹주

은전군

여승 가선

수칙 이씨

광기와 함께 찾아온 아내와의 불화

사도세자 이선의 이름을 떠올리면 누구나 아버지 영조에 의해 뒤주에 갇혀 죽은 사건을 떠올릴 것이다. 또한 이 사건의 정치적 의미에만 집중하곤 한다. 그런 까닭에 그의 삶에도 열정적인 러브 스토리가 있었다는 사실을 간과하기 쉽다.

잘 알려져 있듯이 이선은 어린 시절 아버지 영조의 강압적인 훈육 탓에 공황장애와 조현병을 앓고 있었다. 그 때문에 늘 주변 사람들을 의심하고 경계했으며, 때로는 매우 폭력적인 성향을 보이기도 했다. 심지어 울화증이 도지면 마구잡이로 칼을 휘두르며 사람이든 짐승이든 가리지 않고 죽이는 일까지 있었다.

그렇게 광기에 사로잡힌 이선을 감싸주고 안아주는 여인들이 있었다. 물론 그 여인들은 모두 이선의 광기를 두려워하며 불안과 공포 속에서 살았다.

그의 첫 여인은 세자빈으로 만난 혜경궁 홍씨였다. 동갑내기 두 사람은 1744년 열 살 때 부부 인연을 맺었다. 두 사람 관계는 나쁘지 않았다. 하지만 대단한 열정이 있었던 것도 아니었다. 그저 왕가의 다른 부부들처럼 그럭저럭 부부 관계를 유지하며 자식 낳고 사는 사이였다.

이선의 광기가 심해지면서 두 사람의 관계는 나빠지기 시작했다. 이선은 날이 갈수록 폭력적으로 변했고, 홍씨는 남편이 자신을 죽일지 모른다는 불안감에 떨며 살았다.

홍씨의 불안은 절대 막연한 것이 아니었다. 이선의 광기 어린 폭력성은 살인으로까지 이어졌기 때문이다. 그가 처음 살인한 것은 스물세 살 때인 1757년. 그가 휘두른 칼날에 목숨을 잃은 이는 동궁의 당번 내관 김한채였다. 이선은 그를 죽인 뒤, 직접 머리를 잘라 나인들이 보는 데서 효시하기까지 했다. 이후로도 나인 여러 명을 죽였다.

이선의 감정이 가장 예민해지는 순간은 세자의 용포를 입는 순간이었다. 이 순간에 광적으로 발작을 일으키곤 했는데, 홍씨는 이런 행동을 두고 '의대병'이라는 명칭을 만들기도 했다. 의대란 왕이나 세자, 왕비, 세자빈 등이 입는 옷을 높여 부르는 말인데, 이선은 옷을 입을 때마다 불안해하고 공포에 떠는 증세를 보였다. 그래서 옷을 한번 입으려면 별의별 노력을 다해야 했는데, 이는 단순히 옷에 대한 두려움이 아니라 옷을 입은 후에 벌어질 일, 즉 영조의 꾸지람에 대한 두려움 때문이었다.

　그는 옷을 입을 때마다 입었다 벗었다 반복했고, 그 과정에서 심사가 뒤틀리면 매우 폭력적인 양상을 띠며 물건을 집어 던지거나 칼을 휘두르기도 했다. 그리고 한 번 입고 벗어버린 옷은 반드시 태워 없애야 했다. 마치 그 옷에 벌레라도 들끓는 양 공포증을 드러냈기 때문에 보는 데서 태우지 않으면 광증이 더욱더 심해졌다. 그 바람에 옷을 한번 입히려면 늘 같은 옷을 여러 벌 준비해야 했다.

　한번은 그 의대증이 폭발하여 옷을 입히고 있던 홍씨에게 바둑판을 집어던져 얼굴에 맞았는데, 하마터면 왼쪽 눈이 빠질 뻔했다. 당시 홍씨의 눈이 무척 부어올라 얼마 동안 아예 바깥출입을 하지 못했을 정도였다.

차라리 남편이 죽길 바란 아내

　이선은 홍씨뿐 아니라 자식들에게도 매우 폭력적이었다. 자녀들 역시 그를 몹시 두려워했다. 홍씨는 이선이 언제 자식들을 해칠지 모른다는 두려움에 아이들을 늘 이선의 처소에서 가장 먼 곳에 두었다. 특히 아들 산(정조)에게는 더욱더 조심할 것을 당부했다. 당시 영조는 세자 이선을 대신하여 세손 이산에게 왕위를 계승하려는 뜻을 품고 있었다. 이를 눈치챈 이선은 아들 산을 경쟁자로 생각하고 늘 냉랭하게 대했다. 그 때문에 홍씨는 혹 이선이 아들 산을 죽일지도 모른다는 두려움에 시달렸다.

그런 상황에서 이선의 살인 행각이 계속되자, 홍씨는 시어머니 영빈 이씨에게 달려가 그간 이선이 벌인 일들을 고하기에 이르렀다. 자식들을 살리기 위해서는 차라리 남편이 죽어야 한다는 생각이었다. 그래서 세자가 죽더라도 자신과 세손은 살려달라고 울면서 하소연했다.

홍씨로부터 그간 이선이 저지른 살인 행각에 대한 말을 들은 영빈 이씨는 충격을 받아 쓰러졌다. 그리고 이선을 불러 다독이며 광적인 행동을 멈추라고 요구했지만, 소용이 없었다. 이선은 되레 악을 쓰며 생모인 그녀조차 죽일 듯이 협박하였다.

결국, 다른 방도가 없다고 생각한 영빈 이씨도 홍씨처럼 차라리 세자가 죽는 것이 낫다고 판단하고 영조에게 달려가 울면서 말했다.

"세자의 병이 점점 깊어 바라는 것이 없습니다. 마마, 소인이 이 말씀은 차마 어미 된 정리에 못 할 일이지만, 성궁을 보호하고 세손을 건져 종사를 평안히 하는 일이 옳으니 대처분을 하옵소서. 하오나 부자간 정으로 차마 이리하시지만 다 세자의 병입니다. 병을 어찌 책망하겠습니까? 처분은 하시나 은혜를 끼치셔서 세손 모자를 평안케 하여 주소서."

이 말에서 알 수 있듯이 영빈 이씨는 아들 이선을 죽이고 홍씨와 세손 이산을 구하는 것이 목적이었다. 이는 홍씨의 바람이기도 했다. 홍씨는 남편이 죽어야만 자식이 살 수 있다고 하소연했고, 영빈 이씨 역시 같은 생각이었다.

생모와 아내가 모두 이선이 죽기를 바라는 것을 안 영조는 망설이지 않고 이선을 죽이기로 결심한다. 그 결심의 단초를 제공한 것은 물론 혜경궁 홍씨의 하소연이었다.

이선이 사랑한 여인, 빙애

혜경궁 홍씨가 남편 이선이 자신을 죽일 수 있다고 생각한 결정적인 사건이 있었다. 이선의 후궁 중에 빙애라는 여인이 있었는데, 이선이 가장 사랑하고 아낀 여인이었다. 그런데 이선이 그녀를 무자비하게 때려죽인 것이다. 또한 그녀가 낳은 아이마저 연못에 집어던져 죽을 뻔하였다. 홍씨가 이선에 대한 극도의 공포감에 시달리기 시작한 것은 바로 이 사건 이후부터였다. 자신이 그토록 사랑하던 여인을 죽인 남자가 무슨 짓인들 못 하랴 싶었던 것이다.

빙애의 성은 박씨였다. 그녀는 원래 숙종의 비 인원왕후 처소의 침방나인이었다. 인물이 매우 빼어났던 모양인데, 이선이 대비전에 들렀다가 그녀를 보고 한눈에 반했을 정도였다. 그래서 이선은 갖은 수단으로 그녀를 차지하려 애를 썼는데, 영조는 이를 허락하지 않았다. 당시 왕실에선 웃어른의 나인을 건드리는 것을 금기로 여기고 있었다.

하지만 이선은 절대 빙애를 포기할 수 없었다. 그래서 인원왕후가 죽자마자, 바로 빙애를 강제로 끌고 가 자기의 후궁으로 만들었다. 한동안 영조는 이 사실을 몰랐다. 이선 또한 아랫사람들에게 입단속을 시켰다. 그리고 빙애에게도 매우 살뜰하게 대했다. 그러나 끝까지 비밀로 할 수는 없는 일이었다. 당시 이선은 여동생 화완옹주를 협박하여 빙애를 화완옹주 집에 숨겨놓았는데, 결국 이 사실이 영조의 귀에 들어갔다. 이선이 강제로 빙애를 취했다는 소식을 들은 영조는 노발대발했다. 1857년에 인원왕후가 죽었는데, 국상 기간에 궁녀를 범했다는 사실이 영조를 더 노하게 했다. 이선은 빙애를 후궁으로 주지 않으면 죽겠다고 버텼다. 영조가 끝내 허락하지 않자, 이선은 왕궁 우물에 몸을 던졌다. 다행히 환관들이 뛰어들어 목숨을 구했지만, 하마터면 죽을 뻔했다. 사랑하는 여인을 얻기 위해 목숨을 건 것이었다.

그쯤 되자, 영조도 별수 없이 빙애를 이선의 후궁으로 인정할 수밖에 없었다. 이후 빙애는 특별상궁에 임명되어 종6품 벼슬을 얻었다. 이후로 이선은 빙애를 총애했고, 그들 사이에 1남 1녀를 두었다.

빙애가 후궁이 된 뒤로 이선에게 옷을 입히는 일은 그녀가 도맡았다. 덕분에 혜경궁 홍씨는 이선의 의대증 공포에서 벗어날 수 있었다. 대신 그 공포는 오롯이 빙애의 몫이 되었다.

'상춘야흥'《혜원전신첩》. 신윤복 그림. 간송미술관 소장. 출처 문화재청 홈페이지

죽음으로 받아낸 광기

빙애는 이선에게 옷을 입히는 동안 온갖 폭력에 시달렸다. 그는 용포를 입는 과정에서 수도 없이 발작 증세를 일으켰고, 발작이 시작되면 주변의 시녀와 하인을 마구잡이로 때렸다. 그래도 화가 풀리지 않으면 그들에게 죽도록 매질을 했다. 그때마다 빙애는 그를 가로막았다. 이선이 폭력을 행사할 때마다 주변 사람들을 보호하려 했다. 그 과정에서 빙애는 이선에게 싫은 소리를 자주 하는 편이었다.

역시 같은 일이 반복되었다. 의대를 입던 이선이 광기가 도졌고, 폭주하면서 주변 하인들을 마구잡이로 때리기 시작했다. 빙애가 끼어들어 그를 만류하자, 화를 참지 못한 이선은 빙애에게 화살을 돌렸다. 그리고 그녀를 무자비하게 구타했다. 그래도 화를 삭이지 못한 이선은 빙애가 낳은 자기 아들 찬을 연못으로 던져버렸다. 다행히 나인들이 구해 낸 덕분에 아이는 살았지만, 그의 엄청난 폭력을 받아내던 빙애는 숨을 거두고 말았다.

이선은 목숨을 걸고 후궁으로 삼았던 연인 빙애를 자기 손으로 때려죽였다. 그야말로 광기와 폭력에 의한 처참한 살생이었다. 1년 6개월 뒤에 나경언의 고변이 있고 난 뒤에야 이 사실을 알게 된 영조는 이선을 불러 이렇게 다그쳤다.

"네가 왕손의 어미(빙애)를 때려죽인 것인 사실이냐? 이것이 세자로서 행할 일이냐? 사모를 쓴 자들은 모두 나를 속였으나 나경언이 이 말을 전해주었다. 나경언이 아니었다면 내가 이 일을 어찌 알았겠느냐?

처음에 왕손의 어미를 매우 사랑하여 우물에 몸을 던지는 일도 벌여놓고 어찌 네 손으로 죽일 수가 있느냐? 그 사람이 아주 강직했으니 너의 행실과 일을 간언하다가 죽임을 당한 것이 분명하다. 이렇게 하고도 나라가 망하지 않겠느냐?"

영조의 말대로 빙애는 성격이 곧고 강직한 여자였다. 이선의 광적인 폭력을 가로막으며 아랫사람을 지켜주던 정 많은 여인이기도 했다. 영조 또한 그런 그녀의 성품을 옳게 여기며 아꼈었다. 하지만 그녀는 이선의 무자비한 폭력과 광기에 희생되어 처참하게 죽고 말았다. 광기에 사로잡힌 남자를 만나 그렇듯 가련한 일생을 살다가 생을 마감한 것이다.

일편단심형 애절남 ─ **정조 이산**

부부 ——
자녀 ---
남자 ☐
여자 ☐

정조의 가계도

장조 ---- 헌경왕후

정조
(제22대)

부인: 5명
자녀: 2남 2녀

효의왕후
김씨

의빈 성씨

문효세자

옹주

수빈 박씨

왕세자 공
(순조 제23대)

숙선옹주

원빈 홍씨

화빈 윤씨

15년 공략 끝에 얻은 사랑

정조 이산은 아주 어렸을 적부터 마음에 두고 있던 소녀가 있었다. 소녀는 성윤우의 딸 덕임이었다. 몰락한 양반이었던 성윤우는 본래 승지였던 한준승의 청지기 노릇을 했는데, 한준승이 사망한 뒤에 이산의 외조부 홍봉한의 집으로 옮겨 청지기 생활을 했다. 그 바람에 덕임은 어릴 때부터 홍봉한의 집에서 자랐다. 이산은 유년 시절 외가를 드나들며 덕임을 알았고, 자라면서 그녀를 마음에 품게 되었다. 하지만 너무 어린 시절부터 보아왔던 터라 소녀에 대한 그의 마음이 어떤 감정인지 알지 못했다.

그런 상황에서 이산은 세손이던 열한 살에 혼인했다. 신부는 김시묵의 딸이었는데, 이산보다 한 살 어렸고 덕임과 같은 나이였다.

이산은 이때 이미 마음속에 덕임이 자리하고 있었기 때문에 세손빈 김씨에게 마음을 열지 못했다.

이산이 결혼한 것이 1762년 2월인데, 그 무렵에 이산에겐 기쁜 소식이 하나 날아들었다. 소년 이산이 어린 시절부터 마음에 품고 있던 덕임이 아기나인이 되어 어머니 혜경궁 처소로 온 것이다. 혜경궁 홍씨는 덕임을 딸처럼 귀히 여기며 직접 키우다시피 했고, 이산 또한 덕임을 친누이처럼 다정하게 대했다.

그렇게 4년이 흘렀다. 이산은 이제 열다섯 살이 되어 마침내 관례를 올리고 세손빈 김씨와 합혼례도 올렸다. 그리고 이제 공식적으로 후궁을 둘 수도 있었다. 그러자 이산은 곧바로 덕임에게 사랑 고백을 하고 자신의 후궁이 되어 줄 것을 요청했다. 이산의 어머니 혜경궁 역시 찬성한 일이었다.

하지만 덕임은 후궁이 될 수 없다고 울면서 거절했다. 그 이유를 물으니, 아직 세손빈이 아이를 낳지 않았기 때문에 자신은 후궁이 될 수 없다는 것이었다. 당시 세손빈이 덕임과 같은 열네 살이었으니, 임신하기엔 아직 일렀다. 덕임은 세손이 우선 세손빈에게서 자손을 보는 것이 순서라고 한 것이다. 그런데도 당장 후궁이 되어야만 한다면 자신은 죽을 수밖에 없다고 버텼다. 사실, 궁녀가 왕이나 세자의 승은을 거부하는 것은 있을 수 없는 일이었다. 하지만 덕임의 말이 사리에 맞았다.

결국, 이산은 덕임의 의견을 받아들여 그녀를 후궁으로 삼는 것을 보류했다. 하지만 세월이 흘러도 이산은 아내 김씨에게 애틋함이 생기지 않았고, 그래서인지 김씨는 임신하지 못했다. 그렇게 10년이 흘러 이산은 영조에 이어 왕위에 올랐다. 그리고 다시 덕임에게 승은을 받을 것을 요청했다.

그런데 이번에도 덕임은 이산의 요청을 거절했다. 그녀는 왕비에게서 자손을 보지 못했으니 관례에 따라 세 명의 후궁을 들이는 것이 순서라고 했다. 이번에도 역시 덕임의 의지는 완강했다. 이산은 별수 없이 이번에도 물러났다.

이후로 이산은 원빈 홍씨와 화빈 윤씨 등 두 명의 후궁을 들였다. 그런 뒤, 1780년에 다시 덕임을 찾아가 승은을 받으라고 요청했다. 그런데 덕임은 여전히 후궁 셋을 먼저 들인 뒤, 승은을 받겠다고 버텼다. 그러자 이번에는 이산도 물러서지 않았다. 이산은 덕임의 하녀들을 무섭게 꾸짖고 벌을 내렸다. 그때서야 덕임은 이산이 물러나지 않을 것을 알고 마침내 받아들였다. 이에 대해 정조는 자신이 직접 쓴 그녀의 묘지문에서 당시 심정을 이렇게 밝히고 있다.

"처음 승은을 내리려 했으나 내전(효의왕후)이 아직 아이를 낳고 기르지 못했으니 울면서 감히 못 한다고 사양하고 죽음을 맹세하고 명을 따르지 않았다. 나는 이를 받아들여 더는 재촉하지 않았다. 이후 15년 동안 널리 후궁(원빈 홍씨, 화빈 윤씨)을 뽑았고 다시 빈에게 승은을 내렸으나 거듭 사양했다. 이에 빈이 사사로이 부리는 하인에게 죄를 꾸짖고 벌을 내리자 빈은 비로소 내 마음을 받아들였다."

이산은 어린 시절부터 마음에 품고 있던 첫사랑을 15년 동안 끈질기게 공략한 끝에 마침내 자신의 여인으로 만드는 데 성공했다. 이때 정조는 스물아홉 살이었고, 덕임은 스물여덟 살이었다.

문효세자를 잃다

승은을 입은 덕임은 곧바로 임신했다. 하지만 불행하게도 1780년 12월에 유산하고 말았다. 이후 다시 임신했지만, 그 아이 역시 유산하였다. 이후 또다시 세 번째 임신하여 이번에는 무사히 출산했다. 1782년 9월 7일 새벽, 덕임은 연화당에서 마침내 왕실에서 그토록 기다리던 왕자를 낳았다.

사랑하는 연인 덕임이 왕자를 출산하자, 이산은 기뻐서 어쩔 줄 몰랐다. 그것도 처음으로 얻은 자식이었다. 그래서 승지와 각신들을 불러놓고 이렇게 하교했다.

"궁인 성씨가 태중胎中이더니 오늘 새벽에 분만하였다. 종실이 이제부터 번창하게 되었다. 내 한 사람의 다행일 뿐만 아니라 머지않아 이 나라의 경사가 계속 이어지리라는 것을 확실히 알 수 있어서 더욱더 기대가 커진다. '후궁은 임신한 뒤에 관작을 봉하라'는 수교受敎가 이미 있었으니, 성씨를 소용으로 삼는다."

덕임에게 소용 첩지를 내린 이산은 그 기쁨을 이렇게 표현했다.

"비로소 아비라는 호칭을 듣게 되었으니, 이것이 다행스럽다."

이후 두 달 뒤에 정조는 덕임이 낳은 왕자를 원자로 삼고 명호를 내렸다. 또한 1783년 2월에는 덕임을 빈으로 삼고 의빈이라 칭하게 하였다. 그녀의 빈호 '의䓲'는 정조가 직접 정했다.

정1품 빈의 첩지를 받은 덕임은 이후 다시 임신했다. 그리고 이듬해인 1784년 윤삼월에 옹주를 낳았다. 아들에 이어 딸까지 얻은 정조는 이제 진정 아비가 되었다고 좋아했다. 그런데 불행히도 두 달 뒤인 5월에 아이는 경기에 들려 죽고 말았다. 당시 덕임이 아이를 낳은 후 피접을 나갔는데, 피접 중에 그런 일이 발생한 것이다.

딸을 잃은 정조와 덕임은 몹시 고통스러워했다. 특히 덕임은 그 슬픔을 이기지 못하고 앓아눕기까지 했다. 정조는 그녀를 위로하기 위해 뭔가 선물을 안기고자 했고, 그해 7월에 원자였던 덕임의 아들 순을 세자로 삼았다. 당시 세 살이었던 이 아이가 바로 문효세자이다.

덕임의 아들이 세자가 된 뒤로도 정조와 덕임의 금실은 매우 좋았다. 그래서 덕임은 1786년에 또 임신했다. 이때 덕임의 나이는 서른다섯 살이었고, 노산이었다. 거기다 그녀에겐 엄청난 충격을 주는 사건이 발생했다. 천신만고 끝에 얻은 아들 세자 순이 그해 5월에 홍역으로 사망한 것이다. 그때 순의 나이 겨우 다섯 살이었다.

덕임은 임신한 몸으로 세자의 빈소를 지켰고, 장례식 때는 무덤까지 따라가 서럽게 울었다. 정조 또한 통곡을 거듭하며 아들의 죽음을 애통해했고, 자신이 직접 묘지까지 가서 잠도 자지 않고 밤을 새웠다. 당시 효창묘에 장사 지내던 날의 상황을 실록은 다음과 같이 기록하고 있다.

> 문효세자를 효창묘에다 장사지냈다. 이날 새벽에 발인하였는데, 임금이 홍화문 밖에 나와서 곡하고 전별하였다. 다시 홍화문 안의 악차幄次(임금이 거둥할 때 임시 거처로 마련한 장막)로 돌아와서 영여靈輿(영혼이 타는 수레)가 도성 밖에서 떠나기를 기다렸다. 임금이 흑립과 백포첩리白布帖裏를 다시 입고 묘소에 나가 최복衰服(상복)으로 바꾸어 입고서 일을 지켜보았다. 장사가 끝나자, 임금이 친히 신주를 쓰고 초우제를 지내고 그대로 하룻밤을 지냈다.

연인을 잃다

문효세자가 죽은 뒤, 덕임은 정신적으로 완전히 무너졌다. 그것이 병이 되어 앓아누웠고, 결국 궁궐 밖으로 피접을 가야 하는 상황에 이르렀다. 이에 대해 정조는 이렇게 말했다.

"부인의 마음이 약하여 칠정 증세가 있다. 5월 이후 중병에 걸렸고 이에 본궁으로 피접을 보냈다."

칠정 증세란 마음의 병을 말한다. 문효세자의 죽음 때문에 정신적으로 너무 큰 타격을 입어 중병에 걸린 것이다.

이후로 덕임은 경희궁에서 지냈다. 경희궁에서 두 달쯤 머물다가 그해 9월에 창덕궁으로 돌아왔다. 그때 덕임은 만삭이었다. 또한 병증도 심각하였다. 몸이 너무 상해 출산이 가능할지 의문이었다.

정조는 그녀를 회복시키기 위해 늘 그녀 곁에 머물렀다. 약을 달일 때도 직접 검열했고, 약봉지와 약그릇도 직접 챙겼다. 혹 누군가가 약에 엉뚱한 짓을 할 수도 있다는 생각에 그녀의 약봉지와 그릇은 항상 침실에 보관하도록 엄명을 내리기까지 했다. 하지만 정조의 그런 정성에도 의빈 성덕임은 1786년 9월 14일 한낮에 창덕궁 중희당에서 숨을 거두고 말았다.

당시 상황을 실록은 이렇게 전하고 있다.

의빈 성씨가 졸하였다. 하교하기를, "의빈의 상례喪禮는 갑신년의 예에 따라 후정後庭의 1등 예로 거행하라" 하였다.

처음에 의빈이 임신하였을 때 약방 도제조 홍낙성이 호산청을 설치하자고 청하자, 출산할 달을 기다려서 하라고 명하였는데, 이때 이르러 병에 걸려 졸한 것이다.

임금이 매우 기대하고 있다가 그지없이 애석해하고 슬퍼하였으며, 조정과 민간에서는 너나없이 나라의 근본을 걱정하였다.

홍낙성이 아뢰기를, "5월 이후로 온 나라의 소망이 오직 여기에 달려 있었는데 또 이런 변을 당하였으니 진실로 어쩔 줄을 모르겠습니다" 하니, 임금이 말하기를, "병이 이상하더니 결국, 이 지경에 이르고 말았다. 이제부터 국사를 의탁할 네가 더욱더 없게 되었다"고 하였다.

25. 일편단심형 애절남 _ 정조 이산

당시 정조의 고통을 승정원일기는 9월 15일 기록에 이렇게 남겼다.

김치인 등이 아뢰었다.

"천만뜻밖의 변고를 당하니 아뢸 말씀이 없습니다."

임금이 말하였다.

"병이 이상하더니 결국, 이 지경에 이르고 말았다. 실로 참혹하고 측은하다."

서명선이 아뢰었다.

"온 나라가 잘되게 해달라고 간절히 빌었는데 이런 의외의 변고를 당하고 말았습니다. 마음이 억눌려서 답답하고 어찌해야 할지 모르겠고, 전하께는 어찌 아뢰어야 할지 모르겠습니다."

홍낙성이 아뢰었다.

"5월 이후 온 나라의 소망이 오직 여기에 달려서 4, 5개월 동안 나가지 아니하였는데 또 이런 변을 당하였습니다. 전하의 마음을 삼가 헤아리면 참혹함을 이르기 어렵습니다. 아직 야간의 침수 절차를 모르는데 어떠셨습니까?"

이에 임금이 말하였다.

"잘 자고 잘 먹어도 마음이 편치 못한 형세는 매우 놀라 움직일만한 일이 별로 없으니 가히 마음이 답답하고 괴롭다. 이제부터 그 뒤, 국사를 의탁할 데가 더욱더 없게 되었다."

김치인 등이 아뢰었다.

"지금 염려되는 온갖 일 중에서 오로지 옥체를 지키고 아끼는 일에 십분 유의하셔야 합니다."

정조는 대통을 이을 아들에 이어 사랑하는 연인마저 잃게 되자, 마음이 답답하고 괴롭다고 토로하고 있었다. 사실, 정조는 의빈 성씨가 독살되었을지도 모른다는 생각도 했다. 만약 그렇다면 독살을 막지 못한 자신의 책임이 컸다. 정조가 의빈 사망 당시 "병이 이상하더니 결국, 이 지경에 이르고 말았다"는 말을 한 것도 그런 이유였다.

그 상황에서 내관 이윤묵이 의빈을 독살했다는 말이 돌았다. 정조는 이 말을 듣고 분노하여 이윤묵의 목을 베려 했다. 하지만 주변에서 만류했다. 마땅한 증거가 없는 상황이었다. 더구나 의빈이 먹는 모든 약을 정조 자신이 챙기고 검열했다. 그래서 정조는 이윤묵을 풀어주고 덕임의 죽음을 현실로 받아들였다. 그리고 자신이 직접 그녀의 묘지명을 썼다. 그 묘지명 말미에 그는 의빈의 죽음에 대한 심정을 이렇게 쓰고 있다.

저 지체가 낮고 천한 여염에서 이같이 빼어난 사람이 태어나서 세자를 낳고 영화로움을 받들어 빈의 자리에 올랐으니 마땅히 우연이 아닌 듯했다. 그러나 문효세자의 무덤에 흙이 마르기도 전에 빈이 배 속의 아이와 함께 급히 세상을 떠났다. 내가 죽음을 슬퍼하며 아까워함은 특별히 빈의 죽음 때문만은 아니다. 빈이 세상을 떠난 지 세 달이 되는 경인에 고양군 율목동 임좌(묏자리)의 언덕에 장사를 지냈는데 문효세자의 묘와 백 걸음 정도 떨어져 있다. 이는 빈의 바람을 따른 것인데 죽어서도 빈이 나를 알아준다면 바라건대 장차 위로가 될 것이다.

내가 빈의 언행을 표본으로 하여금 기록하여 광중(시체가 놓이는 무덤의 구덩이 부분)에 묻고 묘비에 요점만 요약해서 썼다. 찾아오는 사람이 빈의 현명함을 애석해하도록 할 따름이다.

사랑하는 빈의 불행한 운명은 위에 적힌 사실과 같다.

조선 왕실 로맨스

26
장

곁눈질형 의존남 ─ **고종 이형**

부부 —
자녀 ----
남자 ▢
여자 ▢

고종의 가계도

흥선대원군 —— 여흥부대부인 민씨

고종
(26대)
부인: 13 명
자녀: 4남 1녀

명성황후 민씨
순종 (제27대)

귀비 엄씨
의민태자 (영친왕)

귀인 이씨 (영보당)
완친왕 (완화군)

귀인 장씨
의친왕

귀인 이씨 (광화당)

귀인 정씨 (보현당)

귀인 이씨 (내안당)

귀인 양씨 (복녕당)
덕혜옹주

상궁 김옥기 (삼축당)

상궁 김씨 (정화당)

궁인 서씨

궁인 김씨

궁인 장씨

궁녀 이순아에 홀리다

고종 이형이 처음 마음을 빼앗긴 여인은 궁녀 이순아(영보당 이씨)였다. 이순아는 고종이 열두 살에 왕위에 올라 궁궐에 들어갔을 때 만난 여인이다(왕을 보필하던 지밀궁녀였을 가능성이 높다). 열두 살의 고종을 처음 만날 당시 이순아는 스물한 살이었으니, 고종은 아홉 살이나 많은 연상의 여인을 흠모했던 것이다. 이제 갓 사춘기에 접어든 소년이 성숙한 20대 여인에게 빠졌으니, 헤어 나오기 쉽지 않은 상황이었다.

그런데 이 상황에서 이형은 다른 여인과 결혼하게 된다. 신부는 민치록의 딸 자영이었다. 민치록은 숙종의 계비 인현왕후의 아버지인 민유중의 5대손이었다. 여흥 민씨의 종갓집 딸과 결혼하게 된 것인데, 그녀가 이형의 어머니와는 10촌 간이었다. 말하자면 이형은 11촌 아주머니를 아내로 맞아들이게 된 것이다. 거기다 이형의 외삼촌인 민승호가 그녀의 오빠였다(민승호는 민치록이 아들을 얻었다가 어려서 잃고 대를 이을 자손이 없자, 양자로 들인 아들이다). 이형은 외가의 근친과 결혼하게 된 것이다. 조선시대에 외가 근친과 결혼하는 것은 드문 일이 않았다. 특히 왕실에서는 외가 근친혼이 많았다.

1866년 3월 21일, 이형은 민치록의 딸 민씨(명성황후)와 결혼하여 초야를 치른다. 당시는 고종 이형이 왕이 된 지 3년이 지났고, 나이는 열다섯 살이었다. 왕비 민씨는 한 살 많은 열여섯 살이었는데 당시 풍습으로는 신랑이든 신부든 한쪽만 열다섯 살이 넘으면 합방할 수 있었기 때문에 두 사람은 초야를 치른 날 합혼례를 병행한 셈이다.

그런데 고종은 초야를 치른 후에도 왕비 민씨 처소를 잘 찾지 않았다. 이형이 문지방이 닳도록 드나든 곳은 첫사랑 이순아의 처소인 영보당이었다. 이 때문에 민씨는 매우 불안한 나날을 보내야 했다. 설상가상으로 1867년 겨울에 영보당 이씨가 아이를 잉태했고, 이듬해 윤사월에 왕자를 낳았다. 이때 낳은 아들이 고종의 첫 아들 완화군 이선이다.

완화군의 탄생으로 영보당 이씨의 입지는 더욱더 강화되었고, 반대로 왕비 민씨의 처지는 더 외롭게 되었다. 사실, 왕실에 왕자가 태어난 것은 실로 오랜만이었다. 철종의 왕비 철인왕후가 왕자를 낳긴 했으나 어린 나이에 잃었고, 이후로 왕자가 태어난 일은 없었다. 그러니 완화군의 탄생은 왕실을 흥분시키기에 충분했다. 대왕대비 조씨(신정왕후)는 물론이고, 흥선대원군과 고종까지 몹시 들떴다. 특히 고종은 너무 기쁜 나머지 완화군을 원자로 삼으려고 하였다. 그 때문에 민씨의 불안은 더욱더 커졌다.

당시 상황을 조선시대 유학자 황현은 《매천야록》에서 이렇게 기록하고 있다.

궁인 이씨가 완화군을 낳자 계季씨 성을 하사했다. 그때 고종은 열일곱 살이었는데, 무척 기뻐했다. 고종은 심지어 원자로 책봉하려고까지 했다.

이에 흥선대원군이 충고했다.

"만약 왕비에게서 아들이 태어난다면 장차 어찌하시렵니까?"

그러면서 서두르지 말라고 하였다.

고종이 일찍이 박유봉을 불러 완화군의 관상을 보게 하였더니, 박유봉이 한참 있다가 말했다.

"서두르지 마소서."

이에 고종이 몹시 화를 내며 혹 박유봉이 흥선대원군의 사주를 받은 것이 아닌가 의심하었다.

얼마 지나지 않아 박유봉이 죽었다. 구례에 사는 유제관이라는 사람이 무과에 합격하여 한양에서 살았는데, 박유봉과 평소에 왕래가 있었다. 어느 날엔가 유제관이 가서 보니, 박유봉이 데굴데굴

구르며 죽으려 하는데, 아홉 구멍에서 피가 쏟아졌다. 깜짝 놀라 그를 흔드니, 팔을 저으며 대꾸하지 않다가 곧 절명하였다.

어떤 사람이 말하길 사약을 받고 죽었다고 하였다. 유제관이 나에게 직접 말해준 것이다.

《매천야록》에서 보듯 고종은 어떻게 해서든 완화군을 원자로 삼고 싶어 했다. 심지어 완화군의 관상에 대해 부정적인 견해를 밝힌 관상쟁이를 죽일 정도로 그의 의지는 강했다. 이는 모두 영보당 이씨에 대한 그의 애정이 얼마나 컸는지 보여주는 일이기도 하다. 뭇 남자들처럼 그 역시 사랑하는 여인의 아들이 자신의 대를 이어주길 바랐던 것이다.

왕비의 계속되는 불행

영보당 이씨의 아들을 원자로 삼는다는 것은 민씨를 빈껍데기 왕비로 전락시키는 일이기도 했다. 그 때문에 민씨는 무슨 수단을 쓰던 영보당의 아들이 원자가 되는 일을 막아야 했다. 하지만 시어머니 격인 대왕대비 조씨도 남편의 친부 흥선대원군도 모두 자기편이 아니었다. 그런 상황에서도 민씨는 냉철했다. 그리고 어떻게 해야 이 난국을 타개할지 생각했다. 그녀가 선택한 것은 확실한 동아줄을 잡는 것이었다. 그녀의 동아줄이 되어 줄 존재는 궁중의 가장 큰 어른인 대왕대비 조씨였다. 민씨는 대왕대비 조씨에게 온갖 정성을 다하며 신뢰를 얻는 데 주력했다. 이에 대해 그녀 사후에 작성된 〈행록〉은 다음과 같이 기술하고 있다.

> 명성황후는 궁에 들어와서 대왕대비 조씨를 지성으로 섬겼고, 크고 작은 일을 훤히 알아서 반드시 먼저 여쭌 다음 그 의견대로 하였다. 대왕대비 조씨가 늘 말하기를 "왕비는 효성스럽다" 하였다. 대왕대비 조씨가 나이가 많아지자, 명성황후는 아침저녁으로 문안하는 것 이외에도 일상생활과 접대하는 절차를 반드시 적당하게 하였다.

이런 민씨의 전략은 매우 성공적이었다. 영보당 이씨가 비록 고종의 첫아들을 낳긴 했지만, 그녀는 어디까지나 한낱 궁녀 출신 후궁일 뿐이었다. 대왕대비 조씨는 왕실이 안정되기 위해서는 왕비인 민씨가 아들을 낳는 것이 최선이라고 생각했다. 그런 까닭에 완화군을 원자로 삼는 것도 마땅치 않게 여겼다. 물론 이것은 모두 민씨가 조 대비를 지성으로 모신 결과였다.

조 대비는 어떻게 해서든 왕비가 왕자를 생산하길 바랐고 그래서 고종에게는 왕비 민씨와 가까이 지낼 것을 늘 권했다. 고종 또한 조 대비의 그런 권고를 무시할 수 없었다. 아직 나이가 어려 친정을 하지도 못하는 상황이었기 때문이다.

하지만 사랑이 어디 억지로 하란다고 생기는 것인가? 고종은 조

대비의 권고도 민씨의 애원도 뿌리치고 여전히 영보당만 찾았다. 덕분에 영보당 이씨는 연이어 애기씨를 가졌다. 또다시 아들을 낳는다면 왕비 민씨의 입지는 더욱더 약해질 상황이었다. 민씨는 어떻게 해서든 고종의 마음을 사로잡아야 했다. 영보당 이씨가 임신한 그때가 적기였다. 민씨는 그 기회를 놓치지 않았다. 그리고 남편에 대한 그녀의 애원이 마침내 결실을 보았다.

영보당 이씨가 둘째를 임신하고 있던 1870년 여름, 민씨도 아이를 잉태했다. 혼인한 지 4년이 훌쩍 지났고, 그녀의 나이도 이미 이십 대였다. 임신이 더 늦어진다면 고종은 그녀를 더 외면할 것이 분명했다.

민씨가 임신했을 때, 고종도 민씨에게 조금씩 애정이 생기고 있었다. 그런데 왕비 민씨는 그 귀중한 아이를 놓치고 말았다. 1870년 12월 17일《승정원일기》는 "중궁이 유산하였다"라고 쓰고 있다. 고종은 왕비의 유산 소식을 자경전에서 들었다. 고종은《맹자》를 읽고 있다가 아내의 유산 소식을 듣고 몹시 낙심했다. 또한 아이를 놓친 아내를 불쌍하게 여겼다. 그래서 민씨의 오빠 민승호를 불러 중궁전에서 특별 숙직을 하라고 일렀다. 물론 친정어머니 감고당 이씨도 민승호와 함께 중궁전에 들었을 것이다.

민씨는 첫아이를 잃었지만, 남편의 정까지 잃은 것은 아니었다. 고종은 민씨가 임신한 때부터 조금씩 그녀에게 곁을 내줬고, 유산한 뒤로는 애틋한 시선으로 바라보기까지 했다.

왕비 민씨가 유산한 이후에 영보당 이씨는 아이를 낳았다. 이번에는 딸이었다. 민씨에게는 천만다행이었다. 거기다 민씨는 또다시 임신했다. 다행히 두 번째 아이는 유산되지 않았다. 더구나 아들이었다.

민씨가 두 번째 아이를 무사히 낳고 몸을 푼 것은 1871년 11월 4일이었다. 이때 아이를 낳았다는 것은 그녀가 2월쯤 임신했다는 것인데 2월은 그녀가 첫아이를 유산한 지 불과 두 달 되는 시점이다. 이는 당시 고종과 왕비 민씨의 금실이 좋았음을 뜻한다. 민씨는 그토록 원하던 남편의 사랑을 이때 이미 얻었던 것이다.

그런데 왕비 민씨의 불행이 끝난 게 아니었다. 태어난 아이는 왕자였지만 문제가 있었다. 항문이 막힌 채 태어난 것이다. 요즘 의술이라면 큰 문제가 되지 않겠지만, 당시 의술로는 해결할 방법이 없었다. 결국, 민씨의 두 번째 아이는 변을 보지 못하여 죽고 말았다.

고종은 왕자의 죽음을 몹시 애통해했다. 또한 그것은 민씨에 대한 애틋함으로 이어졌다. 그래서 그는 두 번이나 아이를 잃은 아내를 달래기 위해 자주 그녀의 방을 찾았다. 그렇다고 그가 첫사랑 이씨를 완전히 잊은 것은 아니었다. 고종은 중궁전과 영보당을 번갈아 찾았고, 덕분에 민씨와 이씨가 모두 임신을 했다. 사실, 그동안 왕비 민씨에게만 불행이 닥친 것은 아니었다. 영보당 이씨도 아이를 잃은 슬픔을 겪었다. 딸을 낳았는데, 태어난 지 얼마 되지 않아 죽은 것이다. 이렇게 고종은 두 여인 사이에서 연속으로 자식을 보았으나 태어난 아이들은 계속 죽어 나갔다.

그런 가운데 민씨가 1873년 2월 13일에 딸을 낳았다. 고종은

26. 곁눈질형 의존남 _ 고종 이형

공주를 얻어 매우 기뻐했지만, 그 아이도 역시 명이 길지 않았다. 태어난 지 불과 8개월 만에 명을 달리했다. 민씨는 세 번이나 연속해서 아이를 잃었고, 고종은 그런 아내에게 연민을 느꼈다.

호랑이로 돌변한 왕비

1873년 어느 날 밤, 민씨는 신기한 꿈을 꾸었다. 하늘에서 오색 구름이 열리더니, 그 위로 '만 년 동안 태평할 것이다'라는 글자가 새겨졌다. 퍼뜩 깨어난 민씨는 이것이 태몽이 아닐까 싶었다. 아니나 다를까 그녀는 곧 임신했다. 배 속의 아이가 왕자이길 학수고 대하던 그녀는 태어날 아이를 위해 새로운 계획을 짰다. 남편 고종이 성년의 나이가 지났는데도 시아버지 흥선대원군은 섭정에서 물러나지 않고 있었다. 민씨는 아이가 태어나기 전에 시아버지를 하야시켜야겠다고 결심한다. 그래야 자신의 아이가 안심하고 살 수 있다고 판단했다. 그녀가 그런 생각을 한 것은 시아버지 흥선대원군이 영보당 이씨의 아들 완화군을 세자에 책봉하려 했기 때문이다. 그녀는 조 대비를 등에 업고 남편을 설득한 끝에 이를 막았지만, 완화군이 없어지지 않는 한 불씨는 계속 남아 있었다. 그녀는 그 불씨를 완전히 없애기 위해서는 일차적으로 흥선대원군을 하야시키고, 다음으로 자신이 왕자를 낳아 세자로 세워야 한다고 판단했다. 이후 완화군 모자를 멀리 내쫓아 다시는 세자 자리를 넘보지 못하게 할 계획이었다.

그 무렵, 최익현이 상소를 올려 흥선대원군의 퇴진을 요구했고, 고종이 이를 수용하면서 흥선대원군이 궁지에 몰렸다. 그런 상황에서 민씨가 아들을 낳았다. 1874년 2월이었다. 다행히 아이는 건강했다. 이때 태어난 아이가 민씨의 유일한 아들인 이척, 곧 순종이다. 고종은 곧바로 척을 원자로 지정했다.

이후 고종의 입지는 더욱더 강화되었고, 왕비 민씨와 민씨 일가에 힘이 쏠렸다. 흥선대원군은 그 힘을 이겨내지 못하고 결국 하야했고, 운현궁을 떠나 양주의 직동으로 낙향했다. 이렇게 민씨의 계획은 일단 성공했다.

하지만 10년 동안 군림한 흥선대원군의 그림자는 쉽게 지워지지 않았다. 그가 직동으로 떠난 지 7개월 남짓 되었을 무렵인 1874년 11월 28일, 민승호의 집에 폭탄 테러가 일어났다. 이 사건으로 민승호는 물론이고 감고당 이씨도 죽고 말았다. 세간에서는 흥선대원군이 사주한 것이라는 말이 돌았지만, 증거는 없었다.

중전 민씨는 졸지에 어머니와 오빠를 잃고 비통한 심정에 사로잡혔다. 고종은 그녀의 마음을 달래줄 요량인지 그녀의 아들 이척을 세자로 책봉하였다. 그때 척의 나이 불과 두 살이었다.

척을 세자로 책봉한 깃은 조선 왕실로서는 경사가 아닐 수 없었다. 순조의 아들 효명세자 이후 60여 년 만에 적자를 세자로 책봉하게 되었으니 말이다. 거기다 효명세자는 왕위에 오르지도 못하고 죽지 않았던가? 그러니 척이 왕위를 잇는다면 적자가 왕위를 계승하는 일은 숙종 이후 200여 년 만의 '사건'이 될 것이었다.

척의 세자 책봉 이후, 중전 민씨의 입지는 한층 강화되었다. 조정의 권력은 순식간에 민씨와 그의 집안에 쏠렸다. 이른바 민씨 외척들의 권세가 하늘을 찌르는 형국이 된 것이다.

권력의 중심이 된 민씨는 곧 연적 제거에 돌입했다. 그녀의 화살은 고종의 첫사랑 영보당 이씨를 향했다. 이씨는 이미 세자의 모후인 중전 민씨에겐 상대도 되지 않는 처지였지만 민씨는 그녀를 철저히 배격했다. 혹여 세자에게 무슨 변고라도 생기면 당장에 이씨의 아들 완화군이 세자의 자리를 차고 들어올 것이고, 그리되면 자신은 다시 과거처럼 외로운 신세가 될 게 분명했다. 그러니 어떻게 해서든 영보당 이씨를 멀리 밀어내야만 했다.

민씨는 영리하고 치밀했다. 노골적으로 감정을 드러내지 않았다. 대신 영보당 이씨 주변에 철저히 장막을 쳤다. 이씨를 고종의 눈에서 멀어지게 하는 한편, 영보당 주변에 심어놓은 상궁과 궁녀들을 통해 그녀를 철저히 감시했다. 더는 영보당 이씨가 고종을 끌어들이지 못하도록 인의 장막을 쳤다. 그 때문에 영보당 이씨는 점점 고종의 눈에서 멀어졌고 급기야 대궐 밖으로 내몰렸다.

그런데 왕비 민씨가 그렇게 방어했건만, 고종의 눈에 또 다른 여인이 들어왔다. 이번에 고종의 마음을 사로잡은 여인은 궁녀 장씨였다. 어느 틈엔가 고종과 사랑을 속삭인 그녀는 임신을 하였다. 그 사실을 안 민씨는 장씨를 무섭게 몰아세웠고, 결국 장씨가 아이를 낳자마자 궁 밖으로 내쫓았다. 이때 장씨가 낳은 아이가 의친왕 이강이다. 궁궐에서 내쫓긴 장씨는 이강과 함께 사가에서 지내야 했다. 이후로 그녀는 고종을 만날 수도 없었다. 그리고 10년쯤 뒤에 사망했다.

한편, 세월이 흘러 궁 밖으로 쫓겨난 영보당 이씨의 아들 완화군은 열세 살 소년이 되었는데, 1880년 정월에 갑자기 죽었다. 병명도 분명하지 않았다. 며칠 사이에 병을 얻어 죽은 것이다. 그러자 영보당 이씨는 슬픔을 이기지 못하고 실어증에 걸렸다. 이후로 그녀는 여든 살이 넘어 죽을 때까지 고종에겐 완전히 잊힌 여인으로 살았다.

한편, 완화군의 죽음을 두고 세간에는 왕비 민씨가 독을 썼다는 풍문이 돌았다. 어쩌면 그녀는 사람을 시켜 완화군을 죽였는지도 모른다. 하지만 풍문은 풍문일 뿐이었다. 그런 말들은 바람에 휩쓸려 다니다가 시간의 흐름과 함께 사라졌다. 어쨌든 이후로 조정의 권력은 모두 그녀에게서 나왔고, 고종 주변엔 여자들이 얼씬거리지도 못했다. 그야말로 무서운 호랑이 한 마리가 왕의 주변에 웅크리고 앉아 지키고 있는 형국이었다.

다시 찾아온 사랑

첫사랑 영보당 이씨가 완전히 자취를 감춘 이후, 고종은 너는 곁눈질을 하지 못했다. 왕비 민씨가 눈을 부릅뜨고 지키고 있는 한 어느 여인에게도 눈길을 줄 수 없었던 것이다. 그런데 1882년 7월에 구식군대가 임오군란을 일으키면서 변수가 생겼다. 군란 중에 왕비 민씨가 궁궐을 빠져나가 고향 여주에 몸을 숨겼고, 홍선대원군이 다시 집권하여 그녀가 죽었다며 장례를 치렀다. 이후 홍선대원군은 두 달 가까이 정권을 장악했다가 청나라 군대에 납치되는 사태가 벌어졌다. 그때 여주에 숨어 있던 민씨가 궁궐로 돌아왔다.

중전 민씨가 약 3개월 동안 궁궐을 비운 사이 고종은 새로운 여인을 품었다. 고종의 마음을 사로잡은 여인은 궁녀 엄씨였다. 그녀는 평민 엄진삼의 딸로 궁녀가 되었는데, 임오군란으로 왕비 민씨가 궁궐을 비운 사이, 고종을 지극 정성으로 받들었다. 덕분에 고종의 마음을 사로잡기에 이르렀다.

1882년 당시에 엄씨의 나이는 스물아홉 살이었다. 그때 고종의 나이 서른이었는데 그런 나이에 왕의 사랑을 얻었으니, 그녀로서는 일생의 기회를 잡은 셈이었다.

그런데 고종과 엄씨가 채 사랑의 꽃도 피우기 전에 왕비 민씨가 궁궐로 돌아왔다. 그리고 자신이 자리를 비운 사이에 엄씨가 고종을 잘 보살폈다는 소리를 듣고, 엄씨를 상궁으로 올려 지밀로 배치했다. 엄씨는 키가 작고 통통했으며, 인물은 보잘것없었다. 그러니 민씨는 크게 신경 쓰지 않고 지밀에 배치한 것이었다.

그런데 중전 민씨가 보기에 연적이 되리라고는 생각지도 않은 엄씨를 남편 이형이 품은 것이다. 사단은 1885년에 일어났다. 서른두 살의 엄 상궁이 남편의 승은을 입었다는 사실을 안 중전은 노발대발했다. 그러고는 당장 엄씨를 대궐에서 내쳐버렸다. 상궁 직위도 박탈하여 서인으로 전락시켰다. 어찌 됐든 왕의 승은을 입었다면 후궁인 셈인데, 왕비 민씨는 조금도 망설이지 않고 그녀를 쫓아내 버렸다. 그러자 고종은 서인으로 만드는 것은 너무 가혹하다며 상궁의 직위는 유지하게 했다. 혹 엄 상궁이 궁핍하게 살 것을 염려한 조치였다. 하지만 중전 민씨의 성화에 궁궐에 두지는 못했다.

이후 고종은 다시는 엄씨를 만나지 못할 것으로 생각했다. 엄씨를 다시 가까이했다간 중전이 엄씨를 어찌 할지 알 수 없었기 때문이다. 고종은 그렇게 아내의 눈치를 보며 엄씨를 포기한 채 살아야 했다. 이후로 10년간은 엄씨를 만나지 못했다. 그런데 또다시 변수가 생겼다.

1895년 음력 8월 20일, 추석 명절을 지낸 지 불과 5일밖에 되지 않은 때였다. 일군의 일본 낭인들과 일본군이 경복궁에 침입하여 명성황후시해사건을 일으켰다. 변란 중에 중전은 사라졌고, 시신조차 없었다. 낭인들이 그녀를 무자비하게 죽인 후 시신을 불태웠다는 말이 돌았다. 이후 궁궐 기둥 밑에서 발견된 유골 몇 점으로 장례를 치르고 왕비 민씨는 죽은 사람이 되었다. 그녀는 임오군란 때처럼 다시 살아 돌아오지도 않았고, 결국 영원히 사라지고 말았다.

고종은 다시 엄씨를 궁궐로 불러들였다. 이후로 그들은 부부로 살았다. 10년 동안 헤어져 있던 그들은 다시 사랑의 불꽃을 피웠다. 비록 국란이 일어나 한 치 앞을 내다볼 수 없는 상황이었지만, 그들은 오히려 이 난국 속에서 사랑을 속삭였다. 이후 고종은 일본의 영향력에서 벗어나기 위해 1896년 러시아 공사관으로 몸을 피하는 아관파천을 단행했다. 그때도 고종은 엄씨와 함께 있었다.

이후로 그들은 다시는 떨어지지 않았다. 덕분에 엄씨는 1897년에 영친왕(의민태자) 이은을 낳았다. 그때 그녀의 나이 마흔넷이었다. 당시로서는 손자를 볼 나이도 훨씬 지난 때였다.

엄씨를 사랑한 고종은 그녀를 황후로 책봉할 생각이었다. 그래서 순빈으로 책봉하고 황후로 앉히기 위해 방법을 모색했다. 하지만 왕실은 그녀의 황후 책봉을 강하게 반대했다. 특히 이준용의 반대가 심했다. 이준용은 고종의 형인 이재면의 아들이자 흥선대원군의 장손이었다. 이준용 외에도 친일파들이 엄씨의 황후 책봉에 반기를 들었다. 결국, 고종은 엄씨를 황후로 책봉하는 데 실패했다. 대신 그녀를 황귀비로 삼았다.

그런 가운데 황제에서 물러나게 되자, 고종은 엄씨의 아들 은을 순종의 황태자로 삼게 했다. 이에 대해 의친왕 이강이 강력하게 반대했지만 고종은 뜻을 관철시켰다.

고종이 엄씨의 아들 이은을 순종의 황태자로 삼은 것은 엄씨에 대한 애정의 표현이기도 했다. 이은이 황제 자리를 계승하면 자연스럽게 그녀도 태후 자리에 오를 수 있을 것으로 판단한 것이다.

하지만 고종의 그런 바람과 달리 고종이 퇴위하자 통감 이토 히

로부미는 영친왕을 강제로 일본으로 데려가 버렸다. 유학이라는 명분을 앞세웠지만 볼모로 끌고 간 것이다. 어린 아들이 인질이 되어 일본에 끌려가자 속을 끓이던 엄씨는 병을 얻었다. 그녀가 병상에 있던 1910년 8월 22일 한일합병조약이 체결되고, 조선이 몰락함으로써 그녀의 아들 이은이 황위에 오를 길은 완전히 막히고 말았다. 그런 가운데 엄씨는 1911년에 병상에서 일어나지 못하고 생을 마감했다.

엄씨가 떠난 뒤, 고종은 외로운 나날을 보내며 여러 후궁을 더 들였다. 그들 중에는 덕혜옹주의 생모 복녕당 귀인 양씨를 비롯하여 광화당 귀인 이씨, 보현당 귀인 정씨, 내안당 귀인 이씨, 삼축당 상궁 김옥기, 정화당 상궁 김씨, 궁인 서씨, 궁인 김씨, 궁인 장씨 등이 있었다.

조선 왕실 로맨스